编委会

全国高等院校旅游管理类应用型人才培养"十三五"规划教材

主 编

马 勇　教育部高等学校旅游管理类专业教学指导委员会副主任
　　　　中国旅游协会教育分会副会长
　　　　中组部国家"万人计划"教学名师
　　　　湖北大学旅游发展研究院院长，教授、博士生导师

编 委（排名不分先后）

田 里　教育部高等学校旅游管理类专业教学指导委员会主任
　　　　云南大学工商管理与旅游管理学院原院长，教授、博士生导师
高 峻　教育部高等学校旅游管理类专业教学指导委员会副主任
　　　　上海师范大学旅游学院副院长，教授、博士生导师
邓爱民　中南财经政法大学旅游管理系主任，教授、博士生导师
潘秋玲　西安外国语大学旅游学院院长，教授
薛兵旺　武汉商学院旅游与酒店管理学院院长，教授
田芙蓉　昆明学院旅游学院院长，教授
罗兹柏　中国旅游未来研究会副会长，重庆旅游发展研究中心主任，教授
朱承强　上海师范大学旅游学院/上海旅游高等专科学校酒店研究院院长，教授
王春雷　上海对外经贸大学会展经济与管理系主任，副教授
毕斗斗　华南理工大学经济与贸易学院旅游与酒店管理系主任，副教授
李会琴　中国地质大学（武汉）旅游系副系主任，副教授
程丛喜　武汉轻工大学经济与管理学院，教授
吴忠军　桂林理工大学旅游学院院长，教授
韩 军　贵州商学院旅游学院院长，教授
黄其新　江汉大学商学院副院长，教授
张 青　山东青年政治学院旅游学院院长，教授
何天祥　湖南商学院旅游管理学院院长，教授
李 玺　澳门城市大学国际旅游与管理学院客座教授、博士生导师
何 彪　海南大学旅游学院会展经济与管理系主任，副教授
陈建斌　广东财经大学地理与旅游学院副院长，副教授
孙洪波　辽东学院旅游学院院长，教授
李永文　海口经济学院旅游与民航管理学院院长，教授
李喜燕　重庆文理学院旅游学院副院长，教授
朱运海　湖北文理学院休闲与旅游服务管理研究所所长，副教授

全国高等院校旅游管理类应用型人才培养"十三五"规划教材

总主编 ◎ 马 勇

酒店法规与法律实务

Hospitality Laws and Regulations Practice

主 编 ◎ 徐松华

副主编 ◎ 宁宜汉　吴丽慧　鲁婉婷　梁 珊

华中科技大学出版社
http://www.hustp.com
中国·武汉

内 容 简 介

本书是一本全面、系统介绍酒店经营与管理法律法规的专业教材。针对应用型本科教育的专业定位及酒店行业的最新发展情况,合理选取教材内容,主要阐述了酒店设立、酒店管理和酒店经营过程中的有关法律法规内容。既注重法律条文的严谨性,又突出法律条文在酒店行业中的具体应用。本书共计10章,主要包括酒店法导述、酒店同客人的权利与义务、酒店设立、服务合同、劳动管理、星级评定、安全管理、竞争及价格管理、行业管理规范和酒店侵权责任等内容。

本书内容完备,体例新颖,应用性强,既可作为应用型本科院校酒店管理、餐饮管理等专业的教学用书,也可作为酒店职业培训、酒店行业管理的参考用书或酒店从业人员的培训教材和参考书。

图书在版编目(CIP)数据

酒店法规与法律实务/徐松华主编. —武汉:华中科技大学出版社,2018.6(2021.8 重印)
全国高等院校旅游管理类应用型人才培养"十三五"规划教材
ISBN 978-7-5680-4299-4

Ⅰ.①酒… Ⅱ.①徐… Ⅲ.①饭店-商业经营-法规-中国-高等学校-教材 Ⅳ.①D922.294

中国版本图书馆 CIP 数据核字(2018)第 121238 号

酒店法规与法律实务 　　　　　　　　　　　　　　　　　　　徐松华　主编
Jiudian Fagui yu Falü Shiwu

策划编辑:李　欢
责任编辑:李家乐
封面设计:原色设计
责任校对:刘　竣
责任监印:周治超

出版发行:华中科技大学出版社(中国·武汉)　　　电话:(027)81321913
　　　　　武汉市东湖新技术开发区华工科技园　　　邮编:430223
录　　排:华中科技大学惠友文印中心
印　　刷:武汉开心印刷有限公司
开　　本:787mm×1092mm　1/16
印　　张:12.75　插页:2
字　　数:308 千字
版　　次:2021 年 8 月第 1 版第 6 次印刷
定　　价:45.00 元

本书若有印装质量问题,请向出版社营销中心调换
全国免费服务热线:400-6679-118　竭诚为您服务
版权所有　侵权必究

总 序

伴随着旅游业上升为国民经济战略性支柱产业和人民群众满意的现代服务业,我国实现了从旅游短缺型国家到旅游大国的历史性跨越。2016年12月26日,国务院印发的《"十三五"旅游业发展规划》中提出要将旅游业培育成经济转型升级重要推动力、生态文明建设重要引领产业、展示国家综合国力的重要载体和打赢扶贫攻坚战的重要生力军,这标志着我国旅游业迎来了新一轮的黄金发展期。在推进旅游业提质增效与转型升级的过程中,应用型人才的培养、使用与储备已成为决定当今旅游业实现可持续发展的关键要素。

为了解决人才供需不平衡难题,优化高等教育结构,提高应用型人才素质、能力与技能,2015年10月21日教育部、国家发改委、财政部颁发了《关于引导部分地方普通本科高校向应用型转变的指导意见》,为应用型院校的转型指明了新方向。对于旅游管理类专业而言,培养旅游管理应用型人才是旅游高等教育由1.0时代向2.0时代转变的必由之路,是整合旅游教育资源、推进供给侧改革的历史机遇,是旅游管理应用型院校谋求话语权、扩大影响力的重要转折点。

为深入贯彻教育部引导部分地方普通高校向应用型转变的决策部署,推动全国旅游管理本科教育的转型发展与综合改革,在教育部高等学校旅游管理类专业教学指导委员会和全国高校旅游应用型本科院校联盟的大力支持和指导下,华中科技大学出版社率先组织编撰出版"全国高等院校旅游管理类应用型人才培养'十三五'规划教材"。该套教材特邀教育部高等学校旅游管理类专业教学指导委员会副主任、中国旅游协会教育分会副会长、中组部国家"万人计划"教学名师、湖北大学旅游发展研究院院长马勇教授担任总主编。

在立足旅游管理应用型人才培养特征、打破重理论轻实践的教学传统的基础上,该套教材在以下三方面作出了积极的尝试与探索。

一是紧扣旅游学科特色,创新教材编写理念。该套教材基于高等教育发展新形势,结合新版旅游管理专业人才培养方案,遵循应用型人才培养的内在逻辑,在编写团队、编写内容与编写体例上充分彰显旅游管理作为应用型专业的学科优势,全面提升旅游管理专业学生的实践能力与创新能力。

二是遵循理实并重原则,构建多元化知识结构。在产教融合思想的指导下,坚持以案例为引领,同步案例与知识链接贯穿全书,增设学习目标、实训项目、本章小结、关键概念、案例解析、实训操练和相关链接等个性化模块。为了更好地适应当代大学生的移动学习习惯,本套教材突破性地在书中插入二维码,通过手机扫描即可直接链接华中出版资源服务平台。

三是依托资源服务平台,打造立体化互动教材。华中科技大学出版社紧抓"互联网+"发展机遇,自主研发并上线了华中出版资源服务平台,实现了快速、便捷调配教学资源的核心功能。

在横向资源配套上,提供了教学计划书、PPT、参考答案、教学视频、案例库、习题集等系列配套教学资源;在纵向资源开发上,构建了覆盖课程开发、习题管理、学生评论等集开发、使用、管理、评价于一体的教学生态链,真正打造了线上线下、课堂课外的立体化互动教材。

基于为我国旅游业发展提供人才支持与智力保障的目标,该套教材在全国范围内邀请了近百所应用型院校旅游管理专业学科带头人、一线骨干"双师双能型"教师,以及旅游行业界精英共同编写,力求出版一套兼具理论与实践、传承与创新、基础与前沿的精品教材。该套教材难免存在疏忽与缺失之处,恳请广大读者批评指正,以使该套教材日臻完善。希望在"十三五"期间,全国旅游教育界以培养应用型、复合型、创新型人才为己任,以精品教材建设为突破口,为建设一流旅游管理学科而奋斗!

2017.1.18

Preface 前 言

酒店管理专业在2013年首次被教育部列入本科专业目录,为了帮助学生树立良好的酒店管理法律意识和思维,培养依法经营的未来酒店管理者,部分地方本科高校逐步开发了"酒店法规与法律实务"课程,并逐渐确立了专业基础课的课程地位。武汉商学院是首批申办酒店管理专业本科的高校,并率先在国内开设了该课程。多位教学一线教师通过近10年的教学实践和探索,编写了本书。

本书突出"以应用为导向",倡导学以致用,加强能力培养,突出创新意识,力求使学生在分析问题和解决问题上提高能力。首先,本书内容新颖、实用,本书针对学生的特点及酒店行业的最新发展情况,对酒店法规与法律进行了全面和系统的介绍;其次,本书紧密联系中国酒店经营的实践,选用了酒店行业最新发生的一些典型案例,既鲜活又紧密结合现实,具有很强的实用性;最后,本书附录中摘录了相关的重要酒店法规与法律,使读者既了解条文,又不拘泥于条文,举一反三。

学习本书,有助于学习者树立酒店法律思维和法律意识,初步掌握基本的酒店法律法规知识,并且能够对酒店经营与管理过程中的法律现象、纠纷及事件进行分析和处理,以维护客人、员工和酒店各方的合法权益。因此,本书既可作为应用型本科院校酒店管理、餐饮管理等专业的教学用书,也可作为酒店职业培训、酒店行业管理的参考用书或酒店从业人员的培训教材和参考书。

本书是武汉商学院徐松华老师多年的教学实践和研究成果的积累,同时也得到了武汉商学院宁宜汉、鲁婉婷、梁珊和湖北第二师范学院吴丽慧老师的积极投入和支持。其中,武汉商学院的徐松华老师进行了教材编写的总体框架设计,并编写了第一、三、四章和第八章,并负责全书的统稿工作;宁宜汉老师编写了第七章和第十章;吴丽慧老师编写了第二章和第九章;鲁婉婷老师编写了第六章;梁珊老师编写了第五章和负责全书的审稿工作。在编写过程中查阅了大量的相关著作及资料,吸收并采纳了其中部分的观点和研究成果,谨向原作者及相关人士表示感谢。此外,由于作者水平有限,本书难免有疏漏和欠妥之处,恳请各位专家和读者批评指正!

本书由武汉商学院资助出版。

编 者
2017年12月于武汉后官湖畔

Contents 目 录

1　第一章　酒店法导述

　　第一节　酒店法的形成及渊源　/1
　　第二节　酒店法的内容与作用　/4
　　第三节　酒店法律关系与法律责任　/5

13　第二章　酒店同客人的权利与义务

　　第一节　酒店同其客人之间权利义务关系的产生和终止　/14
　　第二节　酒店对客人的权利　/15
　　第三节　酒店对客人的义务　/17
　　第四节　客人的权利与义务　/26

31　第三章　酒店设立

　　第一节　酒店设立概述　/32
　　第二节　酒店设立管理　/37
　　第三节　酒店有限责任公司　/43
　　第四节　酒店股份有限公司　/46

50　第四章　酒店服务合同

　　第一节　酒店服务合同法概述　/51
　　第二节　酒店服务合同的订立　/54
　　第三节　酒店服务合同的效力和履行　/58
　　第四节　酒店服务合同的变更、终止和解除　/60
　　第五节　酒店服务合同违约责任　/62

68　第五章　酒店劳动管理

　　第一节　酒店劳动合同　/68
　　第二节　酒店社会保险与劳动争议　/72

79　第六章　酒店星级评定

　　第一节　酒店星级评定概述　/80

第二节　星级酒店的划分及要求　　/83
　　第三节　酒店星级评定规则　　/88
　　第四节　星级酒店检查　　/91

第七章　酒店安全管理　　100

　　第一节　酒店餐饮安全管理　　/101
　　第二节　酒店治安管理　　/108
　　第三节　酒店消防管理　　/111

第八章　酒店竞争及价格管理　　117

　　第一节　酒店不正当竞争及管理　　/118
　　第二节　酒店价格及管理　　/127

第九章　酒店行业管理规范　　133

　　第一节　酒店行业规范的出台　　/134
　　第二节　酒店行业规范的主要内容　　/134
　　第三节　实施酒店行业规范的意义　　/141

第十章　酒店侵权责任及赔偿制度　　146

　　第一节　酒店侵权责任概述　　/147
　　第二节　酒店客人维权与诉讼时效　　/151

附录A　典型案例　　158

附录B　旅游饭店星级的划分与评定　　165

附录C　中国旅游饭店行业规范　　169

附录D　中华人民共和国旅游法　　173

附录E　旅馆业治安管理办法　　186

附录F　中华人民共和国食品安全法（节选）　　188

参考文献　　194

第一章

酒店法导述

学习目标

1. 了解并掌握酒店法的概念,了解国内外酒店立法情况。
2. 重点掌握酒店法律关系和酒店法的内容。
3. 能够结合现实的法律现象或法律事件,分析相关酒店法律关系。
4. 逐步重视酒店法的学习,初步树立酒店法律意识和思维。

案例导入 顾客喝免费酒划破嘴 酒店要赔偿吗?

2016年夏,某酒店承办了一个聚会。按照事先约定,酒店为主办方提供免费酒水。在聚会中,有一个顾客在喝啤酒时嘴被破了的瓶口划破了。顾客到医院进行缝合和消毒一共花费了1000元,主办方要求酒店赔偿这笔费用。但是,酒店辩称,酒水是免费向他们提供的,顾客是被酒瓶口划伤的,酒店不应当赔偿。

思考:对于本案,请谈谈你的看法。

第一节 酒店法的形成及渊源

一、酒店法的形成

最早产生酒店法的是中世纪的英国,至今已有四五百年的历史,英国、美国、法国、比利时等国家的法律百科全书中,都有"旅馆法"这一条目。详细论述旅客同旅馆、餐厅之间有关接待、服务、人身财务安全等方面的权利义务关系。英、美等普通法系的国家还有大量关于

酒店法的判例和单行法规。我国香港地区也有关于酒店的单行法例，如香港的《旅馆业条例》和《酒店东主条例》。而大陆法系的德国则在其《民法典》的债务关系法编中规定了"旅店主宠物的携入"，明确了酒店对旅客财产的责任。从各国立法上看，对酒店业的专门性的立法并不多，尤其在确认酒店和旅客之间的权利义务关系的问题上，主要侧重于适用民法的规定。

第二次世界大战后，随着国际形势的相对稳定，世界经济得以恢复和发展，酒店业也蓬勃发展起来。酒店业的兴起与发展，产生了酒店业主与客人之间的关系，产生了酒店业主与其他相关部门之间的关系，从而逐步形成了调整这些关系和确定各当事方权利和义务的各种规范。而在国际上，随着各国酒店的涉外接待服务的增长，在涉外接待服务过程中产生一系列的国际酒店法律纠纷。于是，一些有关酒店的国际公约、国际条约和国际协定制定出来，并被越来越多的国家所承认及执行。1978年国际私法统一协会拟订和通过的《关于饭店合同的协定草案》，具体地规定了酒店经营者和客人之间的权利和义务。国际饭店协会也制定了《国际旅馆法规》（中国旅游饭店协会于1994年加入国际饭店协会），此法现仍生效，并获得了国际酒店业的普遍承认。该法在宗旨中写明，"法规可作为各国有关饭店住宿契约立法的辅助性条款"。

从国际酒店立法情况看，酒店法发展到今天，已有一定的系统性和完整性，越来越受到各国立法的重视。作为一个新兴的法律部门产生了，它体现了国家意志，对构成酒店法律关系的当事人具有法律约束力，对保护和促进酒店业的发展起着重要的推动作用。

二、酒店法的概念

酒店法是调整酒店开设、经营中各种法律关系的法律规范的总和。这些法律关系包括酒店与旅客以及酒店与其他法律关系主体之间相互权利义务关系，是酒店法的调整对象。因此，酒店法是一系列法律规范的总和，而不是单一的法律或法规。这些法律规范包括国家有关部门制定的有关酒店方面的法律、法规及各省、自治区、直辖市制定的有关酒店方面的地方法规。此外，还包括我国参加和承认的国际有关公约或规章。

三、酒店法的调整对象

酒店法调整饭店活动中所产生的各种各样的社会关系，这些关系主要包括以下几类。

1. 酒店与客人之间的关系

这是酒店法所调整的最主要的社会关系。酒店同客人之间的关系是一种横向的法律关系，酒店同客人之间的法律地位是平等的，他们之间的关系一般以合同的形式予以确立，各主体在享有权利的同时承担义务，也就是说，酒店与客人在履行义务的同时也享有相应的权利。

2. 酒店与酒店之间的关系

酒店在经营管理过程中与许多部门都产生关系，如旅行社、交通运输、供水、供电、供气等企业和部门。酒店同这些企业和部门之间的关系既有横向的法律关系又有纵向的法律关系。

3. 酒店与行政管理部门之间的关系

这是一种纵向的法律关系。国家行政管理部门对酒店的经营管理活动负有监督、管理的责任。这种关系具体表现为领导与被领导、管理与被管理、监督与被监督的关系。前者主要表现为权利的行使，后者主要表现为义务的履行，双方的主体地位是不平等的。

4. 具有涉外因素的法律关系

这种法律关系包括了涉外酒店客人和国际酒店组织在中国的法律地位，中外合资、合作饭店中的中外各方的合作关系等。这些关系一般由我国法律进行调整，但涉及我国参加的国际有关酒店的公约、条约以及国际惯例除外。

四、中国酒店法的立法情况

在我国目前的法律体系中，还没有一部完整的酒店法用来调整酒店和客人之间的权利与义务和法律责任以及酒店在经营管理中的各种法律关系。而我国调整酒店和其他法律关系主体之间的权利义务关系的法律法规主要适用我国《民法》和《合同法》以及相关法律，如我国《消费者权益保护法》、《反不正当竞争法》等。

但近年来我国制定了一系列涉及酒店方面的全国性和地方性的法律、法规和规章制度，以加强对酒店的管理。

1987年11月10日公安部发布的《旅馆业治安管理办法》。

1989年9月30日国家旅游局、财政部、国家物价局、国家税务局联合发布的《关于旅游涉外饭店加收服务费的若干规定》。

1993年7月29日国家旅游局发布的《饭店管理公司管理暂行办法》。

1993年10月31日全国人大通过的《中华人民共和国消费者权益保护法》。

1998年9月1日施行的《中华人民共和国消防法》。

1999年10月1日修订施行的《中华人民共和国合同法》。

2002年5月1日颁布实施的《中国旅游饭店行业规范》。

2006年3月1日颁布了新的《娱乐场所管理条例》（后2016年修订）。

2006年3月7日起实施《星级饭店访查规范》。

2009年6月1日实施的《食品安全法》。

2011年1月1日修订实施了新的《旅游饭店星级的划分与评定》。

2013年10月1日起施行《旅游法》。

此外，一些地方也结合本地酒店业的实际，制定了一些地方性的酒店法律法规，主要有以下几个。

1985年6月1日广州市公安局制定的《旅客住宿须知》。

1991年6月20日江苏省旅游局和公安厅联合颁布的《江苏省旅游涉外饭店安全管理规定》。

1991年10月21日北京市旅游局发布的《北京市旅游涉外饭店管理试行办法》。

1991年10月长沙市公安局制定的《长沙市旅客住宿管理规定》。

1998年9月广东省实施的《制止经营上台酒水牟取暴利试行办法》。

规范性文件与规章的发展，为我国《酒店法》的颁布实施打下了一定的基础。随着我国旅游事业和酒店业的发展,制定调整酒店和客人以及酒店和其他法律关系主体之间行为规范的法律法规将更加完善。

第二节　酒店法的内容与作用

一、酒店法的内容

酒店法是调整酒店在经营管理过程中各种关系的法律规范的总称。虽然世界各国在酒店法的形式、法律效力以及名称上各不相同,但它们所调整的权利和义务关系都属同一类,都有其共同的基本内容。

1. 酒店设立、变更和终止的规定

酒店的设立、变更和终止是酒店存在和消亡的法律问题。酒店的设立又称酒店的开办,是指酒店设立人为取得酒店经营的资格,依照法定程序所实施的行为。我国的《旅馆夜治安管理办法》第四条规定,申请开办旅馆,应经主管部门审查批准,经当地公安机关签署意见,向工商行政管理机关部门申请登记,领取营业执照后,方准开业;经批准开业的旅馆,如有歇业、转业、合并、迁移、改名称等情况,应当在工商行政管理部门办理变更登记后三日内,向当地的县、市公安局备案。

在我国境内的规模以上酒店、外商投资酒店、股份制酒店和私营酒店等,都由国家行政管理机关审批设立。申请设立的酒店必须具备法定的设立条件,由主管机关或其他授权机关审查批准。

2. 酒店经营范围的规定

现代酒店是一个具有多种功能的综合性企业。除客房和餐饮外,酒店还应包括它的附属设施的范围,如车队、网球场、保龄球馆、桑拿浴、游泳池、健身房等。凡是在该酒店实际控制的部门或空间,均属酒店经营的范围。

3. 酒店的权利和义务的规定

酒店作为独立的市场经营主体,它有独立的经营权和管理权,并在对客服务过程中有权拒绝客人,有权收取合理的费用,有权要求客人赔偿因客人原因而使酒店遭受的损失等。

与之相对应,酒店作为独立的市场经营主体,它也应遵纪守法,接受各级各类国家行政管理机关的监督管理,并在对客服务过程中保障客人的人身安全和财产安全,有义务提供与酒店等级相符的各种服务等。

4. 客人权利和义务的规定

客人有广义和狭义之分,广义的客人包括住店客人、在店消费客人,以及潜在的消费客人等人员。狭义的客人仅指在酒店住宿、用餐或接受其他服务消费的人员。本书的客人,多指狭义的客人。

客人的权利包括住宿、餐饮、娱乐等消费权,并有权要求酒店保证其人身安全和财产安全等等。客人的义务包括在登记入住时要提供有效的身份证件,在住宿期间遵守国家和酒店所在地的法律法规,要爱护酒店的财物和支付酒店消费费用等。

5.酒店法律责任的规定

酒店对自己的客人负有法律上的义务,这些义务包括保护客人人身安全、保护客人财产安全以及保护客人的贵重物品安全等。酒店的客人一旦在住店期间或者在接受酒店提供的服务过程中,由于酒店的故意或过错而造成客人的人身损害以及财物损失等情况,就应当承担相应的法律责任。

二、酒店法的作用

建立我国酒店法律制度,已经是保护酒店业健康发展和保护客人权利、解决纠纷的客观要求。

1.酒店法是约束酒店和客人双方行为的准则

酒店法明确界定了酒店和客人之间的权利义务准则和要求,是衡量双方行为是否合法有效的标尺,可促进双方在法律允许的范围内经营和消费。

2.酒店法是酒店和客人权益的保证

酒店法通过明确酒店和客人的权利及义务为酒店和客人提供了法律的保障,对酒店法律纠纷的解决提供了评判的标准,是保证合同依法履行、酒店及客人合法权益得到保护的坚强后盾。

3.酒店法是酒店正常经营的有力手段

酒店员工的招聘、使用,酒店餐饮服务质量的管理,消防设置的配置,酒店治安管理等都应该纳入法制化的管理轨道,使酒店各管理层的操作规范化,使员工与管理者之间、行政管理机关与酒店之间的法律关系有规可循,减少矛盾出现的可能。

4.酒店法是国家机关进行行政管理和宏观调控的依据

在我国酒店业的发展过程中,经济政策、行政手段对酒店星级的评定、酒店设立的申请与审批等都发挥过作用,但局限性日益显现。作为社会主义法制建设的一部分,国家对酒店的宏观调控和监督管理都必须以法律为准绳来进行。

第三节 酒店法律关系与法律责任

一、酒店法律关系的概念及构成

酒店法律关系是指由酒店法律法规所确认和调整的、各方当事人之间在酒店经营管理活动中形成的权利和义务关系。其特征有以下几点。

1.酒店法律关系是受酒店法律规范调整的、具体的社会关系

酒店法律关系反映了当事人之间在酒店经营管理活动中所结成的一种社会关系。同其他法律关系一样,酒店法律关系以相应的酒店法律规范为前提。由于规定和调整酒店关系的法律规范的存在,因此产生了酒店法律关系。

2. 酒店法律关系是以权利和义务为内容的社会关系

酒店社会关系同其他社会关系一样,之所以能成为法律关系,就在于法律规定了当事人之间的权利和义务关系。这种权利和义务关系的确认,体现了国家意志,是国家维护酒店经营管理活动秩序的重要保障。

3. 酒店法律关系的产生、发展和变更是依据酒店法律规范的规定而进行的

国家会依据酒店经营管理活动的发展和变化不断对酒店法律规范进行完善、修改、补充和废止,因此引起酒店法律关系的发展和变更。

酒店法律关系的构成要素是指构成酒店法律关系不可缺少的组成部分,包括主体、客体和内容三个要素,缺少其中一个要素,就不能构成酒店法律关系。

二、酒店法律关系的主体

酒店法律关系的主体,是指在酒店活动中依照国家有关法律法规享受权利和承担义务的人或组织,即酒店法律关系的当事人。在我国酒店法律关系中,能够作为主体的当事人,主要有以下两类。

1. 酒店法律关系的管理和监督主体

酒店法律关系的管理和监督主体主要是指依法行使行政监督管理权的行政机关单位。如工商、税务、旅游、公安消防、食品卫生、税务等行政管理部门。

2. 酒店法律关系的实施主体

酒店法律关系的实施主体是酒店法律关系的主要参与者,主要有以下几类。

（1）酒店及相关经营者。

酒店及相关经营者包括酒店,与酒店经营发生联系的各类公司。例如,订房中心、国内外旅行社、有酒店需求的企事业单位等。

（2）自然人。

自然人包括酒店员工和顾客。其中,顾客不仅包括国内散客,也包括来自境外的外国人、华人、华侨、港澳台同胞等客人。

（3）其他酒店组织。

其他酒店组织包括中国旅游协会、中国旅游饭店业协会和亚太旅游协会等旅游酒店协会组织。

三、酒店法律关系的客体

酒店法律关系的客体,是指酒店法律关系主体之间权利和义务所共同指向的对象(标的)。在通常的情况下,法律关系主体都是围绕着一定的事物彼此才能成立一定的权利、义务,从而建立法律关系的。这里的权利、义务所指向的事物,便是酒店法律关系的客体。如果仅有法律关系主体和内容,而无权利和义务所指向的事物——客体,这种权利和义务是无实际意义的,法律关系也难以成立。可以作为酒店法律关系客体的,主要有物和行为两种类型。

1. 物

物,在法律上具有一定的经济价值,在法律关系中作为财产权利对象的一切有形物质财

富,是指现实存在的为人们可以控制、支配的一切自然物和劳动创造的物。酒店法律关系的客体包括酒店客房、餐饮、娱乐场所、商品、物品等。货币作为酒店费用的支付手段,也是酒店法律关系的客体。

2. 行为

行为,是酒店法律关系主体进行的有目的、有意识的活动,主要有酒店服务行为、酒店管理行为。

其中,酒店服务行为是把客人迎进来、送出去,以及做好客人在店期间住、食、娱、购、行等各个环节的服务工作;酒店管理行为,是一种直接或间接地为客人提供服务的活动,包括酒店总经理、部门经理、主管、领班等进行的管理活动。通过他们的管理工作,使得酒店服务行为形成一个统一的整体,为客人提供各种方便;知识产权,酒店法律关系主体从事智力活动所取得的智力成果,如酒店经营管理模式、酒店注册商标、酒店专利、酒店技术秘密、知名酒店名称等。

四、酒店法律关系的内容

酒店法律关系的内容,是指酒店法律关系主体依法享有的权利和依法承担的义务。法律关系主体间的权利和义务,构成了法律关系的内容。由于权利和义务把酒店法律关系的主体联结起来,因此权利和义务在酒店法律关系中不可缺少。在酒店法律关系中,权利和义务是相互对立,同时存在的。酒店法律关系的主体享有酒店法律法规所规定的权利,同时,也必须承担酒店法律法规所规定的义务。当主体一方的权利因其他主主体的行为而不能实现时,有权请求国家机关加以保护。

1. 酒店法律关系主体权利

酒店法律关系主体权利,是指酒店法律关系主体依法享有的作为或不作为,以及要求他人作为或不作为的一种资格。当酒店法律关系的主体一方因另一方或他人的行为而不能行使和实现其权利时,有权要求国家有关机关依据法律,运用强制手段帮助实现其权利。酒店法律关系主体权利主要包括以下三个方面的内容。

(1)酒店法律关系主体有权做出或不做出一定的行为。例如,酒店有权拒绝携带危险品的客人进入酒店。

(2)酒店法律关系主体有权要求另一方按照规定相应做出或不做出一定的行为。例如,客人入住酒店后,有权要求酒店提供符合其等级标准要求的服务。又如,客人在酒店消费后,有权要求酒店出示票据。

(3)酒店法律关系主体的合法权益受到侵害时,有权要求国家有关机关依据法律,保护其合法权益。例如,客人在酒店内由于酒店的原因使客人的人身受到损害得不到赔偿,有权要求旅游投诉受理机关保护自己的合法权益。

2. 酒店法律关系主体义务

酒店法律关系主体义务,是指酒店法律关系主体所承担的某种必须履行的责任。这种责任包括以下三个方面的内容。

(1)酒店法律关系主体按照其权利享有人的要求做出一定的行为。例如,酒店在收取

客人支付的费用后,就有义务按照客人的要求及时清扫房间。

(2) 酒店法律关系主体按照其权利享有人的要求,停止一定的行为。例如,客人在房内休息时,要求酒店停止客房服务,服务员不得随意进入客人的房间清扫卫生。

(3) 酒店法律关系主体不履行或者不适当履行义务,将受到国家法律的制裁。例如,酒店内发生重大事故、事件造成客人在酒店内遭到人身损害或财产损失,不但要承担其赔偿责任,还要受到法律的制裁。

五、酒店法律关系的确立

酒店法律关系的确立是指酒店法律关系的产生、变更、终止等情形。酒店法律关系的确立必须要有一定的酒店法律事实的出现。

酒店法律事实是指符合法律规定,能够引起酒店法律关系产生、变更和消灭的客观情况。酒店法律事实可分为法律事件和法律行为两大类。

1. 法律事件

法律事件是指能导致一定的法律后果且不以酒店法律关系主体的意志为转移的客观事实或者现象,如出生、死亡、自然灾害、战争等。

2. 法律行为

法律行为是指能在法律上产生效力的有意识的活动,如酒店合同的依法签订和履行。法律行为有合法行为和违法行为之分,其中,违法行为从性质上划分为民事违法、行政违法、刑事违法;从违法方式上分为作为的违法与不作为的违法。

六、酒店法律关系的产生、变更和消灭

1. 酒店法律关系的产生

酒店法律关系的产生是指因某种法律事实使酒店法律关系主体之间一定的权利义务关系形成。例如,酒店和顾客签订住宿合同、就餐服务合同等,就会在酒店和顾客之间形成权利义务关系,并且这种关系受到上述有关法律的保护和监督。

2. 酒店法律关系的变更

酒店法律关系的变更是指因某种法律事实使酒店法律关系的主体、客体和权利义务发生了变化。例如,某客人预订了某酒店的标间,但在入住时调整为单间,就是酒店住宿合同客体的变化而引起酒店法律关系的变更。但要注意的是,酒店法律关系的变更不是随意的,它受到法律严格的限制,除因不可抗力或当事人事先协商一致外,不得擅自变更。

3. 酒店法律关系的消灭

酒店法律关系的消灭是指因某种酒店法律事实,使酒店法律关系主体间的权利义务关系终结。在实践中,酒店法律关系的消灭一般表现为主体各方权利义务的实现,如一个酒店按住宿合同规定圆满完成了某客人的接待任务,双方权利、义务关系即归于消灭。当然也有因主体间自行协商,或依法律规定,或主体消亡、破产等,而使酒店法律关系消灭的情况。

同步案例

天津某公司和美国某公司合资兴建一座三星级酒店,双方为此签订了合资经营合同,但在建设过程中双方资金不足,于是经协商决定接纳新加坡一家公司作为另一合营者。为此,需要中、美、新三方在一起再进行协商签订新的合营协议。

法律分析:法律关系包括酒店法律关系的变更都是随意的,但这种变更受到了法律的严格限制。在本案中,天津某公司和美国某公司因资金不足,决定接纳新的合营者,是经过双方协商决定的,符合法律关系变更的规定。如果三方一旦签订了新的合营协议,则主体就由两个变为三个,原来双方所签订的合资经营合同中所约定的权利和义务的内容也要相应地发生变化。

(资料来源:王健.旅游法原理与实务[M].天津:南开大学出版社,1998.)

七、酒店法律关系的保护

酒店法律关系的保护是指国家机关监督酒店法律关系的主体正确行使权利、切实履行义务并对侵犯酒店法律关系主体合法权利或不履行法定义务的行为追究法律责任的活动。

1. 机构

国家旅游行政管理部门;国家工商行政管理机关、食品药品监督管理机关及其他行政管理机关;仲裁机构;司法机构。

2. 措施

行政措施(如警告、拘留、罚款、停业整顿、吊销营业执照等);民事措施(如违约金、赔偿金等);刑事措施。

八、酒店法律责任

酒店法律关系一经形成,就受法律保护。任何一个酒店法律关系的主体,不正确行使权利,或不切实履行义务,造成对其他酒店法律关系主体权益损失的,都要追究法律责任。

1. 违约责任

违反酒店合同的责任,简称违约责任,是指酒店合同当事人不履行或不完全履行酒店合同所规定的义务,依法或依约所应承担的责任。一般来说,违约责任有要求继续履行、支付违约金、赔偿损失等方式。

2. 侵权责任

侵权责任是指酒店在经营过程中侵害其他自然人、法人或其他组织的合法权益的人身权、财产权时应承担的法律责任。侵权责任是对相对法律客体法定义务的侵犯,是对绝对权利的侵犯,一般来说,酒店侵权责任主要包括对相对人名誉、人身、财产、商标、隐私等权利的

侵害。

3. 行政责任

国家行政管理机关对酒店或其他参与人的违规行为可以做出警告、罚款、责令停业整顿、没收违法所得、吊销营业执照等行政处罚措施。另外,对于认真执行法律、工作成绩显著的法人和个人,国家行政管理机关还可以给予适当的物质奖励和精神奖励。

4. 刑事责任

酒店法律关系的主体违规行为构成犯罪的,人民法院可依法追究其刑事责任。主要包括拘役、有期徒刑、无期徒刑和死刑等主刑,也包括罚金、剥落政治权利等附加刑。

本章小结

本章介绍了酒店法的产生及调整对象,酒店立法与中国酒店立法的概况以及酒店法律关系等酒店法的基础知识。酒店法是现代酒店业发展的必然产物,是调整在酒店经营活动中所产生的各种社会关系的主要法律依据,在本章的最后部分介绍的酒店法律关系及相关知识,是本章的重要内容,是学习酒店法规课程和解决实际问题的重要基础。

关键概念

▶ 酒店法 酒店法律关系 标的 法律事实 违约责任 侵权责任 民事责任 行政责任 刑事责任

思考与练习

一、选择题

1. 我国《刑法》规定的主刑有( )。
   A. 管制　　　　　　B. 拘役　　　　　　C. 有期徒刑
   D. 无期徒刑　　　　E. 死刑

2. 酒店法律关系的构成要素包括( )。
   A. 事实　　　　B. 主体　　　　C. 客体　　　　D. 内容

3. 法的本质主要表现在( )。
   A. 法的内容是由统治阶级的物质生活条件决定的
   B. 法是以国家意志表现出来的统治阶级的意志

C. 法是统治阶级意志的体现
D. 法是统治阶级中个别人的意志的体现
4. 下列属于酒店法律关系主体的有（   ）。
A. 酒店   B. 国家旅游局   C. 酒店顾客   D. 人民法院
5. 酒店法律关系保护的民事措施有（   ）。
A. 劳动教育   B. 赔偿损失   C. 罚款   D. 罚金
6. 以下不属于行政处罚的是（   ）。
A. 没收违法所得、没收非法财物
B. 暂扣或者吊销许可证、暂扣或者吊销执照
C. 判处有期徒刑或拘役
D. 责令停产停业
7. 行政执法人员徇私舞弊，对依法应当移交司法机关追究刑事责任的不移交，情节严重的，应当（   ）。
A. 给予撤职处分   B. 给予降级处分
C. 行政拘留   D. 处3年以下有期徒刑或者拘役

二、名词解释

1. 酒店法
2. 酒店法律关系
3. 违约责任
4. 侵权责任

三、思考题

1. 什么是酒店？什么是酒店法？
2. 酒店法的调整对象是什么？
3. 我国目前有哪些酒店方面的法规？
4. 什么是酒店法律关系的主体、客体？
5. 什么是酒店法律关系的内容？
6. 酒店法律关系主体的权利有哪些内容？
7. 酒店法律关系主体的义务有哪些内容？
8. 酒店的法律责任有哪些？

四、案例分析题

案例1

8岁孩童欲如厕，不料被汤烫伤残

8岁的小欣随母亲去某酒店就餐。餐间，她去上卫生间，走出包厢门口，迎面遇上正端着一盆酸菜鱼头汤的服务员周某，与之发生碰撞，结果服务员端的热汤泼了出来，刚好浇在小欣的头部和面部。事后，小欣入院治疗共花费2600元，且头面部留有明显的痕迹。家长向法院起诉，要求被告支付医疗费、误工费、伤残赔偿金等共计9万余元。

问题:1. 什么是酒店法律关系的主体、客体和内容?
2. 指出本案中的酒店法律关系主体和客体。
3. 请指出本案中酒店法律关系的内容,并加以分析。

案例 2

某酒店因山洪暴发冲毁桥梁,外面的食品原料无法运达,使得预订的婚宴无法按时接待,因此给结婚主办方造成了不便。试分析该酒店是否应承担无法按时举办婚宴的民事责任。

第二章

酒店同客人的权利与义务

学习目标

1. 了解酒店与客人对处理纠纷的影响度、酒店对客人的权利、酒店对客人的义务、酒店客人的权利和义务。
2. 掌握酒店与客人的权利义务关系如何产生和如何终止。
3. 熟悉客人拖欠酒店费用的处理技巧,需客人赔偿酒店损失时,酒店如何沟通。

案例导入

一天,两位男士乘坐一辆中型旅行车来到某五星级酒店的门口,并从车上卸下五个纸箱,因纸箱过于沉重,两位男士让行李员为其服务。当两位行李员推车经过大堂进入电梯后,感到有些蹊跷,因纸箱既不像货物,也不像行李,而且重量超乎常情。于是,行李员悄悄拉开纸箱一角,发现全是现钞,虽然不能完全断定是犯罪分子的赃款,但两位行李员认为事情比较可疑,于是立刻把此情况报告保安部主管。酒店立即与公安机关取得联系,经过警方的侦查,破获了一起由香港犯罪团伙实施的重大洗钱案。

思考:对于"客人是上帝"这句话,如何理解?

第一节 酒店同其客人之间权利义务关系的产生和终止

一、酒店同其客人之间权利义务关系的产生

酒店同其客人之间的权利义务关系是随着住宿以及其他有关合同的产生而产生的。合同也叫契约,它是当事人之间对确立、变更、终止民事权利义务关系表示一致的法律行为。合同的成立,须由当事人相互做出意思表示,并达成一致。住宿及其他消费等合同,是指酒店和客人,以及酒店和其他任何一方就有关提供住宿设施、饮食服务和附加服务而达成的协议。

酒店同客人以及酒店和其他法律关系主体之间的合同一经成立,便具有法律义务,并享有一定的权利。如果合同当事人一方或双方未按合同规定履行义务,就应承担相应的法律责任。

合同的订立通常要经过两个阶段,即要约和承诺。

要约,是指希望和他人订立合同的意思表示,该意思表示应当符合下列规定。

(1)内容具体确定。

(2)表明经受要约人承诺,要约人即受该意思表示约束。

承诺,是指受要约人同意要约的意思表示。赞成要约的人,称为"承诺人"。要约人的要约一经受领要约的相对人承诺,合同即告成立。

酒店合同是一种有偿、双务、非要式诺成合同。

客人如果向酒店发出要求预订客房的要约,而酒店接受了这一要约(即酒店表示承诺)则酒店和客人之间的住宿合同关系即告成立。当事人任何一方如果不按合同规定履行自己的义务,应当承担相应的法律责任。

在广义上,凡是来酒店的人员,无论他是否住宿、用餐或进行其他消费和活动,均是酒店的客人。但从法律的角度来看,酒店同其客人产生权利和义务关系需要具备以下的条件。

(1)客人来到了酒店,提出了住店的要求(即向酒店发出住宿要约),办理了登记手续,并且拿到了酒店客房的钥匙以后(即酒店承诺了客人要求住宿的要约),他才具有酒店客人的身份,才能算是酒店客人(或称"住店客人")。

(2)客人向酒店发出了就餐或进行其他消费的要约(比如客人点了菜),而酒店又接受了这一要约后(餐厅接受了点菜),这时酒店和客人之间的合同关系便正式成立。

法国《民法典》规定,酒店与旅客之间的法律关系是通过酒店合同的方式来体现的。正规经营的酒店有偿地向旅客暂时提供住宿场所并为之服务,双方同意承担相应义务,享受相应权利的契约即是酒店合同。

国际私法统一协会《关于旅馆合同的协定草案》第三条第一款规定:"酒店合同在一方明确表示接受另一方提出的要约时即告成立。"

确定从什么时候起合同才算成立,对确定当事人的权利、义务和责任有重要意义。酒店和客人之间的合同关系一旦成立,酒店就要对客人的人身和财物安全负责。

二、酒店同其客人之间权利义务的终止

1. 结账终止

客人住宿期满来到结账处,提出退房,酒店出示账单,双方无异议,客人签单付费之后;或者客人在酒店内进行其他的消费结束,付了款以后,酒店和客人双方之间的权利和义务关系便终止了。

但在实际情况下,客人在结账后到走出酒店大门的这一段时间,仍具有"潜在客人的身份"。例如,用于等候出租汽车的时间;客人结账后,返回房间整理行李的时间。这时,应视为客人和酒店之间的合同关系仍然存在。在此期间,酒店就负有"潜在责任",直到客人离开酒店。

2. 合同终止

团队、会议、长住、预订客房或用餐等客人,一般通过合同的方式产生其权利义务关系。合同一经成立,双方之间的权利和义务关系即按照合同约定的时间产生和终止。在合同期内,如无特殊情况,双方都无权不经对方的同意而终止合同。在合同期间,如果客人或酒店中任何一方违反合同的规定,另一方有权要求赔偿其损失。按照合同的约定住宿期满,酒店同客人之间的权利义务关系即告终止。

如果由于某种原因客人要求继续留宿酒店,酒店应问清客人是个人还是签约单位同意继续留宿酒店(这样做避免续住期间所产生的费用纠纷)。无论是何种情况,应视为上一合同的终止和新的合同的开始,并且要得到酒店的同意。如果客人没有事先通知酒店将继续住宿,而且酒店也无客人需要的住房提供,酒店可以要求客人离开该房间。

3. 违约终止

客人或者酒店如果有一方严重违反了双方的合同,并且经指出后仍不能达到约定的要求,另一方可以随时提出终止合同。例如,客人严重违反有关规定经劝告无效、将客房转租他人、在客房内做出有损于公共道德或者有损于酒店声誉的行为、酒店提供的客房和服务与其等级严重不符、酒店侵害客人合法权益的行为等。

4. 驱逐终止

我国合同法的基本原则之一是,合同必须符合国家的法律、法规的规定,违反国家法律法规的合同法律不予保护。《旅馆业治安管理办法》第十二条规定:"旅馆内,严禁卖淫、嫖宿、赌博、吸毒、传播淫秽物品等违法犯罪活动。"该办法第十七条规定:"违反本办法第十二条规定的,依照《中华人民共和国治安管理处罚条例》有关规定处理。"

客人如果在酒店内因实施犯罪行为或其他违反国家法律规定的行为被公安机关拘留,酒店有权将其驱逐,此时双方的合同关系就随即终止。

第二节 酒店对客人的权利

一、拒绝客人的权利

酒店是为住店客人及社会公众提供各种服务的场所。但出现以下情况,酒店可以不予

接待。

1. 患有严重传染病或精神病者

因为严重的传染疾病患者和严重精神病患者对酒店内其他客人的健康和安全构成威胁。在"非典"时期,不但全国,甚至世界上很多国家都做出禁止"非典"患者(包括疑似患者)进入一切公共场所的规定。

2. 携带危害酒店安全的物品入店者

我国的《旅馆业治安管理办法》第十一条规定:"严禁旅客将易燃、易爆、剧毒、腐蚀性和放射性等危险物品带入旅馆。"对携带上述危险品入店的客人,酒店可以进行劝阻,如客人不听劝阻,酒店有权拒绝入店。

3. 从事违法活动者

《旅馆业治安管理办法》第十二条规定:"旅馆内,严禁卖淫、嫖宿、赌博、吸毒、传播淫秽物品等违法犯罪活动。"为了保障客人的安全,维护酒店的声誉,酒店有权拒绝一切有违法行为的客人。对于其入店后违法或有违法行为的客人,酒店有权制止,经劝阻无效的,酒店可以要求离店,情节严重的,酒店应当及时报公安机关。

4. 影响酒店形象者

酒店内禁止客人携带猫和狗等动物进入,这是很多国家的酒店法明文规定的。我国的《旅馆业治安管理办法》第十三条规定:"旅馆内,不得酗酒滋事、大声喧哗,影响他人休息,旅客不得私自留客住宿或者转让床位。"对上述行为举止不当的客人,酒店有权制止,不听劝告的,酒店有权要求客人离店。有的酒店(特别是一些豪华的酒店)为了维护其自身的形象,对一些衣冠不整的客人也规定不予接待。

5. 无支付能力或曾有过逃账记录者

酒店是营利性企业,并非公益性单位,对于无支付能力或者拒绝支付酒店合理费用的人员,酒店有权不予接待。对于曾有过逃账记录的人员再次入店时,酒店也有权加以拒绝。

6. 酒店客满时

在酒店已经客满,无能力接待新来的客人和接受新的预订时,酒店可以拒绝客人。

7. 法律、法规规定的其他情况

美国《酒店法》规定,酒店在如下情况下可以不接待客人:①醉酒或行为不轨以致危害其他客人的;②有传染病者;③带入有可能对他人有影响或者对公众的安全有威胁物品的(如动物或者武器和爆炸物品);④不愿意或者不能支付酒店费用的;⑤酒店无客房可提供。

美国法律同时规定,酒店不得以客人在不恰当的时候(比如午夜)进入酒店而拒绝客人,酒店应当随时开放接待客人。根据美国纽约《民权法》第四十一条规定:"……由于种族、信仰、肤色、民族的原因而遭受拒绝的,可以获得100美元以上至5万美元以下的赔偿费。"

二、要求客人支付合理费用的权利

酒店有要求客人支付酒店合理费用的权利。酒店收取的各种费用应当是合理的,收费标准不能违反国家的有关规定。客人如无力或拒绝支付所欠酒店的合理费用,酒店可以通过一定的方式解决。

在我国民法中,有关于留置权的规定。我国《民法通则》第八十九条第四款规定:"按照合同约定一方占有对方的财产,对方不按照合同给付应付款项超过约定期限的,占有人有权留置该财产,依照法律的规定以留置财产折价或者以变卖该财产的价款优先得到偿还。"这里的留置权是指债权人按照合同占有了债务人的财产,债务人不按照合同给付有关财产的应付款项超过约定期限时,债权人有权扣留处置该财产,依照法律的规定以该财产折价抵偿或者以变卖该财产的价款优先受偿。债权人根据合同占有债务人财产,当债务人不履行债务时,依法扣留处置该财产的权利。留置权是合同当事人一方因合同关系以留置对方当事人的财物,作为担保合同履行的一种方式。留置权是合同关系中的债权人对债务人的财产的权利。

有些国家的法律规定,当客人无能力支付酒店的费用时,酒店可以扣留客人的财物,用来抵付所欠的费用,这就是酒店的留置权。在这些国家,当客人无能力或者拒绝支付所欠酒店住房、餐饮及其他的合理费用时,酒店有依法扣留客人财物的权利。但被扣财物的价值只能相当于客人在这次住房或其他消费时实际所欠的费用。

债务客人不履行债务时,酒店按照法律规定留置其财产,促使其履行债务。债务客人不履行债务超过一定的法律规定的期限,普通法规定酒店可以按法律程序申请变卖其财产,从变卖的价款中得到清偿。在法定期间内,如果客人付清欠账,酒店要主动将财物交还给对方。如果客人拒绝支付酒店合法的费用,酒店可以通过向法院诉讼的方式实现其自身的权利。

三、要求赔偿酒店损失的权利

我国《民法通则》第一百一十七条规定:"损坏国家的、集体的财产或者他人财产的,应当恢复原状或者折价赔偿。受害人因此遭受其他重大损失的,侵害人并应当赔偿损失。"根据我国的法律,客人无论是过失或故意损坏酒店的物品,都应当承担其赔偿责任。如果客人损坏了客房内的物品,影响了该客房的出租,酒店有权要求侵害人赔偿其损失。但是,酒店应当及时采取必要的措施,恢复该客房的作用状态,否则,酒店无权要求客人承担扩大的损失。《民法通则》第一百一十四条规定:"当事人一方因另一方违反合同受到损失的,应当及时采取措施防止损失的扩大;没有及时采取措施致使损失扩大的,无权就扩大的损失要求赔偿。"

酒店应该对客人的财物安全负责,客人也必须爱护酒店内的一切设施和财物。我国《民法通则》第一百零六条规定:"公民、法人违反合同或者不履行其他义务的,应当承担民事责任。公民、法人由于过错侵害国家的、集体的财产,侵害他人财产、人身的,应当承担民事责任。"所以,如果客人故意或过失损坏了酒店的设施或财物,首先应当恢复原状或者折价赔偿,酒店如果因此遭受其他重大损失的,侵害人应当赔偿损失。例如,客人损坏了客房内的家具或其他设施,导致该客房不能马上使用,则侵害人应该赔偿包括该房间不能使用在内的全部损失。一旦此种情况发生,酒店应尽快使得该房间恢复到可以使用的状态。

第三节　酒店对客人的义务

酒店对客人的义务,是指酒店在经营活动和服务过程中必须作为或不作为的责任。酒

店的权利和义务是相辅相成、互相依存的,没有无义务的权利,也没有无权利的义务。酒店主要有以下几方面的义务。

一、尊重和保障客人的人权

2004年3月14日第十届全国人民代表大会第二次会议通过的《中华人民共和国宪法修正案》在《中华人民共和国宪法》的第十四条中增加了一款"国家尊重和保障人权"。将尊重和保障人权写入《中华人民共和国宪法》,确立了公民的人身权和隐私权得到法律的保护。我国《宪法》规定:"中华人民共和国公民的人身自由不受侵犯。任何公民,非经人民检察院批准或者决定或者人民法院决定,并由公安机关执行,不受逮捕。禁止非法拘禁和以其他方法非法剥夺或者限制公民的人身自由,禁止非法搜查公民的身体。"人权作为民事主体的基本权利,包含了很多的内容,如公民的姓名权、名誉权、荣誉权、肖像权、隐私权、生命健康权等,历来受到各国法律的重视与保护。作为酒店,不得非法搜查客人的身体和所携带的行李物品。按照我国的法律规定,对客人人身和财产实施检查或者搜查,只能由法律赋予权力的人员依照法定的程序来进行,其他任何机关、团体和个人是无权搜查客人的身体和所携带的财产的。

保护和尊重客人的人权是《宪法》明确规定的内容。人权也包括隐私权。隐私,是指个人生活方面不愿意让他人知道的正当的私人秘密,实质上是公民在一定范围内自由决定个人活动的权利。在国外,隐私权是人格权的重要组成部分。随着我国保护公民人权在法律上的确定,公民的隐私权意识正在逐步加强。按照法律的规定,公民的隐私权受到法律的保护,酒店非经法定程序不得公开客人的秘密。

从法律的角度上看,酒店的客房一旦出租,客房的使用权即属于客人,不允许未经许可的人员进入该客房。酒店的工作人员除履行职责,保护客人安全外(如工作人员进入客房进行卫生清扫、设备维修或者在发生火灾等紧急情况下进入),不得随意进入客房。无明显理由进入客人的房间,是一种侵权行为。

在世界著名的澳大利亚的里兹·卡尔顿酒店,客房门上所用的"请勿打扰"牌用的不是Do Not Disturb,而是Privacy一词,意为"隐私"和"不干扰他人自由"。

二、保障客人的人身安全

《中华人民共和国消费者权益保护法》第七条规定:"消费者有权要求经营者提供的商品和服务,符合保障人身、财产安全的要求。"酒店法从它开始产生的时候起就规定酒店有保护客人人身安全的责任。提供安全的住宿环境,保证客人住店期间的人身安全,是酒店在安全方面基本的职责之一。

客人在酒店可能受到人身损害的原因很多,如行凶抢劫、火灾、设备故障、饮食污染、酒店或其服务人员疏忽大意、第三方的侵害行为等。这些原因都可能造成客人的人身损害甚至伤亡。

对于一些难以确认是酒店责任的客人人身损害事件,只要酒店有充分证据证明为防止事件的发生已采取了一切可能的措施,或者证明损害的发生不是或不全是由于酒店的过失,就可以减轻或免除酒店的责任。美国《酒店法》规定:"酒店业主必须对它的客人予以合理的照顾，以防止客人蒙受损害。但是，酒店不是客人个人安全的保险人。"

关于客人在酒店范围内遭受人身损害的规定，法律是以酒店是否有过错和过错的程度来确定酒店的责任，而不是要求酒店负一切的责任。2004年5月1日实施的《最高人民法院关于审理人身损害赔偿案件适用法律若干问题的解释》第六条规定："从事住宿、餐饮、娱乐等经营活动或者其他的自然人、法人、其他组织，未尽合理限度范围内的安全保障义务致使他人遭受人身损害，赔偿权利人请求其承担相应赔偿责任的，人民法院应支持。安全保障义务人有过错的，应当在其能够防止损害的范围内承担相应的补充赔偿责任。"该司法解释将酒店内发生的客人人身损害，酒店是否需要进行赔偿，以及如何赔偿用具体的条文加以规定，使得酒店更容易掌握如何保护客人的人身安全。

酒店虽然是公共场所，但并不是任何地方都可以由人随意进出。酒店的住客楼层则属于非公共场所。所以，除了住店客人、他们的来访者以及酒店的员工以外，外来无关人员不得随意进入客房楼层。为保护住店客人的人身和财产安全，酒店内的任何员工对于在楼层徘徊的陌生人都应当主动上前询问。他们有权要求未经许可而进入楼层的人员离开楼层。

由于酒店的责任而造成客人人身受到损害，酒店应按照《民法通则》有关侵权行为的规定来承担相应的民事责任。我国《民法通则》第一百一十九条规定："侵害公民身体造成伤害的，应当赔偿医疗费、因误工减少的收入、残废者生活补助费等费用；造成死亡的，并应当支付丧葬费、死者生前扶养的人必要的生活费等费用。"

三、保障客人的财物安全

1. 保障客人的财物安全

如前所说，客人向酒店发出住房的要约，办理了住宿登记手续，拿到了钥匙后，或者客人向酒店发出了就餐或进行其他消费的要约，而酒店又接受了这一要约以后，他和酒店之间即形成了法律关系，酒店就应该对客人带进酒店的财物负一定的责任。《中华人民共和国消费者权益保护法》第七条规定："消费者有权要求经营者提供的商品和服务，符合保障人身、财产安全的要求。"造成客人在酒店内的财物灭失或损坏有多种原因，如被窃、毁损、火灾等。酒店对客人财物安全的责任，在一些国家早期酒店法中，已有明确的规定。

对于酒店的责任，法国《民法典》规定："客人的物品被盗或被损坏时，不论其被酒店仆人或职员或出入酒店之外人所盗窃或所造成的损坏，酒店或酒店主人应负赔偿之责。"国际私法统一协会《关于酒店合同的协定》第十二条规定："酒店应对客人带入酒店的财物或虽在酒店外面而已由酒店负责的财物的毁坏或灭失负赔偿责任，其负责的期限为客人在酒店住宿的期间以及住宿期前后的一段适当的时间内。"

2. 客人寄存行李的保管责任

客人将行李等物品存放在酒店，酒店接受客人的寄存物，是一种保管行为。客人将行李等物品交给酒店，经双方确认后，客人拿到了行李卡，保管合同即告成立。保管合同是实践合同，它的成立既要有双方为保管而发出的要约和接受的承诺，又要有存货人交付保管物的行为。

客人存放在酒店的行李要手续完备，要当面点清并登记数量，由双方认定后给予凭证，即行李卡。酒店在收存客人的行李后，应采取必要的措施，维持保管物的原状。对客人寄存的一切物品不得挪用或者让第三者使用。如非事前约定，所存物品不得交由第三人。

所有存放或托运的行李应当请客人上锁以免发生纠纷。存放在酒店的物品如发生毁损或灭失，酒店将负相应的责任。如有争议，双方可经法院调解解决。调解不成，由法院判决。

酒店在接受客人寄存的行李时要说明易燃、易爆、有毒和易腐等危险物品不得带入酒店内，否则造成物品的毁损或人员伤亡，寄存人应承担赔偿责任，造成严重后果的还应当承担刑事责任。需要指出的是，酒店一旦接受客人的私人物品，这些物品应视为公共财产。因为这些财产一旦受到损失，酒店（国家或者集体）就负有赔偿的责任。

法国民法将客人带进酒店的财物看作"不得不作的寄存"。如法国《民法典》规定："酒店或酒店主人，对于寄存其酒店的房客所携带的衣服、行李及各种物品，负有责任；此种物品的寄存，应视为必然的寄存。"法国民法同时规定："房客寄存在服务人员处的物品，或者服务人员无正当理由拒绝收存保管的物品而被盗或者被损坏，酒店应负全部责任。除酒店本身规定的不赔偿情况之外，受损失的房客所能得到的赔偿金的上限等于日房租的100倍；如果房客有充分的证据说明其所受的损失确实是酒店方面失职造成的，赔偿金可以突破这个限额。此外，酒店还要负责其停车场内住店客人汽车中的物品安全；需要赔偿时，赔偿金最多不超过一天房租的50倍。凡是没有真正寄存于服务员手中的现钞、股票、首饰及非贵重物品的丢失或损坏，酒店最多赔偿200法郎。"日本《商法》规定："业主在自己的营业范围内接受寄存的物品，即使不拿报酬，也必须承担遗失的赔偿责任。"

3. 客人遗留物品

客人的遗留物品可分为遗忘物、遗失物和遗弃物三种，这是三个不同的概念。遗忘物，是指基于财产所有人或持有人的意思，放于某一地方后忘记带走而未完全失去控制的财物。遗失物，是指不基于物主的意思而偶然失去但又未完全失去控制的物品。遗弃物，是指基于财物所有人意思而抛弃的财物。遗忘物、遗失物和遗弃物既有共同点也有不同的地方。首先，它们都是动产，不动产不能作为此类财物。其次，它们都是意念上形成的后果。财物所有人或持有人对遗忘物、遗失物的松弛，以及对遗弃物的放任和抛弃都是由意念形成的。遗忘物、遗失物和遗弃物的不同点有以下三个方面。

（1）财物所有人（客人）对财物持有关系的松弛程度不同。

遗忘物不是客人的意思而被遗忘，但又未完全失去控制的财物。物主（客人）可能在短时间内恢复记忆，回来取物或来电询问。遗失物是完全失去控制的财物，物主（客人）对财物的持有关系丧失，在一定时间和区域内寻找失物的可能性极小。遗弃物则是客人对物品的抛弃。

（2）客人对财物的心理状态不同。

遗忘物是物主疏忽大意而遗忘的财物，虽然财物暂放在酒店某处出于物主的自愿，但将其遗忘则非客人所愿。遗失物一般丢落的空间跨度较大，物主对财物遗失的时间、地点都一概不知，是一种不自觉状态下的丢失。遗弃物则是物主对财物的积极处理，其心理状态是在有意识的情况下进行的。

（3）法律后果不同。

明知是客人的遗忘物，而以隐匿、窃取的手段非法占有，数额较大、情节严重的，应以盗窃罪定性量刑。明知他人遗失的财物，占为己有而又拒绝不交还的，属不当得利，应由民事法律法规调整。

酒店发现客人的遗留物品后,应当尽快设法归还给客人。一时找不到失主,酒店应登记造册,替客人保留一段时间,任何人不得非法占有客人遗留物品。寄还客人遗留物品的费用,一般由客人承担。

4. 酒店停车场的管理责任

客人停放在酒店停车场内的车辆被窃、损坏或车内物品被窃的事件在酒店时有发生。客人在停车场内的财物损失赔偿问题,要根据实际情况分析。要看客人的车是否停放在酒店提供的停车场内,是否是酒店的客人及酒店是否有安全警示牌等情况。

四、保障客人的贵重物品安全

1. 客人贵重物品保管责任

《中华人民共和国消费者权益保护法》第七条规定:"消费者有权要求经营者提供的商品和服务,符合保障人身、财产安全的要求。"《旅馆业治安管理办法》第七条规定:"旅馆应当设置旅客财物保管箱、柜或者保管室、保险柜,指定专人负责保管。对旅客寄存的财物,要建立登记、领取和交接制度。"《中国旅游饭店行业规范》第十七条规定:"饭店应当在前厅处设置有双锁的客人贵重物品保险箱。贵重物品保险箱的位置应当安全、方便、隐蔽,能够保护客人的隐私。"

酒店应当设置客人贵重物品保险箱,并且建立一套登记、领取和交接制度。客房虽有门锁及其他保安措施,但它不是绝对安全的。一些国家法律或地方性法规规定,如果因为酒店不能提供客人贵重物品保险箱而导致客人在客房内丢失贵重物品,将被追究赔偿责任。在客人的贵重物品保护方面,酒店的义务是将客人交存的财物保存好,使之不发生灭失、毁损。客人的义务是按规定将贵重物品交由酒店保存。客人放在店内其他地方的物品,应妥善保管,若发生财物的灭失,一般由客人自己负责。

客人寄存的物品,如在寄存期间被盗或被损坏,或者酒店无合法理由拒绝接受客人交寄的物品而造成物品的灭失或毁损,将由酒店承担责任。

酒店对客人带进店内的财物因保管不当而造成毁损或灭失,负有一定的责任,但并不是酒店要对客人带进酒店的所有财物的灭失负责或负全部的责任。因为客人也会因为自己违反规定而使置于酒店范围内的财物发生损坏或灭失。例如,按照规定,客人必须寄存其带进酒店内的贵重物品,如果他没有这样做,对该贵重物品的灭失或毁损他就负有一定责任。如果客人的财物灭失是由于不可抗力造成的,如地震、战争等,酒店可以免除其法律责任。

我国《合同法》第三百七十五条规定:"寄存人寄存货币、有价证券或者其他贵重物品的,应当向保管人员声明,由保管人验收或者封存。寄存人未声明的,该物品毁损、灭失的,保管人可以按照一般物品予以赔偿。"

在普通法上,酒店是客人财物的保险人,无论酒店有无过失,均应对客人财物的灭失负责(但如客人财物的丢失出自其本人过失或欺骗,或出于天灾与战争,这一规定将不适用)。

妥善保管好客人的贵重物品是酒店的一项重要责任。实践中,酒店逐渐意识到要保护客人的全部财物风险太大,往往会因为一些巨额的赔偿而破产。一些国家的酒店法开始做出规定,要求客人将随身携带的贵重物品存放在贵重物品安全寄存箱内,酒店只对这部分财物的灭失负绝对的责任,同时规定了客人放在房间内的财物灭失的最高赔偿额。

美国俄亥俄州相关法规定,酒店如果为客人提供了金属保险箱,供客人存放现金、珠宝、金银制品、宝石及重要文件等,并在客房的门上安装了牢固的门锁和防盗链,并将此用清晰的字体醒目地予以公示,酒店经营者无须为客人的财产损失负责,除非酒店拒绝客人将贵重物品存放在酒店的保险箱中。

意大利《民法》规定:"对经保管的贵重物品的遗失,酒店业主赔偿最高限额为5000里拉(酒店业主无正当理由拒绝客人寄存物品而使财物损失的赔偿责任,则不受此限制)。"

日本《商法》规定:"商人在自己的营业范围内接受寄存时,即使不拿报酬,也必须承担遗失赔偿责任。"

法国《民法典》规定:"旅客寄存到酒店或酒店主手中的物品被盗窃或被损坏,或者酒店无正当理由而拒不接受寄存致使客人物品被盗或被损坏,酒店均负有无限责任。"

新加坡《酒店法》规定:"住店客人的财产如果遗失、遭窃或者损坏,酒店负有主要的责任。但在下列情况下,酒店不承担责任:①损失是由于客人本人处置不当或者疏忽大意所致,由于客人所属的公司或其代理人的盗窃或损坏;②由于不可抗拒的力量,或者是国家的敌人所为;③放在酒店内的汽车,或者放在酒店内汽车里的物品被窃或者损坏。"

新加坡《酒店法》规定:"客人必须将贵重物品存放在酒店的贵重物品安全寄存箱内,否则发生客人财物的灭失,酒店最高的赔偿金额只限500新元。"《酒店法》同时还规定:"酒店必须为住店客人免费提供寄存贵重物品服务的项目方可营业。"

在新加坡,酒店至少有一份《酒店法》第三款第一条的内容醒目地放置在酒店的入口处、前台入店登记处或者客房内,其内容是关于客人财产遗失、被窃和毁损情况赔偿的规定。除此之外,一般还有这样一段文字:"请不要将贵重物品放在房间内,酒店免费为您提供贵重物品安全寄存服务。我们热诚地希望您将贵重物品存放在酒店提供的安全寄存箱内。"有无类似告示,在客人的财物遭到损失时,法院判案将作为一条重要的依据。

在国际私法统一协会制定的《关于饭店合同的协定》中,就酒店对财物损害的赔偿责任作了如下的规定。

第十三条 第一款:"酒店有责任接受证券、现金和贵重物品的寄存保管;只有对危险物品和笨重物品才可以不接受。"

第十三条 第四款:"对于应由酒店保管的财物而酒店拒绝寄存保管时,酒店不能限制其损害赔偿责任。"

第十三条 第十六条:"由于酒店或酒店领导下的任何人的过失或故意行为或不作为而造成客人财物损伤、毁坏、灭失时,酒店将不能适用本协定关于赔偿限额的规定。"

2. 贵重物品保险箱的设置要求

2003年12月1日实行的《旅游饭店星级的划分与评定》国家标准对不同星级的旅游酒店的贵重物品保险箱的设置提出了不同的要求。但基本考虑到了客人贵重物品的安全及保护客人的隐私,如三、四星和五星级酒店设置贵重物品保险箱的要求是:"有酒店和客人同时开启的贵重物品保险箱。保险箱位置安全、隐蔽,能够保护客人的隐私。"

贵重物品保险箱应设置在使用方便、易于控制的场所。未经许可,任何人不得进入该场所。贵重物品保险箱一般设在前台收款旁边,专门的小房间内。如果有可能,小房间内设置一个安全闭路电视监控摄像头。

有的酒店仅在前台放置一般的保险箱,供所有需存放贵重物品的客人使用。这样的酒店不符合国家的有关规定,一旦酒店与客人发生财物保管方面的纠纷,容易留下把柄。酒店应当设置符合标准的保险箱。

3. 贵重物品保险箱的使用

贵重物品保险箱由若干大小不一的、带锁的抽屉组成。每位客人使用贵重物品保险箱时只使用其中的一个抽屉,每一抽屉有两把锁,每一把锁只有一把钥匙。一把钥匙由客人保管,另一把钥匙由酒店保管,两把钥匙同时启用才能打开保险箱。

《中国旅游饭店行业规范》第十九条规定,客人寄存贵重物品时,酒店应当要求客人填写贵重物品寄存单,并办理有关手续。客人在首次使用保险箱时,应当填写"贵重物品保险箱登记卡",工作人员核对无误后,发给客人一把钥匙。当客人再次使用时需填写"贵重物品保险箱记录卡",工作人员要将登记卡同记录卡相对照,确定无误后方可给客人使用。

为保护客人的隐私,客人在使用贵重物品保险箱时,工作人员应避免张望。在一般情况下应让客人自己存、取物品,以免发生纠纷。

酒店要通过有效的方式提示客人使用贵重物品保险箱,如在客房内的《服务指南》中、住房卡的背面、住客登记表中提醒客人。

客人在结束使用贵重物品保险箱时,应在"贵重物品保险箱记录卡"上签名。在记录卡上应当注明"本人声明,我存放在该酒店贵重物品保险箱内的一切物品已经全部安全取出,我和该酒店解除有关法律责任"。这样做的目的是保护自己,以防与客人之间发生纠纷。

4. 客人丢失保险箱钥匙的处理

为了保证客人贵重物品的安全,按照惯例,贵重物品保险箱每把锁只有一把钥匙,如果客人将该钥匙丢失,应当支付破箱费用。所付的费用应在"贵重物品保险箱登记卡"上说明,以免引起纠纷。破箱时应注意以下两点。

(1) 客人丢失贵重物品保险箱的钥匙后,需要让客人亲自填写"拆破贵重物品保险箱表"。

(2) 拆破贵重物品保险箱由工程部实施。在拆破时,应当有客人和安全部人员在场。

5. 客房保险箱

为保护客人的财物安全,给客人提供方便,有的酒店在房间内设有房内保险箱。对于这样的酒店,在房内保险箱使用告示中应当说明,该保险箱是为客人临时提供方便之用,贵重物品仍需存放在酒店的贵重物品保险箱内。

房内保险箱以数字密码型为好,为防止客人将保险箱的密码遗忘,酒店在配置客房保险箱时应选购有紧急开启功能的保险箱。客人一旦将密码遗忘,可用解码器将保险箱打开。保险箱的解码器平时存放在安全部,使用时应当有客人和大堂经理在场,并由客人签字同意,方可开启。

6. 非住店客人贵重物品保管责任

对于非住店客人,只要他来酒店进行正常消费,酒店就有责任保管好他的物品。

五、告知客人注意安全的义务

1. 告知客人有关安全的责任

《中华人民共和国消费者权益保护法》第十八条规定:"经营者应当保证其提供的商品或

者服务符合保障人身、财产安全的要求。对可能危及人身、财产安全的商品和服务,应当向消费者做出真实的说明和明确的警示,并说明和标明正确使用商品或者接受服务的方法以及防止危害发生的方法。经营者发现其提供的商品或者服务存在严重缺陷,即使正确使用商品或者接受服务仍然可能对人身、财产安全造成危害的,应当立即向有关行政部门报告和告知消费者,并采取防止危害发生的措施。"酒店应当用恰当的方式告诉客人有关安全事宜。对一些可能危及客人人身安全的项目和服务应当做出明确的警示和正确接受服务项目的说明。

明确的警示,是指应当在显著的位置以醒目的字样或图形标明其危险性。这些警示和说明的文字应当简明易懂,不致使人产生误解,旅游酒店应当使用中、外文的警示。警示有两种方式:一是警示语,二是警示标志。无论何种警示,都应当是明确、通俗易懂,不致发生歧义。《中国旅游饭店行业规范》第十四条规定,对可能危害客人人身和财产安全的场所,酒店应当采取防护、警示措施。警示牌应当中、外文对照。

酒店的说明可以用语言方式,也可以用文字方式,还可以用图片等其他方式。无论何种方式,其说明应当真实、准确、恰当。同样,旅游酒店应当用中、外文的说明。缺陷,是指产品和服务存在危及客人及他人人身、财产安全的不合理的危险。

2. 有关康乐方面安全的警示

酒店为方便客人消遣,提供多种康乐设施设备。酒店在购置、维修和管理这些设施设备时要采取措施,保证客人在合理使用的情况下不受到伤害。酒店有义务根据危险程度的大小,向客人做出明确的警示和正确使用的说明。

酒店工作人员不要在测量客人的血压和心律后提出可以进行健身的有关建议,这样的建议应由专业医生提出,否则酒店有可能承担造成客人伤亡的法律责任。

(1) 游泳池的警示。

游泳池内的警示要简明扼要,应置于明显的位置,字体要大,要便于阅读。警示中的内容应当包括:儿童游泳时应当有成年人照看;不得在游泳池区域使用玻璃制品;禁止患有传染病或酗酒后的客人游泳等。游泳池应当有水深的标志,救生用品要放在易于取用的地方。为防止溺水事件的发生,酒店应在开放的时间安排救生人员在现场看护。

(2) 健身房的警示。

健身房的警示应包括以下内容:建议客人在使用健身设施前征求医生的意见;建议客人不要运动过度;使用各种器材前了解使用方法以免受伤等。

(3) 桑拿浴的警示。

根据酒店的设施设备情况,在客人使用桑拿浴前,用文字告诉客人:患有心脏病、高血压、低血压等疾病的客人以及孕妇和幼儿应当谨慎使用桑拿浴。建议有些疾病患者在使用前征求有关医生的意见。

3. 警示的合法性

酒店应当通过适当的方式对有可能危及客人人身安全、财产安全等情况提醒客人。但是,对一些酒店能够做出努力,而没有尽力去做,或者采取的方式不恰当,而使客人遭受损害的,酒店仍应当承担责任。《中华人民共和国消费者权益保护法》第二十四条规定:"经营者不得以格式合同、通知、声明、店堂告示等方式做出对消费者不公平、不合理的规定,或者减轻、免除其损害消费者合法权益应当承担的民事责任。格式合同、通知、声明、店堂告示等含有前款所列内容的,其内容无效。"

通知、声明、店堂告示等都是酒店在经营过程中经常使用的方式。对于充分保障客人合法权益的,法律并不禁止。如果损害了客人的合法权益,酒店不能以此为借口。对于造成对方损害的,酒店应当依法承担责任。

如果酒店对可能造成客人人身伤害的事件尽了最大努力(如在玻璃上贴有警示,对有可能危及客人人身安全的地方用文字、警示等形式明确地告诉了客人),并已尽可能地为防止事件的发生采取了措施,酒店可以免除或减轻责任。

关于客人贵重物品安全警示的张贴,美国《纽约商法》规定,这一警示必须公开张贴在酒店、汽车旅馆或旅馆的公共场所和出租的房间内。

六、提供符合等级标准的硬件与服务

酒店为客人提供的硬件与服务必须和酒店的等级与收费标准相符,保证各种设备、设施运转良好,确保水、电、气的正常供应,确保酒店内无蚊虫、无异味、无噪音,提供符合本酒店星级与等级标准的服务。

如果酒店提供的各种服务存在问题,不能达到规定的标准,客人有权向有关部门投诉。

七、提供真实情况的义务

酒店对自己的产品和服务,应当向客人提供真实的信息,不得作引起人们误解的推销。《中华人民共和国消费者权益保护法》规定:"经营者应当向消费者提供有关商品或者服务的真实信息,不得作引人误解的虚假宣传。经营者对消费者就其提供的商品或者服务的质量和使用方法等问题提出的询问,应当做出真实、明确的答复。商店提供商品应当明码标价。""经营者以广告、产品说明、实物样品或者其他方式表明商品或者服务的质量状况的,应当保证其提供的商品或者服务的实际质量与表明的质量状况相符。"在酒店竞争越来越激烈的情况下,有些酒店采取不正当的手法欺骗客人,这不但是一种短期行为,也是一种不法行为。

八、遵守有关法律法规和合同的义务

1. 国家法律法规规定的义务

除以上所谈到的义务,酒店在为客人提供服务或商品的过程中还应当履行国家法律法规规定的其他义务。这些法律法规包括《中华人民共和国食品卫生法》、《中华人民共和国消防法》、《中华人民共和国消费者权益保护法》、《中华人民共和国产品质量法》、《中华人民共和国反不正当竞争法》等。

2. 合同约定的义务

酒店不仅要履行法定的义务,与客人签订合同的,还应当按照合同的规定履行约定的义务。酒店违反合同约定不履行义务的,是对客人合法权益的侵犯,客人可据此追究酒店的违约责任,造成损失的,还可以要求酒店支付赔偿金。

酒店和客人有其他方面约定的,应当按照合同的约定履行义务,但双方的约定不得违背国家法律法规的规定。

第四节 客人的权利与义务

一、客人的权利

根据有关法律法规的规定,客人享有人身安全权、心理安全权、财产安全权、知悉真实权、自主选择权、公平交易权、获得知识权、维护尊严权、监督权和获得赔偿权等项权利。

1. 人身安全权

人身安全权,是指客人在住店期间或者在酒店内使用酒店的设施或接受酒店的服务时,享有的人身不受损害的权利。客人的人身安全权是我国宪法赋予公民的权利。《中华人民共和国消费者权益保护法》第七条规定:"消费者在购买、使用商品和接受服务时享有人身、财产安全不受损害的权利。消费者有权要求经营者提供的商品和服务,符合保障人身、财产安全的要求。"

客人人身安全表现在两个方面:一是客人的健康不受损害,二是生命安全有保障。酒店对客人利益的最大伤害是给客人造成人身损害,甚至于夺去生命。酒店由于在安全方面存在的问题给客人造成的人身伤害事件屡见不鲜,如火灾、抢劫、设备故障等。为保护客人的生命健康和生命安全,国家在不同的法律法规中做出了有关规定,以保障客人的人身安全权能够真正实现。这些法律、法规有《中华人民共和国消费者权益保护法》、《中华人民共和国食品卫生法》、《中华人民共和国产品质量法》、《中华人民共和国安全生产法》、《旅游安全管理暂行办法》、《旅馆业治安管理办法》、《最高人民法院关于审理人身损害赔偿案件适用法律若干问题的解释》等。

2. 心理安全权

心理安全,是指客人在住店期间或进行其他的消费时对酒店的环境、设施及服务所享有的安全感。虽然客人在住店期间人身和财物未受损害,但因为酒店的设施、设备安装得不合理或不牢固;施工时没有安全警示标志;楼层常有闲杂人员走动;房内的物品被翻动等一切不安全的因素使客人认为住在该酒店没有安全感,存在着恐慌心理。客人有权要求酒店提供安全的环境,使其心理获得安全感。

3. 财物安全权

财物安全权,是指客人在住店期间或在接受酒店的服务,或在使用酒店的商品时,享有的财物不受损害的权利。2004年3月14日施行的新的《中华人民共和国宪法》第十三条规定:"公民的合法的私有财产不受侵犯。"酒店不得私自扣留或者检查客人携带进酒店的私有财物。

4. 知悉真实权

知悉真实权,是指客人享有知悉其购买、使用酒店的商品或者接受酒店的服务的真实情况的权利。客人有权根据酒店商品或者服务的不同情况,要求酒店提供商品的价格、产地、生产者、用途、性能、规格、等级、主要成分、生产日期、有效期限、检查合格证明、使用方法说明书、售后服务,或者酒店服务的内容、方式、规格、费用等有关情况。

根据我国《关于商品和服务实行明码标价的规定》要求,酒店应当实行明码标价制度,"必须做到价签价目齐全、标价准确、字迹清晰、货签对位、一货一签、标志醒目、价格变动时应及时更换。""凡提供有偿服务的单位和个人,均需在其经营场所或交费用的地点的醒目位置公布其收费项目明细价目表。价目表应包括收费项目名称、等级或规格、服务内容、计价单位、收费标准等主要内容。"

5. 自主选择权

自主选择权,是指客人在酒店内消费时享有自主选择商品或者服务的权利。客人有权自主选择酒店的商品品种或者服务方式,自主决定购买或者不购买任何一种商品、接受或者不接受任何一项服务。客人在自主选择商品或者服务时,有权进行比较、鉴别和挑选。

6. 公平交易权

公平交易权,是指客人在酒店购买商品或者接受服务时,有权获得质量保障、价格合理、计量正确等公平交易条件,有权拒绝酒店的强制交易的行为。公平交易是市场经济下交易的基本法则,它要求交易双方自愿平等、等价有偿、公平与诚实信用。

7. 获得知识权

获得知识权,是指客人享有获得有关消费和消费者权益保护方面的知识。这些内容包括以下两个方面。

(1) 客人有获得有关消费方面的知识的权利。

这方面的权利主要有:①有关商品和服务的基本知识。现代化的酒店提供的商品和服务项目越来越多,越来越复杂,有很多客人对酒店的产品不了解。客人如果不具备这方面的知识,不但难以满足自己的消费欲望,如果使用不当还会危及客人的生命安全。②有关消费市场的知识。市场经济下,众多的酒店为推销自己的产品和服务,往往向客人突出甚至夸大宣传自己的产品和服务。因此,法律赋予客人了解酒店信誉、商品与服务等方面知识的权利。③有关消费经济方面的知识。让客人了解有关消费经济方面的知识,这样可以促使客人理智地、科学地消费。

(2) 有关消费者权益保护方面的知识。

包括客人与酒店发生纠纷时如何投诉及其解决的途径和程序方面的知识。

8. 维护尊严权

维护尊严权,是指客人在购买、使用商品和接受服务时,享有其人格尊严、民族风俗习惯得到尊重的权利。

我国《宪法》规定:"公民的人格尊严不受侵犯,禁止用任何方法对公民进行侮辱、诽谤和诬告陷害。"《宪法》还规定中华人民共和国各民族一律平等,禁止对任何民族的歧视,各民族都有保持或改革自己的风俗习惯的自由。我国《民法通则》规定:"公民的姓名权、肖像权、名誉权、荣誉权受到侵害的,有权要求停止侵害,恢复名誉,消除影响,赔礼道歉,并可以要求赔偿损失。"

9. 监督权

监督权,是指客人享有对酒店的商品和服务进行监督的权利。我国《消费者权益保护

法》第十五条规定:"消费者享有商品和服务以及保护消费者权益工作进行监督的权利。消费者有权检举、控告侵害消费者权益的行为和国家机关及其工作人员在保护消费者权益工作中的违法失职行为,有权对保护消费者权益工作提出批评、建议。"

10. 获得赔偿权

获得赔偿权,是指客人因购买、使用酒店的商品或者接受服务时受到人身、财产损害的,享有依法获得赔偿的权利。

客人在酒店内人身受到伤害,一般有两种情况:一是客人生命健康受到伤害,如客人被酒店提供的商品或者服务致伤、致残或失去生命;二是客人的人身权、名誉权、人格权等受到侵犯。

二、客人的义务

1. 按照规定进行正确的登记

我国《旅馆业治安管理办法》第六条规定:"旅馆接待旅客住宿必须登记。登记时,应当查验旅客的身份证件,按规定的项目如实登记。"登记查验制度是识别和控制不法分子的重要手段。按照规定进行登记与验证制度早在我国春秋战国时期就有记载。司马迁的《史记·商君列传》中:"商君亡至关下,欲舍客舍。客人不知其是商君也,曰'商君之法,舍人无验者坐之'。"说的是商鞅变法失败后,逃亡到国境关卡前,打算借住客店寻机逃走,但店主人不知他就是商鞅,说:"根据商君的法律,留宿无证件的旅客,店主将与旅客一同治罪,因此我不能留你住宿。"商鞅不能住店,只得返回封地,随后被逮捕处死。这是目前所见到的酒店查验证件登记住宿制度的最早记载。

《中国旅游饭店行业规范》第七条规定:"饭店在办理客人入住手续时,应当按照国家的有关规定,要求客人出示有效证件,并如实登记。"目前我国还没有全国性的统一的"住客登记表",有的地区统一印制了"旅客住宿登记单"和"旅客住宿登记簿"。凡要求住酒店的客人都有义务出示本人有效的身份证件并正确地进行登记。

2. 爱护酒店的财物

客人在酒店期间应当爱护酒店的财物。如果客人将酒店财物损坏应当进行赔偿。《中华人民共和国民法通则》第一百一十七条规定:"损坏国家的、集体的财产或者他人财产的,应当恢复原状或者折价赔偿。受害人因此遭受其他重大损失的,侵害人并应当赔偿损失。"

3. 支付酒店各种合理的费用

客人应当支付因购买、使用酒店的商品或者接受酒店提供的服务而发生的各种合理费用。如果客人无能力支付或者拒绝支付酒店的有关费用,酒店可以通过适当方式解决(见本章第二节)。

4. 遵守有关法律、法规和规章制度

客人住宿期间应当遵守国家和地方有关的法律、法规和规章制度。如《旅馆业治安管理办法》第十一条规定:"严禁旅客将易燃、易爆、剧毒、腐蚀性和放射性等危险物品带入旅馆。"第十二条规定:"旅馆内,严禁卖淫、嫖宿、赌博、吸毒、传播淫秽物品等违法犯罪活动。"第十三条规定:"旅馆内,不得酗酒滋事、大声喧哗,影响他人休息,旅客不得私自留客住宿或者转让床位。"

本章小结

本章介绍了酒店在对客服务过程中法律赋予酒店的收取费用、拒绝客人和索赔等各项权利,以及应承担保障客人人身和财产安全、警示客人注意安全等义务;与之相对应,也阐述了客人在接受酒店服务过程应享有的人身安全权、财物安全权和公平交易权等权利,以及应承担的住宿登记、支付费用等义务。

关键概念

警示　告知　自主选择权　赔偿权　客人遗留物品　尊严权　心理安全　生命权　健康权

思考与练习

一、选择题

1. 酒店对客人遗留的物品,经招领(　　)后无人认领的,要登记造册,送当地公安机关按拾遗物品进行处理。

A. 3 个月　　　　B. 2 个月　　　　C. 6 个月　　　　D. 4 个月

2. 消费者求偿权的范围不包括(　　)。

A. 消费者因自己的过错造成的损害

B. 消费者人身权受到损害时

C. 消费者财产受到损害时

D. 消费者因人身伤害而造成精神痛苦的

3. 根据有关法律的规定,下列不属于酒店顾客权利的是(　　)。

A. 安全保障权　　B. 知情权　　　　C. 发明权　　　　D. 自主选择权

4. 在下列情况下,酒店无权拒绝客人(　　)。

A. 携带烟花鞭炮者　　　　　　　　B. 携带宠物入店者

C. 90 岁以上的老年客人　　　　　　D. 酒店客满

5. 按照法律的规定,酒店必须(　　)。

A. 设立客房保险箱

B. 保障酒店停车场客人汽车内物品的安全

C. 在床头柜放置"请勿吸烟卡"

D. 为客人保管遗留物品三个月以上

二、名词解释

1. 客人遗留物品
2. 警示义务

三、简答题

1. 酒店在什么情况下可以拒绝接受客人？
2. 酒店对客人有哪些义务？
3. 如何处理客人遗留物品？
4. 酒店为何要告知客人有关注意安全方面的事项？
5. 客人有哪些权利？
6. 客人有哪些义务？

四、案例分析题

2015年7月28日，浙江人许某在上海某酒店住宿时，在该酒店寄存两只皮箱。由于该酒店保管不善，致使箱内的公款及物品被盗，价值人民币约1900元。在财物无法得到赔偿的情况下，许某向法院起诉，要求该酒店赔偿。经法院调解，双方达成以下协议：酒店赔偿客人许某人民币950元，案件受理费40元人民币由许某承担。

试问该判决是否公平合理，请评析。

第三章

酒店设立

学习目标

1. 了解酒店的分类、经营范围,以及酒店股份、股票、债券的概念。
2. 掌握不同酒店的设立条件和申办流程。
3. 能够区别酒店有限责任公司和酒店股份公司的异同,并设计各自相对应的组织机构。

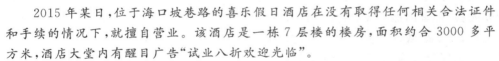

案例导入　　　海口喜乐假日酒店无证经营被查处

2015年某日,位于海口坡巷路的喜乐假日酒店在没有取得任何相关合法证件和手续的情况下,就擅自营业。该酒店是一栋7层楼的楼房,面积约合3000多平方米,酒店大堂内有醒目广告"试业八折欢迎光临"。

经查实,该酒店在为顾客开房时,并没有要求客人提供任何证件。退房结账时,也不能提供正规发票。后来执法部门依法查处发现,该酒店竟然不能出示任何证件和手续,公安部门的《旅馆业特种行业许可证》、消防部门的《消防安全检查意见书》、食药部门的《餐饮许可证》、税务部门的《税务登记证》、工商部门的《工商营业执照》等手续无一办理。面对执法部门人员,酒店老板倒也坦然,态度诚恳,连声表示认罚。并称,自己已投下了巨资装修,又迫于每月高昂房租的压力,所以就想先试探性地营业,减轻经营压力。

工商部门执法人员明确表示,根本就没有试营业这一说法,酒店开业必须证照齐全,该酒店现在属于无证擅自经营,工商部门将对其按照相关规定进行处罚。随后,工商、税务、公安等部门向该酒店下达了限期整改通知,责令酒店在10天内办理完所需有关证件和手续。

思考:一间酒店正常开业,到底需要办理哪些手续和证照?

第一节 酒店设立概述

一、酒店分类

1. 根据酒店客源来划分

(1) 商务酒店。

所谓商务酒店,就是为那些从事商务活动的旅客提供住宿、膳食和商业活动及有关设施的酒店。一般来讲,这类酒店都位于城市中心,回头客较多,酒店的服务项目和服务质量、服务水准较高。世界国际酒店集团所属的酒店,绝大多数是商务酒店。如纽约希尔顿酒店、芝加哥凯悦酒店、华盛顿马里奥特等都是典型的商务酒店。

(2) 长住式酒店。

长住式酒店主要为长期出行的旅客提供公寓生活,又称之为公寓生活中心。长住式酒店主要是接待长住客人,这类酒店要求长住客人先与酒店签订一项协议书或合同,写明居住的时间和服务项目。目前,我国有些酒店将其客房的一部分租给商社、公司,作为其办公地点、商业活动中心,形式为长住式酒店。这些酒店向长住商客提供正常的酒店服务项目,包括客房服务、餐饮服务、健身和康乐中心等项服务。

(3) 度假酒店。

度假酒店主要位于海滨、山城或温泉等自然环境优美、气候好的地区,四季皆宜,树木常青。度假酒店除了提供一般酒店所应有的一切服务项目以外,最突出、最重要的项目便是它的康乐中心,主要是为度假游客提供娱乐和度假场所。此外,度假酒店的文艺演出及游乐设施要完善,如室内保龄球、台球、网球、室内外游泳池、音乐酒吧、咖啡厅、水上游艇、碰碰船、水上漂、电子游戏以及美容中心和礼品商场都是不可缺少的,"付费点播"电视也是十分重要的。我国部分海滨、沿海城市有度假性酒店。如北戴河、大连金石滩、三亚亚龙湾等地的酒店属于这一类型。

(4) 会议酒店。

会议酒店是专门为各种从事商业、贸易展览会、科学讲座等的商客提供住宿、膳食和展览厅、会议厅的一种特殊型酒店。会议酒店的设施不仅要舒适、方便,提供舒适的客房和各类餐厅,同时要有大小规格不等的会议室、谈判间、演讲厅、展览厅等。并且在这些会议室、谈判间里都有良好的隔板装置和隔音设备。

2. 根据酒店所处的行业属性来划分

(1) 旅游酒店。

《旅游饭店星级的划分与评定》标准中,将旅游酒店定义为"能够以夜为时间单位向旅游客人提供配有餐饮及相关服务的住宿设施"。其主管机关是各级旅游行政管理机构。

(2) 非旅游酒店。

非旅游酒店是指除旅游酒店之外的社会所有酒店。其主管机关是商务行政管理机构。

3. 根据酒店的组织形式来划分

(1) 个体酒店。

个体酒店是依法批准设立的,由个人投资,以个人或家庭劳动为主,投资者对酒店债务承担无限责任的酒店。

(2) 个人独资酒店。

个人独资酒店是由一名自然人投资经营,以雇佣劳动为基础,投资者对酒店债务承担无限责任的酒店。

(3) 合伙酒店。

合伙酒店是由两个或两个以上自然人按照协议共同投资、共同经营、共负盈亏,以雇佣劳动为基础,对债务承担无限责任的酒店。

(4) 酒店有限责任公司。

酒店有限责任公司是依照《公司法》设立的,由酒店股东以其出资额为限对酒店承担责任,酒店则以其全部资产对酒店的债务承担责任,具有独立法人性质的酒店。当前大部分规模以上酒店都是酒店有限责任公司,如汉庭酒店管理有限公司、如家酒店有限责任公司、锦江国际酒店有限公司等。

(5) 酒店股份公司。

酒店股份公司是依照《公司法》设立的,酒店的全部资本由等额股份构成,股东以其所认缴的股份为限对酒店承担有限责任,酒店则以其全部资产对酒店债务承担责任,具有独立法人性质的酒店。如广州的东方宾馆、长沙的华天大酒店和南京的金陵酒店等都是酒店股份公司,而且它们都是上市公司,它们所发行的股票都是可以在上海或深圳证券交易所公开交易流通的。

知识链接

根据1993年12月29日在第八届全国人大常委会第五次会议通过了,自1994年7月1日起施行的《中华人民共和国公司法》的规定,公司是依照公司法设立的企业法人。其具有以下三大内涵。

1. 公司是企业的一种组织形式

企业是指把人的要素和物的要素结合起来的,自主地从事经济活动的,具有营利性的商品经济组织。公司是企业,具有企业的共性,但企业不一定是公司。例如,酒店是企业,但酒店不全是公司;公司有的虽然冠以"公司"之名,但实际上并非《公司法》所规定的公司。如黄山导游服务公司。

2. 公司是具有法人资格的企业

它既不同于非企业的法人,如国家机关法人、事业单位法人和社会团体法人,也不同于非法人的企业,如私人独资企业、合伙企业。

3. 公司是依《公司法》设立的

公司的设立有特定的条件和程序。

根据股东对公司所负责任的不同,可以把公司划分为无限责任公司、有限责任公司和股份责任公司三种。其中,无限责任公司是指其股东必须是自然人,而不能是法人或其他组织,该类公司以公司股东的信誉为保证,而不是基于公司的资本,因此,股东对公司债务承担无限责任。在我国主要有个人独资企业、合伙企业两种形式。

根据公司在控制与被控制关系中的地位的不同划分为母公司和子公司(亦具有法人资格)。

根据公司在管辖关系中的地位的不同划分为总公司和分公司(不具有法人资格)。

二、酒店的经营范围

1. 餐饮服务

酒店餐饮部门可以向客人提供各种酒水、食品服务,满足客人的饮食需求。根据口味的不同,酒店可以提供中餐和西餐服务。其中,中餐即指中国风味的餐食菜肴,是国内大部分酒店主打的餐饮产品;而西餐是西方国家的餐食,主要包括西欧国家的饮食菜肴,也包括东欧各国、地中海沿岸等国和一些拉丁美洲如墨西哥等国的菜肴。另外,东南亚各国的菜肴一般统称为东南亚菜,在部分特色餐厅也较为流行。

2. 住宿服务

酒店房务部门可以向旅行在外的客人提供舒适方便、安全卫生的居住和休息空间,满足客人的住宿需求。酒店向客人提供住宿服务,是酒店最核心和最基础的服务。现代酒店根据星级的不同,向客人提供不同标准和等级的设施和服务,酒店星级越高,住宿等服务设施越豪华,服务质量越优质。

3. 休闲娱乐服务

酒店可以通过夜总会、棋牌室、KTV、游艺厅和歌舞厅等各种设施,举办各种文化娱乐活动来为客人提供休闲娱乐服务。随着人们生活水平的不断提高,人们对文化、娱乐、休闲的要求越来越高,酒店的休闲娱乐设施不仅可以满足客人的需要,也能扩大酒店的营业收入,是酒店创收的重要来源。

4. 康体健身服务

酒店可以通过游泳馆、健身房、桑拿中心、台球房、保龄球房、乒乓球室、网球场、壁球房、高尔夫球场等康体设施,为客人提供康体健身服务。酒店提供的康体健身服务,可以帮客人调节心情、锻炼身体,促进身心健康,是现代酒店越来越依赖的服务项目。

5. 会议服务

酒店可以通过各种大小不等的会议室及风格各异的宴会厅,向企事业单位提供会议、展览和新闻发布会等会务服务,也可以向酒店附近居民家庭提供婚宴、寿宴和亲友聚会等宴会服务。

当然,随着社会的不断发展,现代酒店的经营范围有不断扩大的趋势,不少酒店还向客人提供商品展示、购物和相关商务等服务,在此不一一详述了。

三、酒店设立的条件

1. 个体酒店设立的条件

(1) 申请人主要是有经营能力的城镇待业人员、社会闲散人员和农村村民。对于国家机关干部、企事业单位职工,不能申请从事个体酒店经营。此外,以个人名义经营酒店的,以经营者本人为申请人;以家庭名义经营酒店的,以家庭成员中主持经营者为申请人,参加经营的家庭其他成员姓名应当在设立登记时备案。

(2) 有合法的酒店名称。

(3) 有固定的生产经营场所和必要的设施设备条件。

(4) 从业人员数量一般不多于8人。

2. 个人独资酒店的设立条件

(1) 投资人为一个自然人,且该自然人只能是除国家公务员、公证员、法官、检察官、人民警察及现役军人等人员以外的中国公民,且非法律和行政法规禁止从事营利性活动的人。

(2) 有合法的酒店名称。

(3) 投资人申报的出资,但对投资人的出资方式和出资数额没有给予规定,而且只要求投资人申报出资,并不要求投资人实际缴付出资。

(4) 有固定的生产经营场所和必要的生产经营条件。

(5) 有必要的从业人员,数量多少没有限制要求。

3. 合伙酒店的设立条件

(1) 合伙人数应不少于2人,其中,国家公务员、法官、检察官及警察等法律、行政法规禁止从事营利性活动的人,不得成为合伙企业的合伙人。

(2) 有书面的合伙协议。合伙协议是指合伙人为设立合伙企业而签订的具有法律效力的书面合同。合伙协议必须载明以下内容。

①合伙企业的名称和主要经营场所的地点。

②合伙目的和合伙企业的经营范围。

③合伙人的姓名或者名称及其住所。

④合伙人出资的方式、数额和缴付出资的期限。

⑤利润分配和亏损分担办法。

⑥合伙企业事务的执行。

⑦入伙与退伙。

⑧争议解决办法。

⑨合伙企业的解散与清算。

⑩违约责任。

合伙协议经全体合伙人签名、盖章后生效。合伙协议的修改或补充应当经过全体合伙

人一致同意,但合伙协议另有约定的除外。

(3) 有合伙人实际缴付的出资,具体金额没有限制要求。合伙人可以用货币、实物、土地使用权、知识产权或者其他财产权利出资,经全体合伙人协商同意也可以用劳务、技术等出资。

(4) 有合法的酒店名称。

(5) 有固定的经营场所和从事合伙经营的必要条件。

4. 酒店有限公司的设立条件

(1) 股东在50人以下,其中,1人酒店有限责任公司股东人数为1人,其他酒店有限公司股东人数至少2人。

(2) 股东出资至少为人民币3万元。

(3) 股东共同制定公司章程。

(4) 有合法的酒店名称,建立符合有限责任公司要求的组织机构。

(5) 有公司固定的住所。

5. 酒店股份公司的设立条件

(1) 发起人应当在2人以上200人以下,其中,须有半数以上的发起人在中国境内有住所。股东人数不少于2人,但没有最高人数限制。

(2) 注册资本的最低限额为人民币五百万元。股份有限公司采取发起设立方式设立的,注册资本为在公司登记机关登记的全体发起人认购的股本总额。公司全体发起人的首次出资额不得低于注册资本的百分之二十,其余部分由发起人自公司成立之日起两年内缴足。

(3) 股份发行、筹办事项符合法律规定。

(4) 发起人制定公司章程,采用募集方式设立的经创立大会通过。

(5) 有公司名称,建立符合股份有限公司要求的组织机构。

(6) 有公司住所。

四、酒店设立的流程

(1) 酒店首先要到工商行政管理部门申请酒店名称预先核准。

酒店的名称作为酒店的标志,不仅含有商誉权,而且还受有关法律、法规的一定限制,所以,在设立酒店中要求申请名称预先核准。我国有关法律规定,设立公司应当申请名称预先核准。设立酒店有限责任公司,应当由全体股东指定的代表或者共同委托的代理人向工商管理机关申请名称预先核准;设立股份有限公司,应当由全体发起人指定的代表或者共同委托的代理人向工商管理机关申请名称预先核准。

酒店申请名称预先核准,应当提交以下文件。

①酒店有限责任公司的全体股东或者股份有限公司的全体发起人签署的酒店名称预先核准申请书。

②股东或者发起人的法人资格证明或者自然人的身份证明。

③工商管理机关要求提交的其他文件。工商管理机关应当自收到上面所列文件之日起10日内做出核准或驳回的决定。工商管理机关决定核准的,应当发给《企业名称预先核准

通知书》。预先核准的公司名称保留期为6个月。预先核准的公司名称在保留期内,不得用于从事经营活动,不得转让。

(2)申请办理环保审批。

对于酒店经营餐饮业,要在开业前向酒店所在地县级以上环保行政管理部门申请环保审批。

(3)消防检查。

(4)前置行政许可。

对于经营餐饮服务的,要向食品药品监督管理部门申请办理餐饮服务许可证;对于经营住宿服务的,要向公安行政管理机关申请办理特种行业许可证;对于经营歌舞娱乐服务的,要向文化主管部门申请办理娱乐经营许可证;此外,酒店根据经营需要,也有可能需要申领烟草专卖零售许可和野生动物经营许可等证照。

(5)办理工商营业登记。

酒店在工商行政管理机关核准登记之日,便是酒店的成立之日。

(6)办理组织结构代码证。

(7)办理税务登记证。

只有酒店办理好税务登记证,酒店才可申领发票,开张营业。

第二节 酒店设立管理

一、酒店设立的前置行政许可

1. 餐饮服务许可

按照《食品安全法》及《食品安全法实施条例》的规定,酒店要提供餐饮服务项目,应当依法先取得餐饮服务许可证后,才能向工商行政管理部门申领营业执照。此外,取得餐饮服务许可的酒店,在其餐饮服务场所出售其制作加工的食品,不再需要取得食品生产和流通的许可。

酒店在县级以上工商行政管理部门领取开业登记注册证书后,首先要到酒店所在地县级以上食品药品监管部门申请办理餐饮服务许可证,食品药品监管部门受到申请材料,审核通过后会由安排相关人员到酒店进行现场核查。酒店要提供餐饮经营场所的平面布局示意图,供食品药品监管人员审查修改。重点考察酒店店面布局、操作间、消毒设备和方法、库房、卫生间、宿舍、用具存放、员工体检、卫生措施(在食品药品监管部门的指导下,按照《中华人民共和国食品安全法》的规定制定餐饮场所的卫生措施)。

现场核查结束后,对符合规定的发放餐饮服务许可证(见图3-1)。对不符合规定的给予书面答复并说明理由。餐饮服务许可证的有效期一般为3年。

2. 特种行业许可

根据中国法律规定,旅馆住宿业属于特种行业,易被违法犯罪分子利用进行违法犯罪活动,也极易发生治安灾害事故。因此,国家对开办旅馆业,进行了较为严格的行政审批管理。

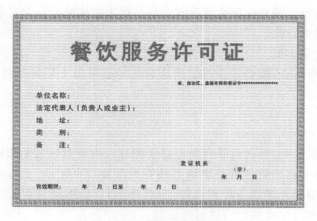

图 3-1　餐饮服务许可证

本书所指的旅馆业，包括旅社、饭店、宾馆、酒店、招待所，以及有接待住宿业务的办事处、培训中心、住客浴室、度假村等。

根据《旅馆业治安管理办法》的规定，申请开办旅馆住宿业，应当向所在地县级以上公安局特种行业科提出申请，一般由所在地县级公安（分）局直接审批。申请时，应提交下列基本材料。

（1）酒店关于经营特种行业的申请书和《特种行业经营申请登记表》。
（2）酒店上级主管机关的批复。
（3）法人代表身份证复印件和从业人员登记情况。
（4）申请单位对于房屋享有所有权或者使用权的证明，房屋工程质量竣工核定书。
（5）房屋平面图（每层一页）、方位图。
（6）消防部门开具的《消防鉴定书》。
（7）申请单位开办旅馆业应建立的各项安全管理制度的书面材料。
（8）公安机关认为其他应予提交的材料。经公安机关验收，符合条件的，由公安机关发给特种行业许可证（见图 3-2）。持特种行业许可证到工商行政管理机关申办营业执照。

图 3-2　特种行业许可证

公安机关受理材料,经初审合格后,将会对酒店现场进行查勘。查勘结束后,由辖区派出所治安(社区)民警、分管所领导签署审批意见、治安科分管民警和领导签署意见。

审批合格的由受理申请的治安科核发特种行业许可证,然后凭该证方能向工商行政管理部门申请住宿经营登记,领取营业执照后,方准开业。审批不合格的由受理申请的治安科书面告知申请人不合格原因。特种行业许可证的有效期一般为3年。

酒店无证经营被取缔

2016年3月2日,上饶市信州公安分局治安大队在对旅馆业的日常检查中,发现站前路附近一酒店,在未经公安机关许可的情况下擅自营业。同时还当场抓获一名正在吸食"K"粉、"麻果"的住客曾某。在对该酒店的初步调查中,民警发现该酒店自2月10日起无证经营至今,酒店的旅馆业信息系统未与公安机关联网,且未办理公安机关的特种行业许可证,日常管理混乱。该酒店共有80间客房,每日营业额达5000余元。

日前,该酒店已被治安大队予以取缔,并追缴非法所得10万元,涉嫌吸毒人员曾某被行政拘留,酒店管理人员郑某被行政罚款。

问题:为何酒店经营住宿业务,法律要求其申办特种行业许可证?

3. 娱乐经营许可

根据《娱乐场所管理条例》(2006)的规定,酒店兼营歌舞等文化娱乐项目,应当向所在地县级以上文化主管部门提出申请办理娱乐经营许可证;设立中外合资经营、中外合作经营的娱乐场所,应当向所在地省级以上文化主管部门提出申请。

酒店要在领取申请开业登记注册书后,到所在地县级以上文化管理部门申请办理娱乐经营许可证(见图3-3),提交相关申请材料。主要包括有效身份证及复印件、所申请事项的申请书、经营场地情况材料、消防意见书(网吧、娱乐业)、环保评估意见书(娱乐业)和文化市场法规培训合格证。受理文化行政机关对材料进行现场审查,审查通过的,可以当场做出颁发行政许可的决定;对于不能当场做出行政许可决定的,文化行政机关应当自受理行政许可申请之日起二十日内做出行政许可决定。二十日内不能做出决定的,经本行政机关负责人批准,可以延长十日,并应当将延长期限的理由告知申请人。

其他行政许可还有烟草专卖零售许可和野生动物经营许可等。在此就不一一详述了。

二、酒店设立的行政审批

1. 消防审批

根据《消防法》的有关规定,宾馆、酒店建设工程竣工后,应向酒店所在地县级以上公安机关消防机构申请消防竣工验收;未经消防验收或者消防验收不合格的,禁止投入使用。此

图 3-3 娱乐经营许可证

外,酒店在装饰装修后,投入使用和营业前应当向酒店所在地县级以上公安机关消防机构申请消防安全检查。公安机关消防机构应当自受理申请之日起十个工作日内,根据消防技术标准和管理规定,对该场所进行消防安全检查。未经消防安全检查或者经检查不符合消防安全要求的,不得投入使用、营业。

酒店在工商行政管理部门领取申请开业登记注册书后,到所在地区县级以上公安管理机关消防科申请办理消防安全检查。酒店要提交申请书、酒店位置平面图,领取《防火安全重点行业审批表》。由消防科派防火检验员检查验收。消防检查验收项目有防火责任制;燃料特别是液化气罐的存放位置;厨房、电源、电路等有无火灾隐患;室内装修采用可燃物的,如竹、木、壁布等,要做防火阻燃处理;按照消防科的要求配备足够的灭火器;对员工进行防火教育、训练,举行灭火演习和考试培训等。检验合格后,由防火检验员签署检验合格意见,并加盖公安局防火检验专用章。

案例分析

某知名连锁酒店无证经营被查封

某知名连锁酒店深圳东门步行街二店,在未办理公安和消防方面许可证的情况下开业经营。该酒店在深圳东门华佳广场,客房门牌号显示,共有150间客房。某日被深圳东门派出所查封。查封当晚,酒店全部客人被迫退房,纷纷抱怨上当受骗。该店前台负责人承认酒店因证照不齐被查封,但否认酒店已营业。东门派出所证实该店未办理公安和消防方面许可证,是按照相关规定予以查封的。

问题:为什么该知名酒店被查封?

2. 环保审批

环保审批由酒店所在地县级以上环保管理部门办理，主要审批项目为：噪音，排污。酒店要提供餐饮场所位置平面图，并标注周围环境情况和邻近建筑物的使用性质，由环保行政管理机关派出人员实地查验。检验合格后，由县级以上环保管理门在申请开业登记注册书上"有关部门意见"栏，签署"同意开业"，并加盖公章。

三、酒店的登记

1. 工商营业登记

新成立的酒店应到所在地县级以上工商局办理开业登记，工商局在申请后30天内做出登记或不予核准登记的决定。办理开业登记的酒店，首先应申请店名预先核准——《企业名称预先审核通知书》，经核准后，到登记主管的工商局领取企业申请开业登记注册书，登记注册的主要事项有：酒店名称、地址、经营场所、法定代表人、经营性质、经营范围、经营方式、注册资金、从业人数、经营场所面积、经营期限、分支机构等。

在依法取得相关酒店登记和审批手续后，工商局才能批准登记，向酒店发放法人营业执照，向法人酒店分支机构发放营业执照。在领取营业执照以前，不得以酒店的名义进行经营活动，营业执照签发日期为酒店成立日期。办理开业登记应按照规定交纳登记费，开业登记费为注册资金总额的0.1%。

案例分析

旅客别把便宜占　住店要住正规店

2016年夏天，某下岗职工刘某将一间三室一厅的居民房改装成6个单间，其中有3个双人间，并对外正式营业。记者前往该小旅馆调查。记者："环境怎么样？"刘某："双人房加空调60元。"记者："在这里住要不要身份证？"刘某："有最好，没有也没啥关系。"刘某介绍，来这里住店的旅客大多是附近医院陪病人的亲属、朋友或附近大学的学生，没安全问题。记者发现，附近居民楼内竟然有20多家私人旅馆，许多都没悬挂开设旅馆的相关证件，也没有消防安全设备，一旅馆主人竟称，本来都是小本经营，哪有钱去装这些东西。

评析： 为保障酒店的正常经营，同时也为了保障旅客生命财产的安全，《旅馆业治安管理办法》规定，开办旅馆，其房屋建筑、消防设备、出入口和通道等，必须符合消防治安法规的有关规定，并且要具备必要的防盗安全设施。同时，为便于从治安管理的角度掌握旅馆的有关情况，加强对旅馆的治安管理，《旅馆业治安管理办法》规定，申请开办旅馆应经主管部门审查批准，经当地公安机关签署意见，向工商行政管理部门申请登记，领取营业执照后才可开业。

2. 税务登记

酒店应在领取营业执照 30 天内,向当地税务局办理税务登记,并在办妥银行账号后,申请税务执照。办理时应向当地税务部门领取统一的税务登记表,如实填写各项内容,经税务机关审核后,发给税务登记证。税务登记结束后,酒店便可申领发票,开张营业。

案例分析

佛冈工商查处一无证经营大酒店

2010 年 1 月 20 日,佛冈县工商局在执法检查中发现,有一间无证无照的大酒店已经开业一个多月了。

经初步调查,该酒店 2009 年 12 月上旬在未领取营业执照的情况下就开始营业。在现场,执法人员发现该酒店有 13 层楼,面积约 3000 平方米,首层是大堂和茶艺室,二层是餐厅,有 7 间包房,3 层至 9 层是卡拉 OK 房,有 38 间包房,10 层至 13 层是旅业,从业人员有 50 多人。据酒店负责人称,该酒店已领取了筹建营业执照,经营范围是餐饮、旅业、卡拉 OK 筹建(筹建期间不得开展经营活动),但由于报送消防审核还未通过,故此无法办理文化经营,特种行业等前置许可证。执法人员依法责令该酒店停止经营,并予以立案查处。

问题: 1. 该酒店的范围有哪些?
2. 该酒店应该办理哪些证照和审批手续?

3. 组织机构代码登记

组织机构代码是对中华人民共和国境内依法注册、依法登记的机关、企事业单位、社会团体和民办非企业单位颁发一个在全国范围内唯一的、始终不变的代码标识,通俗地说,相当于中国公民的身份证号码。由八位数字(或大写拉丁字母)本体代码和一位数字(或大写拉丁字母)校验码组成。组织机构代码证书包括正本、副本和电子副本(IC 卡),3 款具有同等效力。

根据中国法律规定,酒店应自批准成立或核准登记之日起 30 日内,持有关批准文件或者登记证书,到批准成立或者核准登记的机关所在地的质量技术监督部门申请代码登记,领取代码证。

4. 酒类流通备案登记

根据《酒类流通管理办法》(2005)的规定,从事酒类零售的单位或个人(以下统称酒类经营者)应当在取得营业执照后 60 日内,按属地管理原则,向登记注册地工商行政管理部门的同级商务主管部门办理备案登记。完成登记手续后,酒店将取得《酒类流通备案登记表》,《酒类流通备案登记表》自酒类经营者在工商行政管理部门注销登记或被吊销营业执照之日起自动失效。商务主管部门应定期与同级工商行政管理部门核实注销或吊销情况。

> **知识链接　　　三证合一**
>
> "三证合一"登记制度是指企业登记时依次申请,分别由工商行政管理部门核发工商营业执照、组织机构代码管理部门核发组织机构代码证、税务部门核发税务登记证,改为一次申请、合并核发一个营业执照的登记制度。
>
> 2012年10月30日,深圳市在全国率先提出,推行营业执照、组织机构代码证和税务登记证三证合一的登记制度。2014年6月4日,国务院提出,简化手续,缩短时限,鼓励探索实行工商营业执照、组织机构代码证和税务登记证"三证合一"登记制度,各地纷纷响应。2014年7月1日,湖北省枝江市率先试点实行市场主体登记"三证合一"制度,并发放了全国第一份加挂有组织机构代码证号、税务登记证号的营业执照。2014年12月1日起,深圳在全国率先推行营业执照、组织机构代码、税务登记证和刻章许可证"四证合一"登记新模式。将原来商事主体营业执照、组织机构代码证、税务登记证和刻章许可证分别由商事登记部门、组织机构代码登记部门、税务部门、公安部门办理的模式,改为由商事登记部门统一受理、审核,四个部门之间信息互认、档案共享,在组织机构代码登记部门实现四证同发、企业一次领取四证的高效办证目标。
>
> 截至2014年年底,全国已有36个省市不同程度地启动了"三证合一"工作,其中,28个省市出台了"三证合一"的相关方案,其业务模式可分为两种:一是保留现有证照仅对业务流程进行整合的"三证合办"模式;二是对现有证照进行整合的"一证三号"模式。但这两种模式都未能很好地满足改革要求,均处于过渡阶段。"三证合一"的最终目标是实行"一照一号"模式,通过"一口受理、并联审批、信息共享、结果互认",将由三个部门分别核发不同证照,改为由一个部门核发加载法人和其他组织统一社会信用代码的营业执照。
>
> 2015年10月1日起营业执照、组织机构代码证和税务登记证"三证合一"。2015年12月,全国全面推行"一照一码"登记模式。

第三节　酒店有限责任公司

一、酒店有限责任公司的概念及特征

酒店有限责任公司又称酒店有限公司,是指股东以其出资额为限对酒店承担责任,酒店则以其全部资产对酒店的债务承担责任。其特征有如下几条。

1. 酒店的各位股东均负有限责任

酒店股东以其出资比例享受权利、承担义务,这是其与无限责任公司最主要的区别。

2. 酒店股东有最高人数限制

酒店有限责任公司股东人数在 1~50,而其他公司没有最高人数限制。

3. 酒店资本不分为等额股份

证明酒店股东出资份额的权利证书称为"出资证明书",该证明书不是股票,也不是有价证券,所以不能买卖,不向社会发行。

4. 酒店出资转让有严格限制

酒店股东之间可以相互转让其全部或部分出资,但股东向股东以外的人转让其出资时,必须经全体酒店股东过半数同意通过;不同意转让的股东应当购买该转让的出资,如不购买,视为同意转让。经酒店股东同意转让的出资,在同等条件下,其他酒店股东有优先购买权。

案例分析

酒店的债务应由谁承担

2004 年春,某市××房地产公司等 11 家企业共同发起设立某酒店,同年 3 月 25 日依法成立酒店有限责任公司后正式对外营业。2005 年 9 月,该市某海鲜批发公司与该酒店签订了一份海鲜购销合同,约定海鲜公司向酒店供应干货、生鲜海产品,标的额共计 24 万元人民币。10 月 10 日,海鲜公司按照合同约定将货物运送到该酒店生鲜仓库。7 天后,该海鲜公司按合同约定要求酒店支付货款 24 万人民币。而此时,酒店因经营不善,长期处于亏损状态,已拖欠多笔大额债务。因此,酒店向该海鲜公司表示无法按期支付货款。海鲜公司考虑到该酒店的股东——××房地产公司等 11 家企业均为本市的著名企业,大部分经营良好,信誉较高。于是,海鲜公司遂以这 11 家企业为被告,向当地人民法院提起诉讼,要求这 11 家企业承担偿付货款 24 万人民币的责任。

问题:该海鲜批发公司到底应向谁追偿债务,是酒店还是酒店的股东,或是两者皆可?

二、酒店有限责任公司设立程序

(1) 申请酒店名称预核。由全体股东指定的代表或委托的代理人向工商行政管理机关申请酒店名称预先核准,在酒店筹建期间使用预核的酒店名称。

(2) 全体股东共同制定酒店有限责任公司章程。公司章程应当载明下列事项:公司名称和住所;公司经营范围;公司注册资本;股东的姓名或者名称;股东的出资方式、出资额和出资时间;公司的机构及其产生办法、职权、议事规则;公司法定代表人;股东会会议认为需要规定的其他事项。股东应在公司章程上签名、盖章。

（3）根据酒店经营需要，要申办环保、消防等行政审批。

（4）发起人缴纳出资。发起人可以用货币出资，也可以用实物、知识产权、土地使用权等作价出资。对作为出资的非货币财产应当评估作价，核实财产，不得高估或者低估作价。土地使用权的评估作价，依照法律、行政法规的规定办理。酒店有限责任公司成立后，股东不得抽逃出资。全体股东的货币出资金额不得低于有限责任公司注册资本的百分之三十。股东应当按期足额缴纳公司章程中规定的各自所认缴的出资额。股东以货币出资的，应当将货币出资足额存入有限责任公司在银行开设的账户；以非货币财产出资的，应当依法办理其财产权的转移手续。股东不按照前款规定缴纳出资的，除应当向公司足额缴纳外，还应当向已按期足额缴纳出资的股东承担违约责任。酒店有限责任公司成立后，发现作为设立公司出资的非货币财产的实际价额显著低于公司章程所定价额的，应当由交付该出资的股东补足其差额，公司设立时的其他股东承担连带责任。

（5）法定验资机构验资。股东缴纳出资后，必须经依法设立的验资机构验资并出具证明。

（6）申请设立登记。股东的首次出资经依法设立的验资机构验资后，由全体股东指定的代表或者共同委托的代理人向工商管理机关报送公司登记申请书、公司章程、验资证明等文件，申请设立登记。

（7）领取营业执照。依法设立的酒店有限责任公司，由工商行政管理机关发给公司营业执照。公司营业执照签发日期为公司成立日期。公司营业执照应当载明公司的注册资本、经营范围等事项。

三、酒店有限责任公司的组织结构

1. 股东会

股东会由全体股东（股东是公司的出资人）组成，是公司的权力机构。股东会会议分为定期会议和临时会议。定期会议应当按公司章程的规定按时召开。代表 1/4 以上表决权的股东、1/3 以上的董事或监事都可以提议召开临时会议。股东会由董事会召集、董事长主持。股东会会议由股东按出资比例行使表决权。

2. 董事会

董事会是公司的经营决策和业务执行机构，对股东会负责。其成员有 3~13 人。董事会会议由董事长召集和主持。1/3 以上董事可以提议召开董事会会议，但应当于会议前 10 日通知全体董事。董事任期由公司章程规定，但每届任期不得超过 3 年，董事任期届满，可以连选连任，董事任期届满前，股东会不得无故解除其职务。

3. 监事会

监事会是监督机关，负责对公司的财务、经营、董事会及成员和经理，进行监督和检查工作，对股东会负责并报告工作。监事会成员根据公司章程由股东代表和适当比例的职工代表组成。有限责任公司经营规模较大的设立监事会，成员不少于 3 人；较小的可以不设监事会，但应当设监事 1~2 名。董事、经理、财务负责人不得兼任监事。监事任期由公司章程规定，但每届任期不得超过 3 年，监事任期届满，可以连选连任，监事任期届满前，股东会不得

无故解除其职务。

4. 经理

酒店有限公司设经理,经理是酒店日常管理机构的负责人,由董事会聘任或解聘,经理对董事会负责,列席董事会会议。

第四节 酒店股份有限公司

一、酒店股份有限公司及其特征

酒店股份有限公司是指酒店全部资本由等额股份构成,股东以其所任缴的股份为限对酒店承担有限责任,酒店则以其全部资产对酒店债务承担责任的酒店法人。其特征主要有以下几点。

（1）酒店股东均负有限责任。

（2）酒店股东有最低人数限制。一般至少要有5人。

（3）酒店全部资本分为等额股份。采取股票的形式,同股同权、同权同利。

（4）股票在证券交易所可以自由进行交易和转让。公司可以向社会公开发行股票。发起人持有公司股份,自公司成立之日起3年内不得转让,公司的董事、监事、经理在任职期内不得转让其出资。

二、酒店股份有限公司设立方式

1. 发起式设立

由发起人认购公司应发行的全部股份而设立的公司。

2. 募集式设立

由发起人认购公司应发行的全部股份的一部分（不少于资本总额的35%）,其余部分向社会公开募集而设立的公司。

股份有限公司的设立,必须经过国务院授权的部门或省级人民政府批准;发起人向社会公开募集资本时,必须向国务院证券管理部门递交募股申请;必须公告招股说明书,并制作认股书;未经批准,不得向社会公开募集股份。

三、酒店股份有限公司的组织机构

1. 股东大会

股份公司由股东组成股东大会,股东大会是公司的最高权力机构,除了股份公司股东大会享有的"对股东以外的人转让出资做出决议"职权外,其职权与有限公司股东享有的职权相同。

股东大会每年召开一次年会,股东出席股东大会,所持每一份股份有一表决权。股东大会由董事会召集、董事长主持。股东大会会议由股东按持股数行使表决权。

2. 董事会

酒店股份公司设董事会，是酒店执行业务、做出经营决策的常设机构。董事会对股东大会负责，其职权与酒店有限公司董事会的职权基本相同。董事会设董事长1人，可以设副董事长。董事长是酒店的法定代表人。董事会每年度至少召开2次会议，董事会会议应有1/2以上的董事出席方可举行，董事会做出决议，必须经全体董事的过半数通过。

3. 监事会

酒店股份公司与酒店有限公司的监事会或监事制度基本一致。但有两点不同，一是酒店股份公司不论规模大小和股东人数多少，均必须设立监事会，二是监事会人数至少3人，没有上限。

4. 经理

酒店股份公司设经理，由董事会聘任或解聘。经理对董事会负责，其职权与酒店有限公司的经理职权相对应。经理列席董事会会议。酒店董事会可以决定，由董事会成员兼任经理。

四、酒店股份、酒店股票和酒店债券

1. 酒店股份

酒店股份是以股票为表现形式，体现酒店股东权利和义务的资本组成部分。

2. 酒店股票

酒店股票是股份有限公司签发的证明股东所持股份的凭证。股票发行实行"公开、公平、公正"的原则。

3. 酒店债券

酒店债券是酒店依照法定程序发行的，约定在一定期限内还本付息的有价的证券。酒店债券分为"记名债券"和"无记名债券"两类。

五、酒店股票和酒店债券的区别

（1）前者为股东关系，后者是债权与债务的关系。

（2）前者不允许退还，后者到期还本付息。

（3）前者收益风险大，后者利息稳定。

（4）公司解散或破产时，公司债券优先受偿。

本章小结

本章对酒店设立管理和酒店法人的基本问题进行了介绍。酒店设立包括酒店的概念、类型、经营范围、设立的基本条件，以及各种行政审批管理等主要问题。其中重点介绍了餐饮许可、特种行业许可和娱乐经营许可等行政许可。本章第二个部分重点介绍了酒店有限公司和酒店股份公司两类典型酒店法人的设立条件、申办流程和组织机构设置等问题。

关键概念

餐饮许可　特种行业许可　娱乐经营许可　有限责任　酒店有限责任公司　酒店股份公司　股份　股票　债券

思考与练习

一、单项选择题

1. 下列属于按客源市场来进行酒店划分的是（　　）。
   A. 度假酒店　　　B. 合伙酒店　　　C. 机场酒店　　　D. 豪华酒店
2. 下列不属于酒店经营范围的是（　　）。
   A. 博彩　　　　　B. 餐饮　　　　　C. 购物　　　　　D. 健身
3. 酒店要兼营歌舞等娱乐项目，必须先取得下列哪些手续？（　　）
   A. 餐饮许可　　　　　　　　　　　B. 娱乐许可
   C. 公安局特种行业和治安审批　　　D. 环保审批
4. 有限责任公司股东可以用（　　）出资。
   A. 货币　　　　　B. 实物　　　　　C. 知识产权　　　D. 信用
5. 有限责任公司的股东人数最少为（　　）。
   A. 1人　　　　　 B. 2　　　　　　 C. 10人　　　　　D. 50人
6. 设立酒店有限责任公司，其注册资本最少为（　　）万元。
   A. 3　　　　　　 B. 10　　　　　　C. 30　　　　　　D. 50
7. 设立酒店股份公司，其注册资本最少为（　　）万元。
   A. 100　　　　　 B. 500　　　　　 C. 1000　　　　　D. 2000
8. 根据有关法律规定，具有独立民事行为能力的酒店有（　　）。
   A. 个体酒店　　　　　　　　　　　B. 合伙酒店
   C. 个人独资酒店　　　　　　　　　D. 酒店有限公司
9. 按公司与公司之间的控制依附关系，可将酒店分为（　　）。
   A. 上级酒店与下级酒店　　　　　　B. 总店与分店
   C. 大酒店与小酒店　　　　　　　　D. 集团酒店与控股酒店
10. 我国《公司法》规定，设立酒店有限责任公司，其股东最高人数为（　　）。
    A. 21人　　　　 B. 30人　　　　　C. 40人　　　　　D. 50人
11. 赵、钱、孙、李、陈五人共同投资1000万元人民币，设立蓝天酒店股份有限公司。该公司注册资本分为1000万股，每股1元人民币。赵、钱、孙三人分别持有300万元股，李、陈二人分别持有50万股。该公司运营中的债务应由（　　）。

A. 赵、钱、孙、李、陈五股东共同承担　　B. 公司以注册资本为限承担
C. 公司与股东共同承担　　D. 公司以其全部资产承担

二、判断题

1. 甲、乙、丙三人设立酒店有限责任公司，注册资本为500万元，甲以货币200万元出资，乙以商标权评估作价50万元出资，丙以专利权作价50万元和货币200万元出资，该有限责任公司的出资是符合规定的。（　　）

2. 甲、乙、丙三人设立以餐饮食品批发为主兼营零售的餐饮有限责任公司，该公司的法定资本最低限额为10万元。（　　）

3. 甲、乙、丙三人共同出资成立了一家有限责任公司。甲、乙的出资各占20%，丙的出资占60%。现丙与丁达成协议，将其在该公司拥有的股份全部转让给丁。对此，如果甲和乙都不愿购买，丙应当取消与丁的股份转让协议。（　　）

4. 酒店从事餐饮服务项目，不一定要取得环保审批。（　　）

三、简答题

1. 酒店有限责任公司的设立有哪些条件？
2. 酒店股份有限公司的设立有哪些条件？
3. 酒店有哪些分类？
4. 简述酒店股份有限公司的组织构成及各自的职能。
5. 简述酒店有限责任公司的组织构成及各自的职能。

四、案例分析题

案例1

欲开酒店，该如何申请

黄某下岗后，哥哥为他筹集了50万元人民币经商。黄某看好了酒店市场，打算投资一家酒店，可他完全不了解开办的条件和程序。

假如你被黄某聘为酒店投资顾问，请撰写一份酒店开办计划书。

案例2

武汉楚鱼王酒店无证经营河豚被叫停

某段时间，武汉市洪山区工商分局、卫生监督所联合执法，对雄楚大街沈家湾楚鱼王酒店经营河豚的行为叫停。

该酒店外竖着"长江特有淡水洄游鱼类"、"拼死吃河豚"等宣传广告，酒店内的鱼池中养着多条河豚。员工称，该酒店经营河豚好长时间了，"从没出过问题"。

据了解，河豚肉味鲜美，但内脏、血液等含有剧毒，因此，其烹制过程要求相当严格，稍有不慎，后果不堪设想。执法人员介绍，我国禁止经营野生河豚，经营驯养河豚则需取得野生动物经营许可证，并提供供货商的野生动物驯养繁殖许可证等，但该酒店均无法出示以上两证。

酒店经营河豚，为什么要取得相关经营许可？

第四章

酒店服务合同

学习目标

1. 认识和了解酒店服务合同的概念、形式和特征。
2. 理解酒店服务合同订立、变更、终止和违约责任;掌握酒店服务合同履行的原则。
3. 掌握酒店合同违约责任的承担方式和违约责任的免除。

案例导入　　　婚期临近,酒店取消预订

2015年1月10日是天津张女士与刘某结婚的大喜日子。人生大事当然要隆重热闹,提前半年,张女士就开始着手准备自己的婚礼了,在认真确定前来贺喜的亲朋好友人数后,张女士和刘某于2014年9月来到市内某大酒店提前预订婚宴32桌,准备举办婚礼,并同时向亲友们发出了喜帖。不料,2015年1月初,张女士与刘某婚期临近,张女士去酒店核实宴会相关事宜,却突然得知酒店已将原来预订的就餐大厅改订给了他人。"4个月之前就订好了酒席,并交了1000元的订金,怎么酒店方说变就变了?而且喜帖已经发下去了,这么短的时间,让我们上哪去找办婚宴的酒店?"

酒店经理说,早在张女士前来预订婚宴的时候,酒店方面还没有接到招待任务,但是现在事情已经无法改变。因1月10日那天酒店有重要接待任务,无法满足张女士与刘某的婚宴要求,所以只能请他们另行选择酒店安排婚宴。酒店方面同意退还张女士所交订金,但是其他赔偿无法满足。2015年1月7日,张女士与刘某多次找到酒店要求承担违约责任,赔偿精神损失。但是都没有达成一致。

思考:张女士的赔偿要求是否合理,酒店应不应该担责?

第一节 酒店服务合同法概述

一、合同及特征

合同是指平等主体的自然人、法人、其他组织之间设立、变更、终止民事关系的协议。其特征有以下几点。

(1) 合同是平等主体之间的法律行为。行政机关对酒店的行政管理关系(如酒店的审批、许可等事宜)、酒店与员工的管理关系等不适用于我国《合同法》的调整。

(2) 合同的民事权利义务关系表现为债权债务关系,而非人身关系,故"婚姻、收养、监护"等民事协议不适用于我国《合同法》的调整。

(3) 合同是两个以上当事人"合意"的结果。

二、酒店服务合同

酒店服务合同是酒店与客人之间设立、变更、终止酒店法律关系的协议。其主要形式有酒店住宿合同、酒店保管合同、酒店租赁合同和酒店预订合同等。

酒店服务合同的主体仅限于酒店和客人,是酒店在对客服务过程中,双方形成的服务与被服务的关系,并通过预订、登记入住、开单等法律行为而确立的一系列的契约关系。酒店服务合同明确了酒店和客人双方之间的债权债务关系,有利于酒店服务过程和活动的实施,对酒店和客人来说均具有重要的意义。

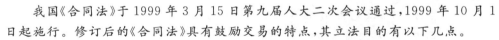

知识链接

我国《合同法》于1999年3月15日第九届人大二次会议通过,1999年10月1日起施行。修订后的《合同法》具有鼓励交易的特点,其立法目的有以下几点。

(1) 保护合同双方当事人的合法权益。

(2) 维护社会经济秩序,促进社会主义现代化建设。

我国《合同法》的基本原则有以下几点。

(1) 平等原则,即"法律地位"的平等。其包括两层含义:A.身份平等;B.自愿原则的前提条件(一方当事人不得将自己的意志强加于另一方)。

(2) 自愿原则,即"意思自治"原则,是最重要的基本原则。A.缔结合同自愿;B.自愿选择当事人,约定合同内容(在遵守法律的前提下),选择合同方式,选择解决争议的方式,自愿协议补充、变更、解除合同。但自愿并非绝对,自愿原则也受限制,例如"强制规范"(旅游合同中的旅游保险、明确服务质量的条款等)。

(3) 公平原则,即"公平正义"的原则。

(4) 诚实信用原则,是指合同当事人应正确行使权利,积极履行义务,且在行

使权利和履行义务时禁止欺诈、胁迫、乘人之危等。

（5）合同效力原则，即合同依法成立便产生法律效力，受法律保护。

（6）依法和维护道德原则。《合同法》第七条规定，当事人订立、履行合同，应当遵守法律、法规，尊重社会公德，不得扰乱社会经济秩序，损害社会公告利益。

三、酒店服务合同的内容

（1）酒店的名称、地址，客人的姓名、身份证号等。

（2）标的。

标的是酒店服务合同双方权利义务共同指向的对象。标的是合同法律关系的客体，没有标的，合同关系也就不存在。酒店服务合同标的主要是有酒店产品或服务。例如，客房服务、餐饮服务、康乐服务等。

（3）数量和质量。

数量和质量是指酒店服务合同标的数量，以及相应的服务等级要求。

（4）价款和酬金。

（5）履行的地点、期限、方式。

餐饮服务要明确就餐大厅或包房名称，以及就餐的日期和餐别；住宿则要提供抵达酒店的时间和入住的天数等。

（6）违约责任。

（7）解决争议的方法。

 **婚宴（或团体宴、寿宴）宴席预订协议**

甲方：××（先生/小姐）（以下简称甲方）

乙方：××大酒店（以下简称乙方）

为确保甲方在乙方所预订的宴席能顺利成功举办，经友好协商特签订以下协议。

一、甲方在乙方预订的席桌数为　桌（10人/桌），如甲方的用餐宴席桌数未达到预订桌数（包括备桌数），相差2桌以下（含2桌）每桌收取100元凉菜费；超过2桌则将中午超出的部分留到晚上供甲方使用。否则，按全席价60%收取成本费。

二、甲方在乙方预订的席桌标准是　元/桌（此价格不含酒水、饮料、香烟等）。此价格以首次定价为准，若需临时更改，只能提高，不能降低预订标准，即为结算价格；晚餐桌数由甲方当日16:00前决定，每桌为　元（中午就餐结束，餐桌上所剩残菜乙方不负责为甲方收捡再用，甲方若需打包带走，乙方可为甲方提供打包袋，若甲方食用打包食品后出现任何不适，乙方不负任何责任）。

三、甲方预订宴席向乙方预交订金　　元。

（大写：＿＿＿＿＿＿＿＿＿＿＿＿）。

四、甲方在乙方预订的宴席菜单由乙方开具、甲方确认，一式两份，双方各执一份，双方签字后生效。

五、甲方在用餐过程中，如对乙方设备、设施、用具造成损伤、损坏或使其不能正常使用，须照价赔偿。

六、结算方式：甲方宴席结束后请甲方（××先生/小姐）必须向乙方现金结清当日所有消费款项，方可宣布此协议终止。

七、婚宴举行地点：酒店楼厅（均不包场）。

八、甲方所签字确定的预订宴席菜单属实际付款菜单（打折后菜单）。婚宴及大型团体宴席，乙方为甲方提供的是税后价格；乙方不为甲方出具发票，只出具收据，甲方确需发票，需另付10%的税费。

九、甲方可以自带酒水，也可享受乙方为甲方提供的超市价酒水，均不向甲方收取任何服务费。若甲方自带酒水、香烟等，不够用时要在乙方点酒水、香烟等必须按乙方零售价结账。

甲方所需酒水为：＿＿＿＿＿＿＿＿＿＿＿＿＿＿＿＿＿＿＿＿＿＿＿＿＿。

甲方所需饮料为：＿＿＿＿＿＿＿＿＿＿＿＿＿＿＿＿＿＿＿＿＿＿＿＿＿。

十、甲方订餐30桌以上，每桌预订标准在688元以上，乙方将为甲方提供如下免费服务。

1. 甲方可当日享受新婚房一间（标间）。
2. 乙方免费赠送甲方精美小礼品一份。
3. 乙方免费为甲方提供礼仪服务。
4. 乙方免费为甲方提供婚礼全程策划。
5. 甲方免费享受当日14:00—18:00棋牌娱乐设施及茶水。

地点：＿＿＿＿＿＿＿＿＿＿＿＿＿＿＿＿。

注：如甲方14:00前需甲方提供棋牌、茶水等服务，乙方则需收费，其收费标准为：茶3元/杯；麻将15元/桌（含4杯茶）；纸牌5元/副。

6. 甲方可免费享受儿童娱乐设施（乒乓球、健身房）。
7. 甲方可免费享受乙方提供的观光车一辆，只负责接一次（仅限××城区内）。

路线：＿＿＿＿＿＿＿＿＿＿＿＿＿＿＿＿。

8. 乙方免费为甲方提供喜牌、指示牌。
9. 甲方按预订标准在婚礼前免费试吃一桌。

30桌以下享受1至8项免费服务。

十一、乙方可为甲方提供有偿服务如下。

1. 提供专业新婚主持（一次收取费用　　元）。
2. 提供专用婚庆红酒（每瓶　　元）。
3. 提供婚礼全程摄影，制作光盘（计　　元）。

十二、任一方如单方面无故终止本协议,应按预订总价款的60%支付对方违约金。

十三、本协议自双方签字或盖章之日起生效,本协议一式两份,甲、乙双方各执一份。

十四、甲方签订此协议则视为完全理解协议内容及含义。

十五、未尽事宜双方协商解决。

甲方代表：　　　　（签章）　　　乙方代表：　　　（签章）
联系电话：　　　　　　　　　　　联系电话：
甲方地址：　　　　　　　　　　　乙方地址：
签约时间：

第二节　酒店服务合同的订立

一、酒店服务合同订立的概念

酒店服务合同是酒店与客人就酒店接待服务的主要条款达成合意的过程。酒店服务合同的订立意味着酒店与客人之间的意思表示一致。

二、订立酒店服务合同主体的资格

1. 具有民事权利能力

民事权利能力是指民事主体依法享有民事权利和承担民事义务的资格。民事权利能力是整个民事能力制度的基础,包括行为能力、意思能力、责任能力。客人的民事权利能力始于出生,终于死亡;而酒店的民事权利能力始于成立,终于破产清算。

2. 具有民事行为能力

民事行为能力是指民事主体以自己的行为取得民事权利和设定民事义务的资格。客人的民事行为能力分为完全民事行为能力、限制民事行为能力和无民事行为能力。其中,完全民事行为能力客人是指18周岁以上或16～18周岁,以自己的劳动收入为主要生活来源,能完全辨认自己行为的客人;限制民事行为能力客人是指10周岁以上和不能完全辨认自己行为的客人;无民事行为能力客人是制不满10周岁和完全不能辨认自己行为的客人。

酒店的民事行为能力也是始于成立,终于破产清算。但只有酒店有限责任公司和酒店股份有限公司等法人企业具有完全独立的民事行为能力,不具有法人地位的酒店,则多是限制民事行为能力或无民事行为能力。

3. 代理合同

客人依法可以委托代理人订立酒店服务合同。所谓委托代理人订立酒店服务合同,是指客人委托他人以自己的名义与酒店签订合同,并承担由此产生的法律后果的行为。在酒店对客服务过程中主要包括委托代理和指定代理。委托代理代订合同有以下特征。

(1) 代理人以被代理人的名义做出。
(2) 代理人向酒店做出意思表示或接受意思表示。
(3) 在委托授权范围内做出。

代理人签订酒店合同必须具有被代理人的代理证明书或授权委托书,以被代理人的名义签订。

案例分析

2015年,绍兴市区一家酒店与当地的汽车销售公司签有长期合作协议,协议规定公司招待客户时前往酒店就餐,公司业务经理章某等人均可签单消费,餐费由公司按月结算。最近几年来,双方一直按此约进行,没有争端。

2017年8月,章某照例多次带人前往该酒店用餐,前后共签单消费1.3万余元。9月初,酒店再次与公司结算时,公司方面表示,章某已于7月份辞职离开公司,不再具有签单权。其8月份的消费也与公司业务毫无关系,公司拒绝支付章某的8月份消费签单。

评析: 公司与酒店事先签订的合同,使得章某拥有签单权,实质上是赋予章某代理人的地位,即允许其代理公司与酒店签订消费合同。章某辞职后,其继续冒用公司名义与酒店发生消费关系,实属无权代理。但是,公司在章某辞职之后,没有将终止章某签单权这一事项告诉酒店,因此,酒店有理由认为章某依然有权签单。根据我国《合同法》第四十九条规定,行为人没有代理权或代理权终止后,"以被代理人名义订立合同,相对人有理由相信行为人有代理权的,该代理行为有效"。因此,虽然章某辞职后无权签单,但仍需要由公司买单。不过该公司向酒店支付章某签单的1.3万余元餐费,有权向章某索赔,但当另案处理。

三、订立酒店服务合同的主要形式

1. 口头形式

口头形式主要是指酒店与客人直接通过当面交谈、电话联系等口头形式来订立酒店服务合同,适用于"即时清结"和"即时履行"的合同,如客房送餐、委托代办等酒店服务。此形式鼓励交易,但不利于举证解决合同纠纷。

2. 书面形式

书面形式是指酒店与客人通过合同书、信件和数据电文(包括电报、电传、传真、电子数据交换和电子邮件)等有效载体的形式来订立酒店服务合同。例如,预订确认书、入住登记表、行李寄存单和贵重物品保管卡等。

3. 其他形式

其他形式是指根据当事人的行为或者特定情形推定成立的合同，也称为默示合同。此类合同是指当事人未用语言明确表示成立，而是根据当事人的行为推定合同成立。

四、酒店服务合同订立的程序

1. 要约

要约是指酒店或客人以缔结合同为目的，向对方提出合同条件，希望对方接受的意思表示，即要约人希望与他人订立合同的主动的意思表示。酒店和客人任何一方要发出要约，必须以缔结酒店服务合同为目的，而且要约内容必须确定和完整。要约是一种法律行为，要约一经承诺合同即成立；要约人在要约发出的有效期内受要约的约束。

要约邀请又称"要约引诱"，是指希望他人向自己发出要约的意思表示。发出邀约邀请的当事人只是希望对方发出要约，并不追求缔结合同。因此，要约邀请并不是合同订立的必要程序。例如，酒店向客户寄送的价目表和在各种媒介投放的商业广告等都属于要约邀请，酒店的目的是通过这些手段吸引客户和刺激客户消费的动机，实现客人向酒店发出要来酒店消费的要约。

案例分析

某五星级酒店于2008年1月在该市晚报上刊登广告，推出"新春团圆宴"优惠活动，参加办法为：第一，电话咨询；第二，传真或到酒店签订酒店合同；第三，指定银行账户存款。由于报社排版失误，将餐费820元人民币排成了320元人民币。

客人李某通过电话向酒店确认了广告内容的真实性，并将320元人民币存到该账号上。就餐当天，李某全家来到酒店却被告知餐费是820元而不是320元时，他提出解除预订，并要求酒店双倍退还320元，还要承担其全家来往路费、误工费等，理由是他依报纸上的条件已经与酒店达成协议。双方协商不下，李某遂以该酒店欺诈消费者为由向人民法院提起诉讼。

问题：1. 该酒店在市晚报上刊登的促销广告是要约吗？为什么？
2. 该酒店是否构成欺诈消费者？能否满足李某提出的赔偿请求？

2. 承诺

承诺是指受约人无条件地接受要约人所提出的要约条款，并愿意订立酒店服务合同的意思表示，也称"接受提议"。酒店和客人任何一方要做出承诺，必须由接受要约的一方做出，而且要在要约的有效期内向要约人做出与要约内容完全一致的承诺，不能有实质性变更。承诺是一种法律行为，承诺的法律效力在于一经承诺并送达于要约人，酒店服务合同便宣告成立。

同步案例

一天中午,一位住店客人打电话到餐厅,说要点一份"情侣套餐"。当时,接电话的预订员小李耐心地向他推荐了一款当时餐厅非常畅销的"星星点灯"情侣套餐,并报出了餐厅当时的优惠价格,并承诺在30分钟内送到他的房间。

问题:试从酒店服务合同订立的视角来分析上述订餐服务的过程是什么?

五、格式条款

格式条款是指当事人为了重复使用而预先拟定,并在订立合同时未与对方协商的条款。在酒店服务合同中格式条款主要表现为酒店业的一些行规和惯例,如"12时退房"、"预抵当日18时未到,预订自动取消"等。

一部分酒店服务合同中的格式条款是从行业规定和国际惯例演变而来,只要酒店遵循公平原则来确定酒店与客人之间的权利和义务,并且事先向客人告知或履行说明的义务,在一定范围内还是有效的。

如果客人对酒店服务合同的部分格式条款的理解发生争议的,应当按照通常理解和不利于酒店利益的解释规则。

霸王条款是指酒店单方面制定的逃避法定义务,减免自身责任的不平等的格式条款。当前酒店常见的霸王条款有如下几种。

(1)本促销活动最终解释权归酒店营销部。
(2)本店停车系免费,车辆损坏或丢失,本店一概不负责。
(3)谢绝客人自带酒水。
(4)本店商品,一经售出,概不退换。

酒店合同中的霸王条款都是酒店的内部规定,未与酒店客人协商的条款,而且是免除酒店责任,或是加重客人责任的不平等格式条款,因此,从我国《合同法》追求公平的立法原则来看,霸王条款是没有法律效力的。

同步案例　　酒店住宿十几分钟却全额收费

2016年11月14日23时左右,从烟台到济南转机的邱先生入住当地大明金富豪酒店。交完押金后到房间坐了十来分钟,因屋里挺冷的,条件也不好,就起身下楼去退房,不料服务员说退房可以,但必须要付全款。最终,邱先生先前交的300元押金被扣掉了160元。

酒店方解释,住十几分钟也得交全款是酒店早就规定的,而且交上押金到房间的时候,服务员都会问客人是否满意。况且酒店也没办法,什么人都有,有的进来洗洗脸梳梳头就下来说要退房,还有进了房间只上个厕所就要退房的,酒店总不能都不收钱吧。

评析:(1)酒店"住十几分钟而让住客交纳全额房费"的规定,明显是霸王条款,而且是明显加重酒店客人的责任,所以是无效的。

(2)同时,新修订的《中国旅游饭店行业规范》第十条指出:酒店应在前厅显著位置明示客房价格和住宿时间结算方法,或者确认已将上述信息用适当方式告知客人。该酒店并无明确的规定和处理方法,所以该霸王条款带有明显的欺诈性质。

第三节 酒店服务合同的效力和履行

一、酒店服务合同效力

酒店服务合同效力是指酒店服务合同签订后所产生的法律上的约束力。主要表现为对酒店服务合同当事人有约束力,酒店与客人双方产生一定的权利义务关系,而且这种权利义务关系受法律保护,任何一方不履行,要承担相应的法律责任。酒店服务合同产生效力的条件有以下几个方面。

1. 主体合格

酒店和客人双方是否具有相应的民事权利能力与行为能力,以及代理人是否有资格等。如果合同主体不合乎法律的要求,酒店服务合同订立将无法律效力,形成无效的酒店服务合同。

2. 意思表示真实

所谓意思表示真实,指酒店与客人在订立合同过程中任何一方表示于外部的意思与其内心真实意思是一致的,不存在任何一方因欺诈、胁迫或乘人之危而做出的不真实、不自由的意思表示。

3. 内容合法

所谓内容合法,就是酒店与客人订立的合同内容不得违反法律,也不得损害社会公共利益。例如,酒店不得容留客人在客房内从事吸毒、卖淫、嫖娼等违法活动。

因此,要注意:"合同成立"并不同于"合同生效"。

二、无效酒店服务合同

无效酒店服务合同是指酒店与客人签约成立,由于违反法定事由而不受法律保护,没有法律约束力的酒店服务合同。无效酒店服务合同只能由人民法院、仲裁机构确认,而不能由酒店、客人,或任何其他第三方来确认。无效酒店服务合同的确认主要依据下列几种情况。

（1）酒店和客人一方或双方不具有合同主体资格。
（2）酒店和客人任何一方以欺诈、胁迫的手段订立合同，并损害国家利益。
（3）违反法律或损害社会公共利益：恶意串通，损害国家、集体或者第三人利益；以合法形式掩盖非法目的；损害社会公共利益；违反法律、行政法规的强制规定。

对于无效酒店服务合同，酒店和客人可以采取返还财产、赔偿损失和折价补偿等方式，尽量让双方利益恢复到合同未订立时的状态。

三、可变更和可撤销的酒店服务合同

可变更和可撤销酒店服务合同是酒店服务合同成立之后，存在法定事由，由酒店或客人一方提出申请，人民法院或仲裁机构在审理后可准许变更或撤销有关内容的酒店服务合同。同样的，可变更和可撤销酒店服务合同只能由人民法院、仲裁机构确认，而不能由酒店、客人，或任何其他第三方来确认。可变更和可撤销酒店服务合同的确认主要依据下列几种情况。

（1）必须具有法定事由；存在"重大误解"；显失公平；一方以欺诈、胁迫的手段或者乘人之危，使对方在违背真实意思的情况下订立合同的事由。
（2）必须有一方当事人请求变更或撤销。
（3）必须是由人民法院、仲裁机构来行使。

可变更和可撤销酒店服务合同一经人民法院或仲裁机构确认，酒店和客人便可以采取停止履行、返还财产和赔偿损失等方式，尽量让可变更和可撤销酒店服务合同的法律效力中止。

四、酒店服务合同的履行

酒店服务合同的履行是酒店服务合同具有法律约束力的首要表现，是指酒店服务合同双方当事人，依法完成合同规定的义务和实现各自权利。酒店服务合同的订立是前提，酒店服务合同的履行是关键。

1. 坚持全面履行原则

坚持全面履行原则指当事人除按合同规定的标的履行外，还要按合同规定的数量、质量、期限、地点、价金、结算方式等各方面全面、适当地履行。不能用其他标的来代替合同标的，也不能以偿付违约金、赔偿金来代替履约。

知识链接

酒店服务合同由于即时性特点，又大多是口头约定，使得其履行存在诸多问题，产生的主要纠纷表现为以下几个方面。

（1）酒店事先收取费用，客人来店后不能住宿或就餐。酒店由于超额预订和其他原因，同意满足客人的预订要求，还预先收取了费用，但最后酒店却不能如期

履行接待客人的承诺。

(2) 客人"No-Show"或临时随意取消预订。部分客人向酒店预订了某项服务,不履行该预订合约,又不及时通知酒店,造成酒店服务应对被动和利益受损。

(3) 降低接待或服务标准。部分酒店的对客服务质量名不副实,达不到国家规定的质量标准。

(4) 客人逃账等。有的客人不履行付费义务,不结账就自行离店,严重损害了酒店的经营利益。

还有的酒店在客人消费过程中增设开瓶费、菜价高于平时的价格、席菜抽条、限定消费时间等。此外,有的酒店趁机设陷阱,年夜饭的菜肴都会起一些花哨的名字,但并不标明用什么原料,多少分量,结果却是名不副实,待菜品上桌后消费者直呼上当。

2. 诚实信用履行原则

酒店服务合同当事人应根据合同的性质、目的和交易习惯履行通知、协助、保密等义务。

五、履行担保

酒店服务合同的担保,是指在订立酒店服务合同时,为保证其履行,酒店和客人双方经协商一致采取的具有法律效力的保证措施。常用的酒店服务合同担保有保证和定金两种形式。

1. 保证

保证是指保证人和酒店约定,当酒店客人不履行债务时,由保证人按照约定履行相应债务的行为。

2. 留置

留置是指当酒店客人不按照合同约定的期限履行债务,酒店有权留置其在酒店内的财产的行为。

3. 订金

订金是指酒店客人依法或者约定,按照合同标的额的一定比例,预先支付给对方当事人的货币。其性质既有履行担保功能,又有违约补救功能。

第四节 酒店服务合同的变更、终止和解除

一、酒店服务合同变更

酒店服务合同变更是指酒店服务合同成立以后,尚未履行完毕之前由酒店和客人双方依法对原合同的内容所进行的修改或补充。其包括以下3层含义。

（1）原酒店服务合同关系存在。酒店服务合同的变更是在原酒店服务合同成立以后，尚未履行完毕之前进行的，所以原酒店服务合同关系存在，没有变更的条款依然具有法律效力。

（2）酒店服务合同内容部分变动。例如，酒店服务合同中餐饮数量、客房类型与等级的变化等。

（3）当事人协商一致。

二、酒店服务合同终止

酒店服务合同终止是指酒店服务合同当事人双方终止合同关系，合同所确定的当事人之间的权利、义务关系消灭。

1. 结账终止

客人结算完消费账务，履行完客人消费付款义务，并结束在酒店的消费活动，则酒店服务合同关系终止。

2. 解除终止

客人也可以由于计划有变提前退房，提前结束酒店住宿服务合同。但客人一定要事先通知酒店，并取得酒店的同意；同时客人也要积极配合酒店，做好退房结账的相关工作。因此，当酒店和客人任何一方要解除酒店服务合同时，都要及时通知对方，并且给对方提供协作等义务。当酒店服务合同终止后，双方的权利义务关系即宣告结束。

三、酒店服务合同解除

酒店服务合同解除是指酒店服务合同成立并生效后，因双方当事人的协议或者法定事由，而使合同权利义务关系终止的行为，即在合同关系有效期未满前，当事人提前终止合同的效力。酒店服务合同解除包括双方协议解除和单方法定解除两种形式。其中，酒店服务合同单方法定解除情形有下列几种。

（1）因不可抗力事件，致使酒店服务合同的义务不能履行。

（2）在履行期限届满之前，客人和酒店任何一方明确表示或者以自己的行为表示不履行主要债务。

（3）酒店和客人任何一方在酒店服务合同履行期间存在违法行为的。

（4）法律规定的其他情形。

四、酒店服务合同解除的法律后果

酒店服务合同的解除，其通知或协议应当采取书面形式；合同解除不影响当事人要求赔偿的权利、不影响合同中约定的清算条款、不影响约定的解决争议的条款。

需要注意的是，酒店服务合同终止与酒店服务合同解除的"结果"相同，但"过程"不同：①解除是终止的特殊形式；②出现的情形不同。

第五节 酒店服务合同违约责任

一、酒店服务合同违约责任

违反酒店服务合同的责任,又称酒店服务合同违约责任,是指酒店服务合同当事人不履行或不完全履行合同所规定的义务,依据法律规定或酒店服务合同约定所应承担的法律责任。

二、违约责任的严格责任原则

有违约事实,违约方就必须承担违约责任(在发生不可抗力的情况下除外)的原则。违约事实是客观条件,包括合同完全没有履行和合同没有完全履行的两种情况。严格责任原则不要求证明违约方是否有过错事实,无论是故意还是过失,主观上有无过错,都要承担违约责任。

补充:过错责任原则,需要满足存在"违约事实+过错事实"。在发生违约事实的情况下,谁有过错,即由谁承担违约责任,没有过错的当事人不承担违约责任。

三、违约责任的承担方式

1. 继续履行

继续履行是指一方违约偿付了违约金后,根据对方的要求,在对方指定或双方约定的期限内,继续履行合同中规定的义务。

2. 补救措施

补救措施是指违约方采取的除继续履行、支付违约金、订金等方式以外的其他补救措施。例如,酒店餐饮服务合同中,如菜品口味不符合要求,可采取换菜、打折、赠送等方式承担违约责任。

3. 赔偿损失

赔偿损失是指合同当事人由于不履行合同义务或者履行合同义务不符合约定,给对方造成财产上的损失时,由违约方以其财产赔偿对方所蒙受的财产损失的一种违约责任形式。赔偿损失是世界各国一致认可的也是最重要的一种违约救济方法。构成违约赔偿损失的条件有损害事实和违约行为,而且两者之间有因果关系。赔偿损失的依据应以违约给对方所造成的损失为标准,不能随意夸大损失,赔偿不能超过订立合同时的预期收益;对于因经营欺诈给对方造成的违约损失采取两倍的惩罚性赔偿;对于违约损失,双方要积极努力,尽量减小违约损失。

四、违约金

违约金是指合同当事人依法规定或者约定,一方违约时向对方支付的一定数量的货币。

违约金属于承担违约责任的一种形式,是以"补偿性"为主、"惩罚性"为辅的违约责任承担形式。违约金分为法定违约金与约定违约金。违约金为约定违约金,应当在合同中订立,没有订立约定违约金的合同,当事人无权要求另一方偿付违约金;违约金的数额应与违约损失大体相当,如果违约金过高或过低于违约损失,当事人可以请求仲裁机构或者法院予以适当减少或增加。

五、定金

定金是指合同当事人依法或者约定,按照合同标的额的一定比例,预先支付给对方当事人的货币。定金既有履行担保功能,又有违约补救功能。

1. 定金与违约金区别

(1) 定金预先支付,违约金事后补救。

(2) 定金为双向担保,违约金是单向的。

(3) 定金有定金制裁(支付定金方违约,无权要求返还定金;收取定金方违约,双倍返还定金),违约金无此罚则。

(4) 定金责任为惩罚性责任,以惩罚为核心,不以有实际损失为条件,违约金是补救性责任,以补偿损失为要务。

对于合同中既有定金,又有违约金约定的,一般由受偿方选一种方式而获得补偿。

2. 定金与押金

定金与押金都采取货币担保形式,都是预先向合同一方支付货币。但两者还是存在以下不同点。

(1) 功能不同(定金有担保和违约补救功能,押金具有担保功能,而不具违约补救功能)。

(2) 金额不同(定金一般在标的额的 20% 以下,押金可以超过或者等于合同标的额)。例如,消费者租 VCD、书籍等一般支付押金。

(3) 罚则不同(定金有定金制裁,而押金没有)。

3. 定金与订金

定金与订金(就是"预付款")都属于预先支付货币的形式,但一字之差,法律意义也大不同。

(1) 功能不同。定金有担保功能,可以保证合同双方履行合同,否则会有定金制裁给违约方予以制裁;而订金不具担保功能,任何一方合同违约,都可申请返回订金。

(2) 金额不同。定金一般在标的额的 20% 以下,订金可以超过、少于或者等于合同标的额。

(3) 罚则不同。定金有定金制裁,而订金没有。

对于酒店服务合同中收取的价款,如果没有明确是定金或订金的,一律视为订金,也就是法律意义上的"预付款"。

案例分析

一天上午,一顾客来到总服务台,要求取消前几天预订好的两桌寿宴,并要求退还预交的200元订金,这时总台服务员按照酒店的有关规定向这位顾客做出解释如下:要取消须提前一天办理,而此时是当日,许多您预订的菜品已准备好,此时取消会给酒店造成很大损失,酒店收取订金的目的就是避免此类损失,请您理解。这时客人发火了,并拿出酒店开出的订金收据与酒店论理,并要求见大堂经理。经理接过收据仔细一看,上面写得清清楚楚,张先生,预订2003年11月6日中午餐厅雅间2桌,标准500元/桌,并注明了订金200元,没有什么不妥。这时客人严厉地说:"上面写得很清楚,我是'预订',不是'预定',我交的是'订金',非'定金',你们读过书没有?我这个'订'是可以改变的,而这个'定'才是不可变更的,为什么不能退?"

问题: 分析该客人的主张是否有道理?

六、不可抗力

不可抗力是指不能预见、不能避免、不能克服的客观情况,主要包括地震、水涝、洪灾等自然灾害现象,以及政治骚乱、罢工、战争等社会现象。

对于因不可抗力造成酒店服务合同不能部分或全部履行,可以部分或者全部免除违约责任,但有时间限制,即迟延履行义务发生不可抗力的,不能免除责任。

案例分析

酒店该不该退预订酒席的押金?

6月16日张先生到某酒店预订了7月4日中午在一楼大厅举办宴席,交付了1500元押金,酒店开具了注明有"若有变动,押金不退"的收据。6月20日张先生因肠炎住院治疗。21日张先生家人与酒店电话联系,说明情况,希望退订。24日酒店回复不能退订。于是25日张先生家人亲自到酒店交涉,希望往后延迟。28日酒店电话回复说不能延迟,张先生只好取消在该酒店举办宴席的计划。现在张先生希望讨回押金……

问题: 张先生生病是否属于不可抗力,他能否退回押金?

七、酒店服务合同纠纷处理

酒店服务合同纠纷是指当事人双方对酒店服务合同履行的情况和对不履行或者不完全履行酒店服务合同的后果产生的争议。其处理方式如下。

(1) 协商和解解决。
(2) 调解解决。
(3) 诉讼解决(二审判决为终审判决)。

本章小结

本章对酒店服务合同进行了系统介绍。首先从合同法和合同入手,重点介绍了酒店服务合同的概念、特征、内容和形式;随后对酒店服务合同订立进行了介绍,包括酒店服务合同订立的主体资格、无效酒店服务合同和可撤销、可变更酒店服务合同的认定等问题;最后对酒店服务合同的履行和违约问题进行了阐述。重点探讨了定金与订金的区别、信用担保在酒店服务合同履行中的应用,以及不可抗力和违约责任的免除等问题。

关键概念

合同　酒店服务合同　要约　承诺　无效酒店服务合同　可撤销酒店服务合同　格式条款　违约责任　不可抗力　违约金　定金　订金

思考与练习

一、不定项选择题

1. 我国《合同法》的立法原则有(　　)。
 A. 平等原则　　　　B. 自愿原则　　　　C. 公平原则
 D. 诚实信用原则　　E. 依法和符合社会公共利益原则

2. 酒店服务合同的形式,是指酒店和客人之间订立合同的方式,包括(　　)。
 A. 当面交谈的形式　　　　　　　B. 书面的形式
 C. 传真的形式　　　　　　　　　D. 电子邮件的形式

3. 根据有关法律的规定,关于公民的民事行为能力说法正确的有(　　)。
 A. 有民事权利能力就有民事行为能力
 B. 根据公民的年龄和智力状况,公民的民事行为能力分为两种
 C. 达到法律年龄,能够通过自己的独立行为进行民事活动并独立承担民事责任的是完全民事行为能力
 D. 完全不具有以自己的行为取得权利和设定义务的资格的为无民事行为能力

4. 根据我国《合同法》的有关规定,当酒店服务合同的主要条款不具备下列哪些内容时,酒店服务合同不能成立(   )。
   A. 当事人的名称或姓名   B. 当事人的住所
   C. 标的   D. 解决争议的方法

5. 我国《合同法》第十五条对要约邀请做了规定,即将寄送的(   )、酒店商业广告等规定为要约邀请。
   A. 酒店价目表   B. 酒店拍卖公告
   C. 酒店招标公告   D. 酒店招股说明书

6. 订立酒店服务合同的程序,包括(   )等阶段。
   A. 要约   B. 要约邀请   C. 承诺   D. 变更

7. 某酒店客房内备有零食、酒水供房客选用,价格明显高于市场同类商品。房客关某缺乏住店经验,又未留意标价单,误认为系酒店免费提供而饮用了一瓶洋酒。结账时酒店欲按标价收费,关某拒付。下列哪一选项是正确的?(   )
   A. 关某应按标价付款   B. 关某应按市价付款
   C. 关某不应付款   D. 关某应按标价的一半付款

8. 北京建国酒店与上海申花足球俱乐部订立了一份客房销售书面合同,建国酒店签字、盖章后邮寄给上海申花足球俱乐部签字、盖章。该合同于何时成立?(   )
   A. 自建国酒店与上海申花足球俱乐部口头协商一致并签订备忘录时成立
   B. 自建国酒店签字、盖章时成立
   C. 自建国酒店将签字、盖章的合同交付邮寄时成立
   D. 自上海申花足球俱乐部签字、盖章时成立

9. 依据我国《合同法》的有关规定,酒店服务合同违约责任的承担主要有(   )等方式。
   A. 预付订金   B. 继续履行
   C. 采取补救措施   D. 赔偿损失

10. 根据我国《合同法》规定,酒店服务合同的违约人承担支付赔偿金责任,应当同时具备(   )。
    A. 有违约行为
    B. 当事人主观上有过错
    C. 有财产上的损害事实
    D. 违约行为与损害事实之间有因果关系

11. 酒店服务合同承担违约责任的方式有(   )。
    A 实际履行   B. 采取补救措施   C. 赔偿损失
    D. 交付违约金   E. 罚款

12. 当酒店服务合同在履行过程中遭遇不可抗力时,一方当事人应履行(   )义务,才能部分或全部免除违约责任。

A. 及时通知　　　　　　　　　　B. 经对方当事人同意
C. 经上级主管机关批准　　　　　D. 提供证明
13. 作为酒店格式条款提供者,酒店应承担的责任是(　　)。
A. 确定酒店与客人之间的权利义务应当遵循公平原则
B. 履行提示义务
C. 履行说明义务
D. 经上级主管部门批准

二、思考题
1. 什么是合同？合同有哪些法律特征？
2. 酒店服务合同的主要条款有哪些？
3. 承担酒店服务合同违约责任的方式有哪些？
4. 酒店服务合同中的霸王条款为何大多在法律上无效？

三、案例分析题

婚宴预订好后被告知酒店停业

长春市民小徐和男朋友准备2016年8月结婚,2016年1月25日就在百屹会馆的餐厅预订了40桌新婚喜宴,并且交了2000元的押金,酒店的地址也通知了亲戚朋友。6月1日,小徐接到了长春市南关区东风村委会的电话,称百屹会馆已被东风村收回,将于近日停业整顿,让两人去酒店办理退款手续。两人找到东风村委会,村委会人员称酒店6月27日之前停业整顿,所有的预订客户都将退款。

"如果酒店停业,附近很难再找一家酒店订40桌来替换,这样一来,婚礼可能要延期举行,但是我们近期筹备婚礼花费了不少钱,光雇车队就交了2000元订金。"所以,小徐和男友要求东风村方面赔偿各项连带损失共8000元。东风村委会一工作人员表示,得知小徐和男友要求赔偿损失后,东风村提出了3个解决方案,可以返还两人双倍的押金,也就是4000元;可以帮忙介绍其他酒店,但没有一家酒店得到两人的认可;如果两人坚持要在百屹会馆举行婚礼,东风村可以免费提供场地及支付水电费,但是要两人自己外聘厨师。

试问:请分析市民小徐的法律诉求是否合理,能否得到法律支持？

第五章

酒店劳动管理

学习目标

1. 认识和了解劳动法和酒店劳动合同,了解社会保险知识。
2. 理解酒店服务合同订立、变更、终止和解除等法律规定。
3. 掌握法律对酒店劳动条件和工资的有关规定。

案例导入

2013年10月5日闻某到珠海某酒店务工,2014年3月4日向酒店提出辞职。离职时,该酒店准备与其结清离职当月的工资,但闻某认为,该酒店没有与他签订书面劳动合同,根据《劳动合同法》规定,单位不与劳动者签订劳动合同应支付双倍工资,于是要求该酒店除结清本月工资外,再支付五个月的赔偿金。酒店拒绝了闻某的要求。

思考:闻某的要求是否合理,闻某又该如何维权?

第一节 酒店劳动合同

一、劳动法及劳动合同法介绍

目前实施的《中华人民共和国劳动法》是1994年制定,并于1995年1月1日施行,并于2008年修订的;《中华人民共和国劳动合同法》则是2007年制定,2008年1月1日施行,并于2012年12月28日修订的。

劳动法以劳动关系为主要调整对象,同时也调整与劳动关系有密切关系的其他社会关系。劳动合同法是为了完善劳动合同制度,构建和发展和谐稳定的劳动关系而制定的法律。

二、劳动合同概念及特征

劳动合同是劳动者与用人单位确立劳动关系,明确双方权利和义务的协议。劳动合同是确立劳动关系的法律依据。

(1) 劳动合同的主体为用人单位和劳动者。
(2) 劳动合同的双方当事人具有从属关系。
(3) 劳动合同一般有试用期的规定。
(4) 签订劳动合同的目的在于保证劳动过程的实现,而不是劳动成果的给付。

三、劳动合同的分类

1. 根据合同期限不同来划分
(1) 有固定期限劳动合同。
(2) 无固定期限劳动合同。
(3) 以完成一定工作为期限的劳动合同。

2. 根据就业方式的不同来划分
(1) 全日制劳动合同。
(2) 非全日制劳动合同。

四、劳动合同的形式

1. 书面形式
用人单位自用工之日起,就与劳动者建立了劳动关系,应当订立书面的劳动合同。

2. 口头形式
非全日制用工的劳动合同可以采取口头协议。

3. 未订立书面劳动合同情形的法律后果
用人单位自用工之日起1个月内未订立书面劳动合同,且未满1年的,应当向劳动者每月支付2倍工资;超过1年的,视为用人单位与劳动者已订立无固定期限劳动合同。

五、劳动合同的内容

劳动合同的内容,即劳动合同的条款,是指劳动合同双方当事人的权利和义务的具体规定,包括法定条款和约定条款。

1. 法定条款
(1) 用人单位的名称、住所和法定代表人或者主要负责人。
(2) 劳动者的姓名、住址和居民身份证或者其他有效身份证件号码。
(3) 劳动合同期限。
(4) 工作内容和工作地点。

(5) 工作时间和休息休假。
(6) 劳动报酬。
(7) 社会保险。
(8) 劳动保护、劳动条件和职业危害防护。
(9) 法律法规规定的应当纳入劳动合同的其他事项。

2. 约定条款
(1) 试用期条款。
(2) 服务期条款。
(3) 保密事项条款。
(4) 竞业事项条款。
(5) 违约金和赔偿金条款。
(6) 补充保险。
(7) 福利待遇。

六、劳动合同的订立与变更

1. 劳动合同订立

劳动合同订立是用人单位与劳动者应当在平等自愿、诚实信用和协商一致的原则下在劳动合同文本上签字或盖章的过程。

2. 劳动合同变更

劳动合同变更是指在劳动合同履行过程中,用人单位和劳动者对已经生效的劳动合同条款进行修改的行为。

劳动合同变更必须在双方协商一致的原则下进行。

用人单位发生合并、分立等情况,不影响劳动合同的效力,劳动合同由继承其权利和义务的用人单位继续履行。

七、劳动合同的终止

1. 劳动合同期满终止的情形
(1) 劳动合同期满。
(2) 劳动者开始依法享受基本养老保险待遇。
(3) 劳动者死亡,或者被人民法院宣告死亡、失踪的。
(4) 用人单位依法宣告破产的。
(5) 用人单位被吊销营业执照、责令关闭、撤销或者用人单位决定提前解散的。
(6) 法律规定的其他情形。

2. 劳动合同期满不能终止的情形
(1) 患病或因工负伤,在规定医疗期内的。
(2) 女职工怀孕期、产期、哺乳期。
(3) 在酒店连续工作满15年,且距法定退休年龄不足5年的。

(4) 法律规定的其他情形。

劳动合同期满,非劳动者原因不愿续订劳动合同的,用人单位应当向劳动者支付经济补偿。

八、无效劳动合同

无效劳动合同是酒店和员工违反法律或者平等、自愿原则签订的对当事人全部或部分不具有法律效力的劳动合同。无效劳动合同的情形有如下几种。

(1) 以欺诈、胁迫的手段或乘人之危,使对方在违背真实意思的情况下订立或者变更劳动合同的。

(2) 酒店免除自己的法定责任、排除员工权利的。

(3) 违反法律的其他情形。

九、劳动合同解除

劳动合同解除是指劳动合同签订后,没有履行完毕之前,由于一定事由出现而提前终止劳动合同的法律行为。

(1) 双方协商解除劳动合同。

(2) 酒店单方解除劳动合同而无须告知。

①在试用期间被证明不符合录用条件的。

②严重违反酒店规章制度的。

③严重失职、营私舞弊,给酒店造成重大损害的。

④被依法追究刑事责任的。

(3) 酒店单方解除劳动合同要预先告知。

酒店员工无过错,但出现法定情形,酒店有权单方解除合同,但要预先告知并支付经济补偿金。

①酒店员工患病或因公负伤,在规定的医疗期满后不能从事原工作,也不能从事由酒店另行安排工作的。

②酒店员工不能胜任工作,经过培训或调整工作岗位,仍不能胜任工作的。

③客观情况变化致使劳动合同无法履行,经酒店和员工协商,未能就变更劳动合同内容达成协议的。

(4) 酒店因经济性裁员解除劳动合同。

酒店需裁减20人以上或不足20人但占酒店员工人数10%以上,酒店须提前30天向工会或全体员工通告,并向当地劳动管理部门报批。

(5) 酒店员工单方解除劳动合同要预先告知。

试用期员工:提前3日书面通知而无须酒店批准。

正式期员工:提前30天书面通知而无须酒店批准。

没有履行预先告知义务,酒店员工解除合同要赔偿酒店的经济损失。

(6) 酒店员工随时通知解除劳动合同。

①未按劳动合同约定提供劳动保护和劳动条件的。

②未及时足额支付劳动报酬的。
③未依法为劳动者缴纳社会保险费的。
④酒店规章制度违法,损害员工权益的。
⑤其他。
(7) 酒店员工无须通知立即解除劳动合同。
①酒店以暴力、威胁或非法限制人身自由的手段强迫员工劳动的。
②酒店违章指挥、强令冒险作业危及员工人身安全的。

第二节 酒店社会保险与劳动争议

一、工作时间

工作时间是指依国家法律规定劳动者在一昼夜或一周内用于完成本职工作的时间。

在酒店业,多实行标准工作日制度,即国家实行劳动者每日平均工作不超过 8 小时,每周平均工作时间不超过 44 小时。此外,还有缩短工作日(少于标准工作日的工作时间)、延长工作日(超过标准工作日的工作时间)、不定时工作日(劳动者的工作时间不受固定时数限制)、计件工作日(以劳动者完成一定劳动额为计酬标准)制度。

二、休息休假

休息休假是指劳动者根据法律规定,在用人单位任职期间,不必从事生产和工作而自行支配的时间。

(1) 一个工作日内的休息时间,包括午休和用膳时间。
(2) 两个工作日之间的休息时间。
(3) 休息日,是指职工工作满一个工作周以后的休息时间。
(4) 法定节假日。
(5) 探亲假,与父母或配偶分住两地的劳动者,享受带薪假期。
(6) 年休假,劳动者连续工作 1 年以上的,享受带薪年休假。

三、工资制度

工资是指基于劳动关系,用人单位根据劳动者提供的劳动数量和质量,按劳动合同规定支付一定的货币报酬。

1. 工资构成

(1) 计时工资,是根据员工的工资标准和实际工作时间的长短来计算,包括月工资制、日工资制和小时工资制。
(2) 计件工资。
(3) 奖金,是超额劳动的报酬。
(4) 津贴与补贴。

(5) 加班加点工资。

(6) 特殊情况下支付的工资，是指酒店员工因病、工伤、产假、婚假、丧假、探亲假、年休假、法定假日、参加社会活动等原因，酒店支付给员工的工资待遇。

(7) 工资计算。

$$年计薪天数 = 365 - 52 \times 2 = 261（天）$$
$$月计薪天数 = 261/12 = 21.75（天）$$
$$日工资 = 月工资/21.75$$
$$小时工资 = 日工资/8$$

2. 最低工资

最低工资是劳动者在法定工作时间内，提供了正常劳动前提下，酒店应当支付的保障员工个人及其家庭成员基本生活需要的最低劳动报酬。

(1) 不得作为最低工资的组成部分：①加班加点工资；②中班、夜班、高温、低温、井下、有毒有害等特殊环境、条件下津贴；③国家法律、法规、政策规定的劳动保险、福利待遇等。

(2) 国家实行最低工资保障制度，酒店支付员工的工资不得低于当地最低工资标准。

3. 工资支付规定

工资应当以货币形式支付，不得以实物及有价证券代替货币支付。酒店应当按月并约定固定日期一次性向员工支付工资。

案例分析

王某是某市一家星级酒店经理，2005年1月与酒店签订劳动合同，约定底薪30万元，根据完成经营指标的情况，按照营业额一定比例获得年终奖金，实行不定时工作制。2年下来，王某觉得没有节假日、休息日，工作很辛苦，并且经营指标年年提高，付出和收入不成比例，于2008年12月提出辞职，并要求酒店支付3年多来的加班工资。酒店认为，双方约定实行不定时工作制，不存在加班工资问题，拒绝了王某的要求。

问题： 王某的要求是否合理，为什么？

四、劳动安全

劳动安全是保护劳动者生命安全的劳动保护法律制度。

(1) 用人单位的安全生产保障义务。

①具有符合安全生产的条件，例如，为客房楼层清洁人员配备手套、在公共区域设置消防设施等。

②安全培训。

③设置安全警示标志。

(2) 劳动者的安全生产保障权利和义务。

(3) 安全生产法律责任。

五、劳动卫生与职业病防治

劳动卫生是保护劳动者身体健康的劳动保护法律制度。
(1) 前期预防义务。
(2) 劳动过程中的防护与管理义务。
(3) 职业病诊断与职业病病人保障义务。

六、酒店女职工特殊保护

(1) 法律规定,女职工在月经期间,不得安排从事高空、低温、冷水和国家规定的第3级体力劳动强度的劳动。
(2) 劳动法律规定,女职工生育享受不少于98天的产假。此外,女职工在小产期间,也享受一定时期的生育假和生育待遇。
(3) 法律规定,不得安排女职工在哺乳未满一周岁婴儿期间延长工作时间和夜班劳动。
(4) 禁止以肢体行为、语言、文字等形式,对女职工实施性骚扰,受到性骚扰的女职工有权向有关机关投诉。

七、养老保险及缴费

(1) 养老保险是指劳动者在因年老或病残而丧失劳动能力的情况下,退出劳动岗位,定期领取一定数额生活费用的一种社会制度。
(2) 企业缴费额为核定的企业职工工资总额乘以20%,转入养老保险社会统筹账户;职工个人缴费额为核定缴费基数乘以8%(目前为8%),转入养老保险个人账户。

八、失业保险及缴费

(1) 失业保险是指劳动者因失业而暂时失去劳动报酬时,由国家和社会给予一定物质帮助,以保障其基本生活并促进其再就业的一种社会保险制度。
(2) 参加失业保险,并履行缴费义务满1年的被动失业者,均可申请失业保险待遇。
(3) 用人单位按本单位职工上年度月平均工资总额的1.5%按月缴纳,职工个人按本人上年度月平均工资收入的0.5%缴纳,由所在单位按月代扣代缴。农民合同制工人个人不缴纳失业保险费。
用人单位职工上年度月平均工资低于本地上年度在岗职工月平均工资60%的,以上年度本地在岗职工月平均工资的60%作为基数按比例缴纳;职工上年度月平均工资高于本地上年度在岗职工月平均工资300%的,以上年度本地在岗职工月平均工资的300%作为基数按比例缴纳。

九、工伤保险及缴费

工伤保险是指依法对因公而致伤、疾病、残疾、死亡的劳动者或其供养的亲属给予物质帮助和经济补偿的一项社会保险制度。

1. 工伤的范围

在工作时间和工作场所内,因工作原因受到事故伤害的;工作时间前后在工作场所内,从事与工作有关的预备性或者收尾性工作受到事故伤害的;在工作时间和工作场所内,因履行工作职责受到暴力等意外伤害的;患职业病的;法律、行政法规规定应当认定为工伤的其他情形。

2. 视同工伤的情形

在工作时间和工作岗位,突发疾病死亡或者在48小时之内经抢救无效死亡的;在抢险救灾等维护国家利益、公共利益活动中受到伤害的。

3. 不认定工伤的情形

故意犯罪的;醉酒或者吸毒的;自残或者自杀的。

4. 工伤医疗的待遇

职工在工伤医疗期间,享受用人单位给予的不超过12个月的停工留薪期,特殊者,经设区的市级劳动能力鉴定委确认,最长延长12个月。

5. 工伤致残待遇

工伤致残后享受的护理费、生活待遇补助等费用由工伤保险基金支付。

6. 死亡待遇

职工因工伤死亡,其直系亲属可从工伤保险基金领取丧葬补助金、抚恤金和一次性工伤补助金。

7. 工伤保险费

用人单位缴纳工伤保险费的数额应为本单位职工工资总额乘以单位缴费费率(0.2%~2%)之积,职工个人不缴纳。

十、医疗保险及缴费

医疗保险是指劳动者患病或非因公负伤后,获得物质帮助的社会保险制度。

(1) 基本医疗保险费由用人单位和职工个人共同缴纳。

(2) 用人单位缴费为职工工资总额的6%,职工个人缴费为职工工资总额的2%。

十一、生育保险及缴费

生育保险是指保障女职工因怀孕和分娩而从社会上获得物质帮助的一种社会保险制度。

(1) 产假。

(2) 生育津贴。

(3) 生育医疗待遇。女职工生育的检查费、手术费、住院费和药费等医疗护理费用,由生育保险基金支付。

十二、酒店劳动争议

酒店劳动争议也称酒店劳动纠纷或劳资纠纷,是指酒店和员工之间,因劳动权利义务的履行问题而发生纠纷。

1. 劳动争议的处理范围

因确认劳动关系发生的争议；因订立、履行、变更、解除和终止劳动合同发生的争议；因除名、辞退和辞职、离职发生的争议；因工作时间、休息休假、社会保险、福利、培训以及劳动保护发生的争议；因劳动报酬、工伤医疗费、经济补偿或者赔偿金等发生的争议；法律、法规规定的其他劳动争议。

2. 劳动争议处理机构

（1）用人单位劳动争议调解委员会。

（2）各级劳动争议仲裁委员会。

（3）人民法院。

3. 劳动争议解决途径

（1）双方当事人协商和解。

（2）调解。

（3）仲裁。

（4）诉讼。

本章小结

本章对酒店劳动合同管理和社会保险的基本问题进行了介绍。酒店劳动管理包括酒店劳动合同的概念、订立、解除、终止，以及无效酒店劳动合同的认定等主要问题。此外，酒店劳动合同管理还涉及工作时间、休息休假、工资制度和劳动保护等重要内容。本章第二个重要部分介绍了酒店依法应缴纳的社会保险，主要包括养老保险及缴纳办法、医疗保险及缴纳办法、生育保险及缴纳办法、工伤保险及缴纳办法和失业保险及缴纳办法等。

关键概念

劳动关系　酒店劳动合同　固定期限劳动合同　无固定期限劳动合同　无效酒店劳动合同　最低工资　经济性裁员　试用期　计时工资　养老保险　医疗保险　生育保险　工伤保险　失业保险

思考与练习

一、选择题

1. 蓝天饭店招聘一批服务人员，在签订劳动合同时要求聘用人员（共十名）缴纳500元的押金和身份证件,劳动行政部门发现后对蓝天饭店进行了相应处罚,下列处罚措施中,不符合《劳动合同法》规定的是(　　)。

A. 责令蓝天饭店向聘用人员退还收取的500元押金

B. 责令蓝天饭店向聘用人员退还扣押的身份证

C. 对蓝天饭店处以总额为2000元的罚款

D. 对蓝天饭店处以总额为5000元的罚款

2. 张某自2008年4月1日起与北极星酒店(以下简称北极星)建立了劳动关系,2008年9月1日,双方发生争议并解除劳动关系,张某依法申请劳动仲裁,经审理查明双方一直未订立书面劳动合同,张某月工资为4000元(4至7月份的工资均已正常发放),三名仲裁员分别就该案阐述了自己的观点,其中正确的是(　　)。

A. 张某只能要求北极星支付4000元

B. 张某可以要求北极星支付40000元

C. 张某可以要求北极星支付20000元

D. 张某可以要求北极星支付24000元

3. 刚刚大学毕业的小周与甲公司订立了期限为两年的劳动合同,劳动合同中就试用期约定了若干事项,根据《劳动合同法》的规定,其中符合规定的是(　　)。

A. 试用期为三个月

B. 试用期间甲公司可以随意解除与小周的劳动合同

C. 试用期工资为转正后工资的80%

D. 劳动合同期限不包括试用期

4. 根据《劳动合同法》的规定,下列情形中,劳动者可以不需事先告知即解除劳动合同的是(　　)。

A. 用人单位未按照劳动合同约定提供劳动保护或劳动条件的

B. 用人单位未及时足额支付劳动报酬的

C. 用人单位以暴力、威胁或者非法限制人身自由的手段强迫劳动者劳动的

D. 用人单位未依法为劳动者缴纳社会保险费用的

5. 根据《劳动合同法》的规定,用人单位与劳动者已建立劳动关系,未同时订立书面劳动合同的,应当自用工之日起(　　)内订立书面劳动合同。

A. 3日　　　　B. 10日　　　　C. 15日　　　　D. 30日

6. 刘某在某酒店已经工作五年,刘某向酒店申请从2009年6月3日起休带薪年休假,酒店依法准假,已知2009年6月6日、7日为周六、周日,刘某应当在(　　)回公司上班。

A. 2009年6月6日　　　　　　B. 2009年6月8日

C. 2009年6月10日　　　　　D. 2009年6月13日

7. 根据《劳动合同法》的规定,酒店依法安排员工在休息日工作,不能安排补休的,应当按照不低于劳动合同规定的劳动者本人日或小时工资标准的(　　)支付员工工资。

A. 100%　　　　B. 150%　　　　C. 200%　　　　D. 300%

8. 根据《劳动合同法》的规定,酒店依法安排员工在法定节假日工作,不能安排补休的,应当按照不低于劳动合同规定的劳动者本人日或小时工资标准的(　　)支付员工工资。

A. 100%　　　　B. 150%　　　　C. 200%　　　　D. 300%

9. 根据《劳动合同法》的规定,国家实行劳动者每日工作不超过(　　)小时、平均每周工作不超过(　　)小时的工时制度。

A. 6　36　　　B. 8　44　　　C. 8　48　　　D. 9　45

10. 李某与甲饭店建立了劳动关系,2009年5月1日,酒店安排李某加班一天,李某向酒店要求支付加班工资时遭拒,酒店认为李某在加班时因操作不当造成机器设备损失1000元。下列不正确的是(　　)。

A. 酒店应当按劳动合同中规定的日工资标准的300%向李某支付加班工资
B. 如果甲饭店能够为李某安排补休,则无须向李某支付加班工资
C. 李某给单位造成的经济损失,可以从李某的工资中扣除
D. 如果甲饭店本月应付李某的工资总额(括应付的加班工资)为3000元,则甲公司最多可以扣发600元

二、简答题

1. 何为酒店劳动关系?
2. 简述劳动合同期满,酒店不能终止劳动合同的情形。
3. 简述酒店无须预先告知便可解聘员工的情形。
4. 酒店员工随时告知就可解聘劳动合同的情形有哪些?
5. 酒店员工的月计薪天数是多少?
6. 酒店员工的养老保险缴费比例是多少?
7. 酒店员工加班加点,如何计发工资?

三、案例分析题

杨女士大学毕业后应聘到一家星级酒店工作,与酒店订立一份为期1年的劳动合同,其中约定试用期为3个月(2008年1月1日至2008年3月31日)。签合同后,杨女士按要求向酒店交了500元的抵押金。在2008年3月15日酒店突然向杨女士发出了辞退通知,告知杨女士工作表现不理想,不符合录用条件,发给她半个月工资,要求其立刻办理交接手续。

请根据劳动合同法的有关规定,指出案例中存在的法律问题。

第六章

酒店星级评定

学习目标

1. 了解我国酒店星级评定管理的演变历程,认识到评定标准的变化与导向。
2. 理解酒店星级评定的术语、原则和组织管理。
3. 掌握星级酒店的划分条件与要求;熟悉酒店星级的申请和评定流程;知晓星级酒店检查的相关工作。

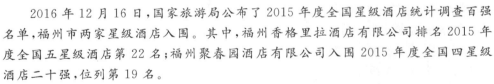

案例导入　福州市旅游局四着力抓好星级酒店管理

2016年12月16日,国家旅游局公布了2015年度全国星级酒店统计调查百强名单,福州市两家星级酒店入围。其中,福州香格里拉酒店有限公司排名2015年度全国五星级酒店第22名;福州聚春园酒店有限公司入围2015年度全国四星级酒店二十强,位列第19名。

今年以来,福州市旅游局把提高星级酒店整体服务水平,作为提质增效工作的有力抓手,着力推进星级酒店管理水平,提高旅游服务质量。

一是以组织领导为保障,着力落实工作责任。制定年度星级酒店管理工作方案,加强全市星级酒店诚信建设和安全生产标准化建设,具体工作分级负责,层层抓落实。根据《旅游饭店星级的划分与评定》(GB/T 14308—2010)国家标准,依托福州市星级酒店评定委员会,持续深化星级酒店服务质量规范化,圆满完成2016年度星级酒店复核复评工作。

二是以旅游业发展为前提,着力落实优胜劣汰。建立星级酒店动态管理机制,对无法达到星级标准的酒店坚决予以取消,促进星级酒店重视硬软件建设,提升整体运营质量和服务水平,有效维护了星级酒店标准的严肃性。2016年,全市新增1家三星级酒店,取消4家星级酒店资格。福州贸总酒店被评为三星级酒店。同时,

国谊（福建）大酒店、福建天福大酒店、福州罗源湾大酒店、福州金辉大酒店4家星级酒店因无法达到所持有星级标准，被福州市星级饭店评定委员会取消星级酒店的资格。

三是以满意服务为宗旨，着力开展技能培训。采取"请进来"的方式，开展形式多样、内容丰富的酒店管理人员素质提升培训，不断提高酒店从业人员职业素养和技能。连续多年举办酒店企业技能大赛，以赛促训，向全社会展示福州市酒店企业从业人员的服务技能和服务水平，树立酒店企业服务人员的全新形象，提升旅游行业从业人员的整体素质，推动服务质量和管理水平再上新台阶。

四是以规范经营秩序基础，着力提高服务质量。通过完成星级酒店安全生产标准化建设、组织旅游行业市场秩序检查、开展星级酒店复核复评工作、官网公开旅游星级酒店名单信息等手段，牢固树立酒店从业人员"游客为本 服务至诚"的服务意识，提升星级酒店服务质量，让宾客住得安心、放心、舒心、称心。

思考：福州市旅游局是根据哪些国家标准完成2016年度星级酒店复核复评工作的？

第一节　酒店星级评定概述

一、我国酒店星级评定管理的演变

我国酒店的星级评定制度是实现酒店管理与国际标准接轨的重要举措。改革开放初期，我国酒店没有统一的质量等级评定制度，总体管理水平相对落后，难以适应当时涉外旅游客人的接待需求。为了使我国酒店业的经营管理与国际水平靠拢，1986年国家旅游局决定把评定酒店星级列为工作重点，1988年8月2日国家旅游局正式颁布了《中华人民共和国评定旅游涉外饭店星级的规定和标准》，并在同年在广州市进行酒店星级评定的试点工作；1989年5月25日国家旅游局公布了首批一至四星级酒店22家，从此我国酒店管理纳入了符合国际酒店等级标准的法制轨道。

1993年9月1日国家技术监督局正式批准并发布了《中华人民共和国旅游涉外饭店星级的划分及评定》（GB/T 14308—93），并于同年10月1日实施；经过几年的实践，国家旅游局于1997年修订并重新发布了新的《中华人民共和国旅游涉外饭店星级的划分及评定》（GB/T 14308—97），新标准于1998年5月1日起正式实施；随着社会经济发展水平和酒店行业快速发展和市场分化2010年10月18日，中国国家标准化管理委员会发布了《旅游饭店星级的划分与评定》国家标准GB/T 14308—2010，并规定该标准于2011年1月1日起实施，2003年6月25日，国家质量监督检验检疫总局颁布了《旅游饭店星级的划分与评定》国家标准GB/T 14308—2003，并规定该标准于2003年12月1日起实施；7年后的2010年10月18日，中国国家标准化管理委员会发布了《旅游饭店星级的划分与评定》国家标准GB/T

14308—2010,并规定该标准于 2011 年 1 月 1 日起实施。近年来,随着我国创新经济模式不断涌现,旅游饭店业市场经营日益多元化,为更好地满足广大游客需求,加快旅游酒店业转型升级,积极适应市场变化、绿色经济和全域旅游发展需求,国家旅游局决定 2017 年 9 月正式启动国家标准《旅游饭店星级的划分与评定》(GB/T 14308—2010)的修订工作,相信不久,新的旅游饭店星级标准就会出台。

二、酒店星级评定的术语

新的《旅游饭店星级的划分与评定》(GB/T 14308—2010)规定了如下术语和定义。

1. 旅游饭店

该标准将旅游饭店(tourist hotel)定义为:以间(套)夜为单位出租客房,以住宿服务为主,并提供商务、会议、休闲、度假等相应服务的住宿设施,按不同习惯可能也被称为宾馆、酒店、旅馆、旅社、宾舍、度假村、俱乐部、大厦、中心等。

2. 星级划分

五角星的数量和颜色表示旅游酒店的星级。旅游酒店星级分为五个级别,即一星级、二星级、三星级、四星级、五星级(含白金五星级)。最低为一星级,最高为五星级。星级越高,表示酒店的等级越高。

3. 星级标志及管理

星级标志由长城与五角星图案构成,用一颗五角星表示一星级,两颗五角星表示二星级,三颗五角星表示三星级,四颗五角星表示四星级,五颗五角星表示五星级,五颗白金五角星表示白金五星级。

星级标志应置于酒店前厅最明显位置,接受公众监督。酒店星级标志为证明商标,任何单位或个人未经授权或认可,不得擅自制作和使用。同时,任何酒店以"准×星"、"超×星"或者"相当于×星"等作为宣传手段的行为均属违法行为。酒店星级证书和标志牌由全国旅游酒店星评委统一制作、核发。

4. 有限服务酒店

一星级、二星级、三星级酒店是有限服务酒店,评定星级时应对酒店住宿产品进行重点评价。

5. 完全服务酒店

四星级和五星级(含白金五星级)酒店是完全服务酒店,评定星级时应对酒店产品进行全面评价。

6. 星级评定的范围及星级的有效期

根据星级评定的规定,开业一年后的酒店可申请星级,经星级评定机构评定批复后,可以享有三年有效的星级及其标志使用权。

三、评定标准的变化与导向

新的《旅游饭店星级的划分与评定》(GB/T 14308—2010)与旧的 GB/T 14308—2003 相比,主要技术内容变化如下。

(1) 新标准更加注重对酒店住宿和餐饮等核心产品的考查,弱化配套设施。
(2) 将酒店进行分类评定,明确一、二、三星级酒店定位为有限服务酒店,四、五星级酒店为完全服务酒店。
(3) 突出绿色环保的要求。
(4) 强化安全管理要求,将应急预案列入各星级的必备条件。
(5) 提高酒店服务质量评价的操作性。
(6) 增加例外条款,引导和鼓励酒店开展特色经营,走差异化发展之路。

四、星级评定的原则

1. 整体性原则

酒店评定星级时不应因为某一区域所有权或经营权的分离,或因为建筑物的分隔而区别对待,酒店内所有区域应达到同一星级的质量标准和管理要求。否则,各级星评委对酒店申请星级不予批准。

2. 动态性原则

酒店评定星级后,因酒店变化导致达不到原星级标准的,或在营运中发生重大安全责任事故,所属星级将被降级或立即取消,相应星级标识不能继续使用。

3. 例外原则

对于以住宿为主营业务,建筑与装修风格独特,拥有独特客户群体,管理和服务特色鲜明,且业内知名度较高旅游酒店的星级评定,可以直接向全国旅游星级酒店评定机构申请星级。

五、星级评定的组织管理

1. 国家星评委

国家旅游星级饭店评定委员会(简称"国家星评委")是我国旅游酒店星级评定的最高权力机关,具体负责实施五星级酒店的评定与复核工作,保有对各级旅游酒店星级评定机构所评定酒店星级的否决权。

2. 省级星评委

省级旅游星级饭店评定委员会(简称"省级星评委")是全国31个省市区(不含台港澳地区)的旅游酒店星级评定机构,具体负责本地区四星级及以下酒店的评定与复核工作,并向国家旅游局推荐五星级酒店,保有对本地区下级旅游星级酒店评定机构所评星级的否决权。

3. 副省级城市、地级市(地区、州、盟)星评委

副省级城市、地级市(地区、州、盟)旅游星级饭店评定委员会是省级以下地区旅游星级酒店星级评定机构,具体负责本地区三星级及以下酒店的评定与复核工作,并向所在省级旅游星评委推荐四、五星级酒店。

第二节 星级酒店的划分及要求

一、划分条件

1. 必备条件

新标准附录中的必备项目检查表规定了各星级应具备的硬件设施和服务项目,要求相应星级的每个项目都必须达标,缺一不可。评定检查时,逐项打"√"确认达标后,再进入后续打分程序。

★一、二、三星级酒店必备项目包括:①一般要求;②设施;③服务。详细项目要求分别见一星级必备项目表 A.1 和二星级必备项目表 A.2。

★四、五星级酒店必备项目包括:①酒店总体要求;②前厅;③客房;④餐厅及吧台;⑤厨房;⑥会议及康体设施;⑦公共区域。详细项目要求分别见三星级必备项目表 A.3、四星级必备项目表 A.4 和五星级必备项目表 A.5。

2. 硬件评分

《旅游饭店星级的划分与评定》附录 B "设施设备评分表"(硬件表,共 600 分)主要是对酒店硬件设施的档次进行评价打分。三、四、五星级规定最低得分线:三星 220 分、四星 320 分、五星 420 分,一、二星级不作要求。

3. 软件评分

《旅游饭店星级的划分与评定》附录 C "饭店运营质量评价表"(软件表,共 600 分)主要是评价酒店的"软件质量",包括对酒店各项服务的基本流程、设施维护保养和清洁卫生方面的评价。三、四、五星级规定最低得分率:三星 70%、四星 80%、五星 85%,一、二星级不作要求。酒店运营质量的评价内容分为总体要求、前厅、客房、餐饮、其他、公共及后台区域等 6 个大项。评分时按"优"、"良"、"中"、"差"打分并计算得分率。公式为:得分率=该项实际得分/该项标准总分×100%。

二、服务质量总体要求

1. 服务基本原则

(1) 对宾客礼貌、热情、亲切、友好,一视同仁。
(2) 密切关注并尽量满足宾客的需求,高效率地完成对客服务。
(3) 遵守国家法律法规,保护宾客的合法权益。
(4) 尊重宾客的信仰与风俗习惯,不损害民族尊严。

2. 服务基本要求

(1) 员工仪容仪表应达到:遵守酒店的仪容仪表规范,端庄、大方、整洁;着工装、佩工牌上岗;服务过程中表情自然、亲切、热情适度,提倡微笑服务。
(2) 员工言行举止应达到:语言文明、简洁、清晰,符合礼仪规范;站、坐、行姿符合各岗

位的规范与要求,主动服务,有职业风范;以协调适宜的自然语言和身体语言对客服务,使宾客感到尊重舒适;对宾客提出的问题应予耐心解释,不推诿和应付。

(3) 员工业务能力与技能应达到掌握相应的业务知识和服务技能,并能熟练运用。

三、管理要求

(1) 应有员工手册。

(2) 应有酒店组织机构图和部门组织机构图。

(3) 应有完善的规章制度、服务标准、管理规范和操作程序。一项完整的酒店管理规范包括规范的名称、目的、管理职责、项目运作规程(具体包括执行层级、管理对象、方式与频率、管理工作内容)、管理分工、管理程序与考核指标等项目。各项管理规范应适时更新,并保留更新记录。

(4) 应有完善的部门化运作规范。包括管理人员岗位工作说明书、管理人员工作关系表、管理人员工作项目核检表、专门的质量管理文件、工作用表和质量管理记录等内容。

(5) 应有服务和专业技术人员岗位工作说明书,对服务和专业技术人员的岗位要求、任职条件、班次、接受指令与协调渠道、主要工作职责等内容进行书面说明。

(6) 应有服务项目、程序与标准说明书,对每一个服务项目完成的目标、为完成该目标所需要经过的程序,以及各个程序的质量标准进行说明。

(7) 对国家和地方主管部门和强制性标准所要求的特定岗位的技术工作如锅炉、强弱电、消防、食品加工与制作等,应有相应的工作技术标准的书面说明,相应岗位的从业人员应知晓并熟练操作。

(8) 应有其他可以证明酒店质量管理水平的证书或文件。

四、安全管理要求

(1) 星级酒店应取得消防等方面的安全许可,确保消防设施的完好和有效运行。

(2) 水、电、气、油、压力容器、管线等设施设备应安全有效运行。

(3) 应严格执行安全管理防控制度,确保安全监控设备的有效运行及人员的责任到位。

(4) 应注重食品加工流程的卫生管理,保证食品安全。

(5) 应制定和完善地震、火灾、食品卫生、公共卫生、治安事件、设施设备突发故障等各项突发事件应急预案。

知识链接　　　　　　　　**五星级酒店的必备条件**

1. 总体要求

(1) 建筑物外观和建筑结构应具有鲜明的豪华酒店的品质,酒店空间布局合理,方便宾客在酒店内活动。

(2) 内外装修应采用高档材料,符合环保要求,工艺精致,整体氛围协调,风格突出。

(3)各种指示用和服务用文字应至少用规范的中英文同时表示。导向标志清晰、实用、美观,导向系统的设置和公共信息图形符号应符合 GB/T 15566.8 和 GB/T 10001.1、GB/T 10001.2、GB/T 10001.4、GB/T 10001.9 的规定。

(4)应有中央空调(别墅式度假酒店除外),各区域空气质量良好。

(5)应有运行有效的计算机管理系统,前后台联网,有酒店独立的官方网站或者互联网主页,并能够提供网络预订服务。

(6)应有公共音响转播系统。背景音乐曲目、音量与所在区域和时间段相适应,音质良好。

(7)设施设备应维护保养良好,无噪音,安全完好、整洁、卫生和有效。

(8)应具备健全的管理规范、服务规范与操作标准。

(9)员工应着工装,工装专业设计、材质良好、做工精致。

(10)员工训练有素,能用普通话和英语提供服务,必要时可用第二种外国语提供服务。

(11)应有与本星级酒店相适应的节能减排方案并付诸实施。

(12)应有突发事件(突发事件应包括火灾、自然灾害、酒店建筑物和设备设施事故、公共卫生和伤亡事件、社会治安事件等)处置的应急预案,有年度实施计划,并定期演练。

(13)应有系统的员工培训规划和制度,应有专门的教材、专职培训师及专用员工培训教室。

2. 前厅

(1)功能划分合理,空间效果良好。

(2)装饰设计有整体风格,色调协调,光线充足,整体视觉效果和谐。

(3)总服务台位置合理,接待人员应 24 小时提供接待、问询和结账等服务,并能提供留言、总账单结账、国内和国际信用卡结算、外币兑换等服务。

(4)应专设行李寄存处,配有酒店与宾客同时开启的贵重物品保险箱,保险箱位置安全、隐蔽,能够保护宾客的隐私。

(5)应提供酒店基本情况、客房价目等信息,提供所在地旅游资源、当地旅游交通及全国旅游交通的信息,并在总台能提供中英文所在地交通图、与住店宾客相适应的报刊。

(6)在非经营区应设宾客休息场所。

(7)门厅及主要公共区域应有符合标准的残疾人出入坡道,配备轮椅,有残疾人专用卫生间或厕位,为残障人士提供必要的服务。

(8)应 24 小时接受包括电话、传真或网络等渠道的客房预订。

(9)应有专职的门卫应接服务人员,18 小时迎送宾客。

(10)应有专职行李员,配有专用行李车,24 小时提供行李服务,提供小件行李寄存服务。

(11)应提供代客预订和安排出租汽车服务。

(12)应有专职人员处理宾客关系,18 小时在岗服务。

(13) 应提供礼宾服务。

(14) 应有管理人员24小时在岗值班。

3. 客房

(1) 应有至少50间(套)可供出租的客房。

(2) 70%客房的面积(不含卫生间和门廊)应不小于20平方米。

(3) 应有标准间(大床房、双床房)、残疾人客房,两种以上规格的套房(包括至少4个开间的豪华套房),套房布局合理。

(4) 装修豪华,具有良好的整体氛围。应有舒适的床垫及配套用品。写字台、衣橱及衣架、茶几、座椅或沙发、床头柜、全身镜、行李架等家具配套齐全、布置合理、使用便利。所有电器开关方便宾客使用。室内满铺高级地毯,或用优质木地板或其他高档材料装饰。采用区域照明,目的物照明效果良好。

(5) 客房门能自动闭合,应有门窥镜、门铃及防盗装置。客房内应在显著位置张贴应急疏散图及相关说明。

(6) 客房内应有装修精致的卫生间。有高级抽水马桶、梳妆台(配备面盆、梳妆镜和必要的盥洗用品)、浴缸并带淋浴喷头(另有单独淋浴间的可以不带淋浴喷头),配有浴帘或其他有效的防溅设施。采取有效的防滑措施。采用豪华建筑材料装修地面、墙面和天花,色调高雅柔和。采用分区照明且目的物照明效果良好。有良好的无明显噪音的排风设施,温湿度与客房无明显差异。有110V/220V不间断电源插座、电话副机。配有吹风机。24小时供应冷、热水,水龙头冷热标识清晰。所有设施设备均方便宾客使用。

(7) 客房内应有酒店专用电话机,方便使用。可以直接拨通或使用预付费电信卡拨打国际、国内长途电话,并备有电话使用说明和所在地主要电话指南。

(8) 应有彩色电视机,画面和音质优良。播放频道不少于24个,频道顺序有编辑,备有频道目录。

(9) 应有背景音乐,音质良好,曲目适宜,音量可调。

(10) 应有防噪音及隔音措施,效果良好。

(11) 应有纱帘及遮光窗帘,遮光效果良好。

(12) 应有至少两种规格的电源插座,电源插座应有两个以上供宾客使用的插位,位置方便宾客使用,并可提供插座转换器。

(13) 应有与本星级酒店相适应的文具用品。配有服务指南、住宿须知、所在地旅游景点介绍和旅游交通图等。提供与住店宾客相适应的报刊。

(14) 床上用棉织品(床单、枕芯、枕套、被芯、被套及床衬垫等)及卫生间针织用品(浴巾、浴衣、毛巾等)材质高档、工艺讲究、柔软舒适。可应宾客要求提供多种规格的枕头。

(15) 客房、卫生间应每天全面清理一次,每日或应宾客要求更换床单、被套及枕套,客用品和消耗品补充齐全,并应宾客要求随时进房清理。

(16) 应提供互联网接入服务,并备有使用说明,使用方便。

(17) 应提供开夜床服务,夜床服务效果良好。

(18)应提供客房微型酒吧(包括小冰箱)服务,配置适量与住店宾客相适应的酒和饮料,备有饮用器具和价目单。免费提供茶叶或咖啡。提供冷热饮用水,可应宾客要求提供冰块。

(19)应提供客衣干洗、湿洗、熨烫服务,可在24小时内交还宾客,可提供加急服务。

(20)应24小时提供送餐服务。有送餐菜单和饮料单,送餐菜式品种不少于8种,饮料品种不少于4种,甜食品种不少于4种,有可挂置门外的送餐牌,送餐车应有保温设备。

(21)应提供自动和人工叫醒、留言及语音信箱服务,服务效果良好。

(22)应提供宾客在房间会客服务,应宾客的要求及时提供加椅和茶水服务。

(23)客房内应备有擦鞋用具,并提供擦鞋服务。

4.餐厅及吧室

(1)各餐厅布局合理、环境优雅、空气清新,不串味,温度适宜。

(2)应有装饰豪华、氛围浓郁的中餐厅。

(3)应有装饰豪华、格调高雅的西餐厅(或外国特色餐厅)或风格独特的风味餐厅,均配有专门厨房。

(4)应有位置合理、独具特色、格调高雅的咖啡厅,提供品质良好的自助早餐、西式正餐。咖啡厅(或有一餐厅)营业时间不少于18小时。

(5)应有3个以上宴会单间或小宴会厅。提供宴会服务,效果良好。

(6)应有专门的酒吧或茶室。

(7)餐具应按中外习惯成套配置,材质高档,工艺精致,有特色,无破损磨痕,光洁、卫生。

(8)菜单及饮品单应装帧精美,完整清洁,出菜率不低于90%。

5.厨房

(1)位置合理、布局科学,传菜路线不与非餐饮公共区域交叉。

(2)厨房与餐厅之间,采取有效的隔音、隔热和隔味的措施。进出门分开并能自动闭合。

(3)墙面满铺瓷砖,用防滑材料满铺地面,有地槽。

(4)冷菜间、面点间独立分隔,有足够的冷气设备。冷菜间内有空气消毒设施。

(5)冷菜间有二次更衣场所及设施。

(6)粗加工间与其他操作间隔离,各操作间温度适宜,冷气供应充足。

(7)洗碗间位置合理(紧临厨房与餐厅出入口),配有洗碗和消毒设施。

(8)有必要的冷藏、冷冻设施,生熟食品及半成食品分柜置放。有干货仓库。

(9)有专门放置临时垃圾的设施并保持其封闭,排污设施(地槽、抽油烟机和排风口等)保持畅通清洁。

(10)采取有效的消杀蚊蝇、蟑螂等虫害措施。

(11)应有食品化验室或留样送检机制。

6. 会议康乐设施

（1）应有两种以上规格的会议设施，有多功能厅，配备相应的设施并提供专业服务。

（2）应有康体设施，布局合理，提供相应的服务。

7. 公共区域

（1）酒店室外环境整洁美观，绿色植物维护良好。

（2）酒店后台区域设施完好、卫生整洁、维护良好，前后台的衔接合理，通往后台的标识清晰。

（3）应有效果良好的回车线，并有与规模相适应泊位的停车场，有残疾人停车位，停车场环境效果良好，提供必要的服务。

（4）3层以上(含3层)建筑物应有数量充足的高质量客用电梯，轿厢装饰高雅，速度合理，通风良好；另备有数量、位置合理的服务电梯。

（5）各公共区域均应有男女分设的间隔式公共卫生间，环境优良，通风良好。

（6）应有商品部，出售旅行日常用品、旅游纪念品等。

（7）应有商务中心，可提供传真、复印、国际长途电话、打字等服务，有可供宾客使用的电脑，并可提供代发信件、手机充电等服务。

（8）提供或代办市内观光服务。

（9）应有公用电话，并配有便签。

（10）应有应急照明设施和有应急供电系统。

（11）主要公共区域有闭路电视监控系统。

（12）走廊及电梯厅地面应满铺地毯或其他高档材料，墙面整洁、有装修装饰，温度适宜、通风良好、光线适宜。紧急出口标识清楚醒目，位置合理，无障碍物。有符合规范的逃生通道、安全避难场所。

（13）应有充足的员工生活和活动设施。

第三节 酒店星级评定规则

一、星级的申请

申请星级的旅游酒店，应执行《旅游统计调查制度》，承诺履行向全国旅游酒店星级评定机构提供不涉及本酒店商业机密的经营管理数据的业务。

开业一年后的旅游酒店申请星级，应向相应评定权限的旅游星级酒店评定机构递交星级申请材料，申请四星级以上的酒店，应按属地原则逐级递交申请材料。申请材料包括：酒店星级申请报告、自查自评情况说明及其他必要的文字和图片资料。

二、星级的评定流程

1. 受理与推荐

接到酒店星级申请报告后,相应评定权限的旅游酒店星级评定机构应在核实申请材料的基础上,于14天内做出受理与否的答复。对申请四星级以上的酒店,其所在地旅游星级酒店评定机构在逐级递交或转交申请材料时应提交推荐报告或转交报告。

省级星评委收到酒店申请材料后,于一个月内对申报酒店进行星评工作指导。对符合申报要求的酒店,以省级星评委名义向全国星评委递交推荐报告。

2. 检查

受理申请或接到推荐报告后,相应评定权限的旅游酒店星级评定机构应在一个月内以明察和暗访的方式安排评定检查。检查合格与否,检查员均应提交检查报告。对检查未通过的酒店,相应星级评定机构应加强指导,待接到酒店整改完成并要求重新检查的报告后,于一个月内再次安排评定检查。对申请四星级以上的酒店,检查分为初检和终检。

(1) 初检由相应评定权限的旅游酒店星级评定机构组织,委派检查员以暗访或明查的形式实施检查,并将检查结果及整改及意见记录在案,供终检时对照使用;初检合格,方可安排终检。

(2) 终检由相应评定权限的旅游星级酒店评定机构组织,委派检查员对照初检结果及整改意见进行全面检查。终检合格,方可提交评审。

3. 评审

接到检查报告后的一个月内,旅游星级酒店评定机构应根据检查员意见对申请星级的酒店进行评审。评审的主要内容有审定申请资格,核实申请报告,认定本标准的达标情况,查验违规及事故、投诉的处理情况等。

4. 批复

对通过评审的酒店,旅游星级酒店评定机构应给予评定星级的批复,并授予相应星级的标志和证书(见图6-1、图6-2)。对于经评审认定达不到标准的酒店,旅游星级酒店评定机构不予批复。

三、五星级旅游酒店检查特别流程

对于申请五星级旅游酒店,在上述的检查环节更为严格,具体流程如下。

1. 审查与公示

全国旅游酒店星评委在接到省级旅游酒店星评委推荐报告和酒店星级申请材料后,应在一个月内完成资格审查。对通过资格审查的酒店,在中国旅游网和中国旅游饭店业协会网站上同时公示;对未通过资格审查的酒店,全国星评委应下发正式文件通知省级旅游酒店星评委。

2. 宾客满意度调查

对通过五星级资格审查的酒店,全国星评委可根据工作需要安排宾客满意度调查,并形成专业调查报告,作为星评工作的参考意见。

图 6-1　中国星级酒店标志牌（五星级酒店）

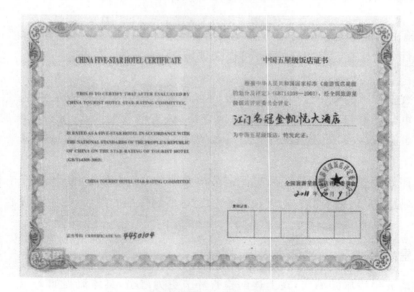

图 6-2　中国星级酒店证书（五星级酒店）

3.国家级星评员检查

全国星评委发出《星级评定检查通知书》，委派 2～3 名国家级星评员，以明查或暗访的形式对申请五星级的酒店进行评定检查。评定检查工作应在 36～48 小时内完成。检查未予通过的酒店应进行整改。全国星评委待接到酒店整改完成并申请重新检查的报告后，于一个月内再次安排评定检查。

一、二、三星级酒店的评定检查工作应在 24 小时内完成，四星级酒店的评定检查工作应在 36 小时内完成。全国星评委保留对一星级到四星级酒店评定结果的否决权。

第四节 星级酒店检查

一、检查员设置

为具体实施《旅游饭店星级的划分与评定》,使旅游酒店的星级评定工作更加专业化和规范化,国家旅游局制定了星级评定检查制度。

1. 国家级检查员

由全国旅游星级酒店评定委员会(以下简称"星评委")负责选聘,承担全国范围内的酒店星级评定、复核和其他检查工作。

2. 地方级检查员(含省级和地市级)

省级星评委或地区星评委负责选聘,承担辖区内酒店星级评定、复核和其他检查工作。

3. 星级饭店内检查员

由各酒店指定,执行对所在酒店的检查、复核工作。

知识链接　　　酒店星评员工作"十不准"

一、国家级星评员工作"十不准"

1. 不准收受酒店赠送的现金、有价证券(卡)、纪念品或礼物。

2. 不准对酒店提出检查项目之外的额外要求,或出现酗酒等影响星评员形象的行为。

3. 不准降低星级酒店检查标准和简化星级酒店检查评定程序,或以自己的好恶来随意解释和评判星级标准。

4. 不准向地方星评机构和受评酒店就酒店是否通过评定发表意见。

5. 不准接受酒店所在地政府和旅游部门,以及受评酒店安排的店外宴请。

6. 不准带随从、助手等其他人员一同参与星评工作或代替星评工作。

7. 不准在暗访检查中以任何方式向地方星评机构、酒店及其他相关人员泄露自己的真实身份、行程安排和检查情况。

8. 不准请酒店或地方星评机构代为评定打分、撰写和邮寄检查报告。

9. 不准以辅导、咨询、培训、管理等名义向酒店推荐或洽谈与星评工作无关的业务事宜,或向酒店打听与星评工作无关的商业秘密。

10. 不准要求、暗示和接受地方星评机构与受评酒店安排与星评工作无关的旅游及其他休闲娱乐活动。

二、地方星评机构及受评五星级酒店评定工作"十不准"

1. 不准提供与酒店星级评定相关的虚假信息。

2. 不准向星评员提出或暗示降低星级标准、简化检查程序的要求。

3. 不准以评审费、专家咨询费等任何名义向星评员支付现金、赠送有价证券(卡)和礼物。

4. 不准举办针对星评员的专门的欢迎仪式(设置横幅和标牌、鲜花等)。

5. 不准超规格安排星评员住房(只按一个标准房和一个普通套房安排房间),或在星评员的房间内做超常布置或放置超常规客用品。

6. 不准为星评员安排店外宴请。

7. 不准为星评员谋取私利提供便利。

8. 不准为星评员专门安排与星评工作无关的游览活动。

9. 不准以任何方式打听暗访检查星评员的姓名、行程安排和检查情况。

10. 不准代替星评员评定打分、撰写和邮寄检查报告。

二、检查员管理

旅游酒店星级评定检查员必须通过国家统一培训考核,领取国家级或地方级检查证,取得检查证的各级检查员每两年接受考核。

各级检查员在检查酒店时,除须持有检查证外,还须持有星级评定机构的介绍信,否则检查员身份无效。

旅游酒店星级评定检查员应当评分公正,尊重酒店的管理规章制度,互相监督,彼此合作,不随意以个人看法解释标准,不对外发表评论,不对外传播检查的分数,不得借用检查员身份为个人谋取利益。

星级评定检查工作暂不收费。检查员往返受检酒店的交通费以及评定期间在酒店内所发生的合理费用,均由受检酒店据实核销。

三、酒店星级评定前的检查

星级评定机构接到酒店提出的正式申请后,委派检查员对酒店进行检查。旅游酒店星级评定检查员再认真研究《酒店星级申请报告》,掌握被评定酒店的概况和特点,并准确填写其中有关部分后,听取酒店领导介绍,并由店方派人陪同,根据《旅游饭店星级的划分与评定》,实地检查酒店所申请星级的必备条件。

根据《旅游饭店星级的划分与评定》标准,采用明查、暗访、普查、抽查的方法,全面检查酒店。按照《旅游饭店星级的划分与评定》,核实、各项目的实得分数和得分率。星级评定检查员与被评定酒店交换意见,肯定其长处,指出其存在的问题。

星级评定检查员向星级评定机构汇报检查情况,提出客观的评定意见。

四、星级复核

星级复核是星级评定工作的重要组成部分,旅游酒店评定星级不搞终身制,其目的是督促已取得星级的酒店持续达标,其组织和责任划分完全依照星级评定的责任分工。

根据评定规定,已经评定星级的酒店,应按照《旅游饭店星级的划分与评定》中的标准参加复核,星级复核分为年度复核和三年期满的评定性复核。

年度复核工作由酒店对照星级标准自查自纠,并将自查结果报告相应级别星评委,相应级别星评委根据自查结果进行抽查。

评定性复核工作由各级星评委委派检查员以明查或暗访的方式开展星级酒店访查工作。

同步案例　国家星评委专家对景德镇紫晶宾馆进行五星级评定性复核

2017年8月25日至26日,受全国旅游星级酒店评定委员会委派,国家级星评员马尚英女士、刘志毅先生一行对紫晶宾馆进行了三年一度的五星级评定性复核检查。省旅发委监管处、市旅发委、开门子酒店集团、紫晶宾馆等相关负责人陪同。

早在来景德镇之前,两位经验丰富的星评专家就以网络预订和电话问询等方式对紫晶宾馆的网络预订、前台问询、宴会预订等进行了"暗访"检查。8月25日,紫晶宾馆五星级评定性复核工作汇报会举行,紫晶宾馆相关负责人详细汇报了宾馆的基本情况、五星级复核准备、宾馆经营管理、企业文化、节能减排、安全管理等情况。市旅发委负责人简要介绍了景德镇市旅游资源,表示国家五星级旅游酒店是景德镇市打造全域旅游、建设旅游名城的一个重要品牌,是一张极具吸引力的城市名片。紫晶宾馆是景德镇市首家五星级旅游酒店,也是目前唯一的五星级酒店。在2013年荣膺五星级酒店以来,在国家、省旅游部门的大力指导下,不断规范酒店自身的经营管理,加速与国际酒店业接轨的步伐,在硬件和软件上不断升级,取得了较好的效果,在景德镇市酒店业树立了良好的口碑和形象。并希望紫晶宾馆积极做好复核评定期间的各项配合服务以及后期整改提升工作。

随后,两位专家对宾馆前台、客房、餐厅、会议、商场、康乐、厨房、员工活动中心等各区域进行了全面检查,与员工交谈,以消费者体验等多种形式对照评定五星级旅游酒店的"2010版星级标准"进行了逐项认真细致的检查。

26日傍晚,在紫晶宾馆举行了五星级评定性复核反馈会。马尚英女士、刘志毅先生就两天来的现场检查以及前期的调研、暗访做了意见反馈。两位专家在反馈意见中表示,紫晶宾馆得到江西省和景德镇市两级星评委具体的专业指导,为紫晶宾馆五星级评定性复核创造了良好的外部环境。专家们的总体感觉是紫晶宾馆地理位置优越,环境优美,是一家文化主题明显,绿色园林为特色的五星级旅游酒店,它的陶瓷文化主题设计切合地域文化,特别是青花瓷文化更是与众不同,彰显了时尚的前沿,是陶瓷文化的一个缩影。专家们还充分肯定了紫晶宾馆运营平稳,管理制度完善,员工服务意识强等。同时,专家们就进一步坚持"星级标准"学习、提高员工专业水平、提升运营质量、加大安全工作力度、参与互联网互动等方面为紫晶宾馆的后续发展提出了十分中肯的意见和建议,并对宾馆未来的经营和品牌提升给予殷切期望。

五、星级复核不达标的处理

对复核结果达不到相应标准的星级酒店,相应级别星评委根据情节轻重给予限期整改、取消星级的处理,并公布处理结果。

对于取消星级的酒店,应将其星级证书和星级标志牌收回。整改期限原则上不能超过一年。

被取消星级的酒店,自取消星级之日起一年后,方可重新申请星级评定。

六、星级酒店访查及方式

星级酒店访查是指检查员受各级旅游星级酒店评定机构委派,以普通客人身份入住酒店,针对已评定星级酒店落实和执行星评标准的情况进行检查,或在不通知酒店管理方具体检查时间的情况下,以"神秘客人"的形式对酒店质量进行暗访的一系列检查活动。

星级酒店访查有明查和暗访两种方式。其中,明查是指检查员在通知受检酒店检查时段的情况下以普通客人身份入住酒店进行星级酒店访查;暗访则是检查员在不通知受检酒店检查时间的情况下以"神秘客人"的形式进行暗访,神秘客人是指持有各级旅游星级酒店评定机构的有关委派证件,以普通旅客身份入住酒店,不通报身份,在店检查期间亦不暴露真实身份的访查人员。

七、星级酒店访查的程序

1. 访查员入住或进入酒店

①入住方式:以普通客人身份入住酒店或以"神秘客人"形式进入酒店进行暗访。②人员数量:2~3名访查员。③访查时间:24~72小时。④入住对象:已评星级的旅游酒店。

2. 检查

①方式:访查员对酒店进行明查时,应以普通旅客的身份入住酒店;访查员对酒店进行暗访检查时,应不通报身份,在店检查期间不得暴露真实身份。②访查内容:针对酒店前厅、客房、餐饮等核心产品进行访查并进行打分。

3. 向酒店反馈访查情况

访查结束时,访查员向酒店出具《访查通知书》和本人的《星评员检查证》,由店方报销往返交通费和住店期间的费用(仅限于访查人员个人以访查为目的的消费),同时当面向酒店高层管理人员反馈访查情况。

4. 报告

访查后7个工作日做出访查报告,向相应星评机构汇报访查情况。

5. 处理决定

星评机构根据访查报告在一个月内对酒店下达处理意见,做出奖惩决定。

八、星级酒店访查结果管理

1. 访查结果的行政管理

访查结果的处理,均应逐级上报。各省级星评委每半年一次将本辖区星级酒店的访查结果及其处理意见上报全国星评委。

2. 达标的处理方式

①口头表扬；②通报表扬；③酒店申请更高星级评定时予以加分；④在评选各个级别的最佳酒店时予以加分。

3. 未达标的处理方式

①口头提醒；②书面警告；③通报批评；④限期整顿；⑤降低星级或取消星级。

同步案例　　中国取消六家五星级酒店资格

全国旅游星级饭店评定委员会2012年5月14日披露，取消北京世豪国际酒店、天津天保国际酒店、长春海航紫荆花饭店、辽宁大连海景酒店、四川加州花园酒店贵宾楼、广东东莞银城酒店等6家饭店的五星级旅游饭店资格。

为加强对星级酒店服务质量的监督管理，国家旅游局监督管理司2012年4月派出国家级星评监督员对15家五星级酒店进行了暗访检查。根据暗访报告，按照国家标准《旅游饭店星级的划分与评定》，全国旅游星级饭店评定委员会决定，对不达标的上述6家酒店予以取消五星级旅游酒店资格的处理；对基本达到标准但存在一定问题的3家五星级酒店予以限期6个月整改的处理。

据悉，对高星级酒店暗访检查并做出相应处理决定，是国家旅游局提升旅游酒店服务质量和建立星级酒店退出机制的重要举措之一。

国家旅游局相关负责人表示，高星级酒店被"摘星"向行业传递了一个强烈的信号旅游酒店的星级并不是终身制，各星级酒店要在资金支持、服务管理和教育培训等方面持续努力，保证酒店服务品质与星级要求相匹配。国家旅游局将继续以明查、暗访等形式，加强对旅游星级酒店服务质量的监督管理，对不能达到标准要求的星级酒店将采取相应的处理措施，切实维护旅游消费者的权益和星级标准的权威性。

本章小结

本章引入《旅游饭店星级的划分与评定》国家标准GB/T 14308—2010，概述了我国酒店星级评定管理的演变历程以及评定标准的变化与导向，详细解释了酒店星级评定的术语、原则和组织管理方法，概括了星级酒店的划分条件与要求，重点介绍了酒店星级的申请和评定流程，最后归纳总结了星级酒店检查的相关工作。

关键概念

旅游饭店　星级标志　有限服务酒店　完全服务酒店　星级复核　星级酒店访查　检查员　神秘客人

思考与练习

一、选择题

1. 旅游星级酒店星评员每（　　）要接受一次复检,如复检不合格,则将被取消检查员资格。

A. 2年　　　　B. 1年　　　　C. 3年　　　　D. 4年

2. 下列哪个说法是错误的？（　　）

A. 省、自治区、直辖市旅游局酒店评定一星、二星、三星、四星

B. 旅游酒店的星级评定,实行星评员制度

C. 同一家酒店的不同建筑物不可能被评为不同的星级

D. 已经评定星级的酒店,实行复核制度,至少每一年复核一次

3. 旅游酒店星级评定,采取按星级酒店的必备条件与检查评分相结合的方法综合评定,所谓酒店的必备条件,是指酒店和建筑设施设备的（　　）。

A. 完备程度　　　　　　　　　B. 清洁卫生

C. 服务质量　　　　　　　　　D. 宾客满意程度

4. 下列选项中,属于评定划分星级酒店的依据的是（　　）。

A. 酒店的管理水平　　　　　　B. 酒店的服务质量

C. 酒店的服务项目　　　　　　D. 宾客的满意程度

5. 在对星级酒店的复核过程中,发现其服务质量明显下降等达不到与其星级相符合标准的行为,星级酒店可能会受到下列哪种处罚？（　　）

A. 口头提醒　　　　　　　　　B. 取消星级

C. 限期整顿　　　　　　　　　D. 降低或取消星级

6. 星级酒店的评定过程一共是几步？其中第三步为下列哪一步？（　　）

A. 3　初审　　B. 4　复审　　C. 7　审查与公示　　D. 6　评审

7. 最新修订的星级酒店划分与评定的有关法律规定是哪一年实施的？（　　）

A. 1998年　　B. 1993年　　C. 2010年　　D. 2003年

8. 负责四星级酒店评定与复核工作的机构是（　　）。

A 全国星评委　　　　　　　　B. 省、自治区、直辖市旅游局星评委

C. 副省级城市旅游局星评委　　D. 地市级旅游局星评委

9.旅游酒店星级评定的复核工作( )。
   A.一年复核一次　　　　　　　　B.一年定期明查一次
   C.一年暗访一次　　　　　　　　D.至少每年复核一次
10.四星级酒店在申请星级评定过程中,星评员的评定检查工作应在( )小时内完成。
   A.24　　　　B.12　　　　C.36　　　　D.48
11.根据《旅游饭店星级的划分与评定》( )。
   A.同一酒店的不同建筑物可以被评为不同的星级
   B.同一酒店的不同建筑物不可以被评为不同的星级
   C.同一酒店的建筑物可以被评为不同的星级,但必须使用同一名称
   D.同一酒店的建筑物不可以被评为不同的星级,但必须使用同一名称
12.下列关于旅游星级酒店评定制度的描述不正确的是( )。
   A.我国境内正式开业的酒店都可以申请评定星级
   B.省级旅游局负责评定本地区的四星级及以下的酒店
   C.我国酒店星级的评定的领导机构是国家旅游局
   D.旅游酒店经星级评定机构评定批复后,可以享有五年有效的星级及其标志使用权
13.三星级酒店应有至少( )间(套)可供出租的客房,应有单人间、套房等不同规格的房间配置。
   A.20　　　　B.30　　　　C.40　　　　D.50
14.酒店开业一年后可申请评定星级,经相应星级评定机构评定后,星级标识使用有效期为( )。
   A.一年　　　　B.两年　　　　C.三年　　　　D.五年
15.接到酒店星级申请报告后,相应评定权限的旅游酒店星级评定机构应在核实申请材料的基础上,于( )天内做出受理与否的答复。
   A.7　　　　B.14　　　　C.15　　　　D.30
16.受理申请或接到推荐报告后,相应评定权限的旅游酒店星级评定机构应在( )月内以明察和暗访的方式安排评定检查。
   A.半个　　　　B.一个　　　　C.两个　　　　D.三个
17.旅游酒店星级评定检查员分为( )和( )。
   A.国家级检查员　　　　　　　　B.省级检查员
   C.市级检查员　　　　　　　　　D.地方级检查员
18.被取消星级的酒店,自取消星级之日起( )后,方可重新申请星级评定。
   A.一年　　　　B.两年　　　　C.三年　　　　D.五年

二、名词解释

1.旅游酒店

2.星级

3. 星级访查

三、简答题

1. 简述旅游酒店申请星级评定的程序。
2. 简述旅游酒店星级划分的依据。
3. 讨论自己家乡的各级旅游局星级评定机构所具有的评星权限。
4. 旅游酒店评定星级应如何申报？
5. 简述星级酒店评定后的星级复核工作。
6. 对复核结果达不到相应标准的星级酒店该如何处理？

四、案例分析题

白银区城通酒店星级评定整改报告

2014年1月9日白银市旅游星级酒店评定委员会对城通酒店进行了三星级评定检查，白银市星评定委领导给予了很多宝贵的参考意见，酒店从自身做精品的角度出发，结合白银市星评定委领导的星评意见，从设施设备、维修保养、清洁卫生和服务质量四大块进行了整改，整改计划及完成情况如表6-1所示。

表6-1　城通酒店整改计划及完成情况

必备项目		
整改项目	整改完成时间	整改落实情况
酒店没有规范统一的中英文导向系统和公共信息符号	2014年1月20日前	增设缺少的提示牌
没有为客人提供传真、复印、打字等商务服务	2014年1月20日前	增加传真、复印、打字设备等商务服务
缺残疾人必要的服务设备	2014年1月20日前	增设残疾人必要的服务设备
调整总服务台的环境，提供酒店服务项目、提供所在地旅游交通、旅游资源等信息和重要交通工具时刻表等	2014年1月20日前	增设所在地旅游交通、旅游资源等信息和重要交通工具时刻表等
缺少这项服务及设备：应提供与酒店接待能力相适应的会议服务及设备	2014年1月20日前	增加会议服务及设备
缺少这项服务：可应宾客要求提供洗衣服务	2014年1月20日前	增加洗衣服务
设施设备		
整改项目	整改完成时间	整改落实情况
客房补齐衣架、裤架、裙架	2014年1月20日前	采买衣架、裤架、裙架
完善服务指南和信封、信纸，洗衣袋和洗衣价目单	2014年1月20日前	增加服务指南和信封、信纸，洗衣袋和洗衣价目单

在白银市星评定委和白银区旅游局的督导指正下,白银城通酒店将继续努力从设施设备、维修保养、清洁卫生、服务语言、服务形象、服务标准、服务质量、协调沟通、管理方式、业务培训、思想教育、顾客和员工满意度等方面加强建设,保持三星级酒店水准,为白银旅游业添砖加瓦!

白银城通酒店管理有限公司
2014 年 1 月 20 日

分析:白银城通酒店管理有限公司是如何对三星级评定检查进行整改的?

第七章

酒店安全管理

 学习目标

1. 熟悉酒店餐饮、治安和消防等方面的安全管理法律规范。
2. 理解酒店餐饮服务安全管理、治安管理和消防管理的主要内容。
3. 掌握处理食物中毒、火灾等酒店安全事故的处理。

案例导入　　上海某四星级酒店发生疑似食物中毒事件

2017年10月31日,某单位在上海一家四星级酒店组织高管培训,210名培训人员中有近70人陆续出现胃肠不适症状,16人被送至附近医院就诊,院方对就诊人员给予补液或药物治疗,症状缓解后陆续离院,无危重病人。

事情发生后,食品药品监督管理部门、公安部门迅速介入,执法人员对16名就诊人员进行了个案调查,当场封存了一楼自助餐厅可能受污染的工用具、食品及原料,同时采集部分留样食品和从业人员及就诊人员肛拭,送浦东新区疾控中心检验。

培训组织单位和酒店方面多次向培训学员道歉,双方单位负责人到现场协调、致歉,并宣布了诸如培训学费全免、住宿费全免、未参考和未通过考试的可补考且外地学员可由培训方派员到当地单独组织考试等补偿措施。某学员在朋友圈发文:"事情发生后采取恰当方式处置和应对是最明智和应当的做法。"

思考:酒店应如何确保餐饮服务安全?

第一节　酒店餐饮安全管理

一、酒店餐饮安全管理法律制度概述

民以食为天，食以安为先。食品安全问题一直是公众关心的话题，也是酒店餐饮服务管理的重中之重。近年来食品安全问题时有发生，苏丹红、三聚氰胺、地沟油等，每一起食品事件都牵动广大群众的神经。为此，党中央、国务院通过一系列的文件明确，重典治乱，建立最严格的食品安全监管制度，以法治方式维护食品安全。与此同时，国家立法部门也在充分调研论证的情况下，不断完善食品安全法律法规体系。

1. 食品安全法律

食品安全的法典，事关我国经济社会的发展和人民群众的饮食安全。我国《食品安全法》于 2009 年 2 月 28 日第十一届全国人民代表大会常务委员会第七次会议通过，自 2009 年 6 月 1 日起施行，原《中华人民共和国食品卫生法》废止。2015 年 4 月 24 日，十二届全国人大常委会第十四次会议进行修订，自 2015 年 10 月 1 日起实施。

我国新修订的《食品安全法》对保健食品、网络食品交易、食品添加剂等当前食品监管中存在的难点问题都有涉及，让损害消费者利益的商家承担连带责任，有以下几个亮点。

（1）突出"严"字。强化了食品安全质量监管制度构建。

（2）突出"罚"字。强化了食品安全民事法律和刑事责任的追究，新增行拘处罚。实行首负责任制，要求接到消费者赔偿请求的生产经营者应当先行赔付，不得推诿。

（3）突出"管"字。实行风险分级管理，完善复检制度，增设生产经营者自查制度和增设责任约谈制度。

（4）突出"治"字。充分体现出全社会协同共治的大思路。

（5）突出"限"字。对食品添加剂生产实行许可制度，以及对网络食品经营者实行"实名制"。

同步案例　三亚一酒店销售非法进口酒　被罚并赔偿近 30 万元

2015 年 4 月 25 日，邓某在金茂三亚丽思卡尔顿酒店中餐厅酒柜购买了一瓶"马泽瑞——法国金箔酒香槟酒"，发现该酒标签标注内容不符合我国食品安全标准，随即向三亚食品药品监督管理局投诉。三亚食药监局经三亚出入境检验检疫局协助，发现该酒由深圳文锦渡检验检疫局检验入境；经深圳文锦渡出入境检验检疫局协助调查，发现涉案酒《卫生证书》与该单位留存的该编号卫生证书的发货人名称及地址、品名、处理意见、产地、合同号、启运地各项日期等内容均不一致，该《卫生证书》存在造假嫌疑。因金茂三亚丽思卡尔顿酒店未能提供有效的《卫生证

书》,三亚食药监局认定该酒店销售的香槟酒未经相关部门检验。三亚食药监局依据《酒类流通管理办法》第三十一条有关"禁止批发、零售、储运非法进口酒"的规定,给予该酒店罚款30000元的行政处罚。

购买者邓某以酒店销售的酒不符合食品安全标准为由,向三亚市城郊人民法院提出诉讼,要求酒店依法退回购货款、十倍赔偿、负担诉讼费。三亚市城郊人民法院依法支持了邓某的诉讼请求,金茂三亚丽思卡尔顿酒店除退回购货款、十倍赔偿外,还支付了2538元的诉讼费。该酒店因销售一瓶非法进口的酒,付出了284306元的代价。

海南省食品药品监督管理局提醒食品生产经营者,10月1日实施的新《食品安全法》对制售有毒有害食品的行为实施"最严厉的处罚",加重了食品安全违法犯罪行为的刑事、行政法律责任。新法在原《食品安全法》实行10倍价款惩罚性赔偿的基础上,又增设了消费者可以要求支付损失3倍赔偿金的惩罚性赔偿;增加了赔偿的金额不足1000元的,为1000元规定。比如说,卖一个问题馒头两元钱,新法就规定赔偿至少1000元。在罚款方面,将一些违法行为最高可以处罚货值金额10倍的罚款提高到30倍。食品违法行为如果属于刑事犯罪,直接由公安部门进行侦查,追究刑事责任。海南省食品药品监督管理局同时提醒公众,发现制售有毒有害食品药品的行为,可拨打12331举报,一经查实,最高可获50万元奖励。

(资料来源:中新网海南http://www.hi.chinanews.com/,三亚一酒店销售非法进口酒被罚并赔偿近30万元,2015年11月01日。)

2. 法规、规章

《中华人民共和国食品安全法实施条例》:2009年7月20日中华人民共和国国务院令第557号公布,2016年2月6日根据《国务院关于修改部分行政法规的决定》(国务院令第666号)修订。

《餐饮服务食品安全监督管理办法》:2010年2月8日经卫生部(现国家卫生健康委员会)部务会议审议通过,自2010年5月1日起施行。

《网络餐饮服务食品安全监督管理办法》:2017年9月5日经国家食品药品监督管理总局局务会议审议通过,自2018年1月1日起施行。

此外,各地方政府和相关部门出台了大量食品卫生安全相关的地方性法规和规章制度。

二、酒店餐饮安全管理的基本概念

酒店是综合性的服务企业,餐饮是酒店经营的重点,涉及餐饮安全的主要术语有如下几种。

1. 食品

食品指各种供人食用或者饮用的成品和原料以及按照传统既是食品又是中药材的物品,但是不包括以治疗为目的的物品。既是食品又是中药材的物品,是指依据《中华人民共和国食品安全法》(以下简称《食品安全法》)规定的"保健食品",如罗汉果、肉桂、薄荷等中药材,作为调料的花椒,作为营养强化剂的各种维生素(钙、铁等)等。

2. 食品安全

食品安全指食品无毒、无害,符合应当有的营养要求,对人体健康不造成任何急性、亚急性或者慢性危害。"食品安全"的定义突破了以往法律单一对食品卫生方面的要求,增加了食品营养方面的要求,适应了我国食品生产经营安全发展的趋势。

知识链接 按照传统既是食品又是中药材物质目录(征求意见稿)

物质名称:丁香、八角茴香、刀豆、小茴香、小蓟、山药、山楂、马齿苋、乌梅、木瓜、火麻仁、代代花、玉竹、甘草、白芷、白果、白扁豆、白扁豆花、龙眼肉(桂圆)、决明子、百合、肉豆蔻、肉桂、余甘子、佛手、杏仁(苦、甜)、沙棘、芡实、花椒、赤小豆、麦芽、昆布、枣(大枣、黑枣)、罗汉果、郁李仁、金银花、青果、鱼腥草、姜(生姜、干姜)、枳椇子、枸杞子、栀子、砂仁、胖大海、茯苓、香橼、香薷、桃仁、桑叶、桑葚、桔梗、益智仁、荷叶、莱菔子、莲子、高良姜、淡竹叶、淡豆豉、菊花、菊苣、黄芥子、黄精、紫苏、紫苏子(籽)、葛根、黑芝麻、黑胡椒、槐花、槐米、蒲公英、榧子、酸枣、酸枣仁、鲜白茅根(或干白茅根)、鲜芦根(或干芦根)、橘皮(或陈皮)、薄荷、薏苡仁、薤白、覆盆子、藿香、乌梢蛇、牡蛎、阿胶、鸡内金、蜂蜜、蝮蛇(蕲蛇)。

新增中药材物质:人参、山银花、芫荽、玫瑰花、松花粉、粉葛、布渣叶、夏枯草、当归、山柰、西红花、草果、姜黄、荜茇。

(资料来源:国家卫生计生委食品安全标准与检测评估司网站 http://www.nhfpc.gov.cn/,国家卫生计生委办公厅关于征求《按照传统既是食品又是中药材物质目录管理办法》(征求意见稿)意见的函(国卫办食品函〔2014〕975 号),2014 年 10 月 28 日。)

3. 食物中毒

食物中毒是指食用了被有毒有害物质污染的食品或者食用了含有毒有害物质的食品后出现的急性、亚急性疾病。

4. 餐饮服务

餐饮服务是指通过即时制作加工、商业销售和服务性劳动等,向消费者提供食品和消费场所及设施的服务活动。

5. 食品添加剂

食品添加剂是指食品生产商为改善食品品质和色、香、味,以及为防腐、保鲜和加工工艺的需要而加入食品中的人工合成或者天然物质。

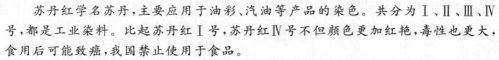

苏丹红学名苏丹,主要应用于油彩、汽油等产品的染色。共分为Ⅰ、Ⅱ、Ⅲ、Ⅳ号,都是工业染料。比起苏丹红Ⅰ号,苏丹红Ⅳ号不但颜色更加红艳,毒性也更大,食用后可能致癌,我国禁止使用于食品。

2006年11月12日,央视播报了河北石家庄等地用添加苏丹红的饲料喂鸭所生产的"红心鸭蛋",并在该批鸭蛋中检测出苏丹红。15日,卫生部(2018年3月改为国家卫生健康委员会)下发通知,要求各地紧急查处红心鸭蛋。2006年11月14日,北京市食品安全办公室于当天下午公布了北京市场"红心鸭蛋"检测结果,其中6个"红心鸭蛋"样本被检出苏丹红,含量从0.041ppm(毫克/千克)到7.18ppm。到2006年11月14日17时,河北省集中对平山、井陉两个重点养鸭县进行检查,通过逐户排查,共发现可疑鸭场7个、存栏鸭9000只,查封可疑饲料800公斤、可疑鲜鸭蛋510公斤、咸鸭蛋70公斤。在对安新县68家禽蛋制品加工企业排查过程中,初步发现有3家企业产品可疑。2006年11月15日,大连市发现标称江苏泰州市第二食品加工厂生产的"梅香"牌咸鸭蛋含有苏丹红Ⅳ号后,相关负责部门查扣该品牌的蛋类制品共计28506个。2006年11月16日,广州当日起全城禁售"红心鸭蛋",不管是在批发零售市场还是餐饮市场,一律禁止销售。

三、酒店从事餐饮服务的基本要求

根据法律规定,酒店作为提供餐饮服务的经营场所,应当具备基本的设施设备条件,以保障人民群众的餐饮安全需要。

(1)具有适当的厨房和食品仓库等场所,并且保持这些场所环境整洁,与有毒场所和其他污染源保持规定的距离。

(2)厨房布局合理,餐饮食品制作流程能够防止待加工食品与直接入口食品、原料与成品交叉污染,避免食品接触有毒物、不洁物。

(3)具有适当的消毒、更衣、盥洗、照明、通风、防腐、防蝇、防鼠、防虫、洗涤以及存放垃圾和废弃物的餐饮设施设备。

(4)酒店餐饮人员应持证上岗。不得聘用未取得健康证的从业人员;患有痢疾、伤寒、病毒性肝炎,以及患有活动性肺结核、化脓性或者渗出性皮肤病等疾病的人员,不得从事接触直接入口食品的工作。健康证是指对从事食品生产经营人员等按国家卫生法律、法规规定所进行的从业前、从业和就学期间的预防性健康检查证明,证明受检者具备做从业规定的健康素质。

(5)食品安全培训。酒店应配备专职或者兼职食品安全管理人员,不得聘用禁止从事餐饮服务管理工作期限未满而从事餐饮服务管理的人员。

(6) 酒店应当按照要求对餐具、饮具进行清洗消毒,不得使用未经清洗消毒的餐具、饮具;酒店委托清洗消毒餐具、饮具的,应当委托符合本法规定条件的餐具、饮具集中消毒服务单位。

(7) 法律、法规规定的其他有关要求。

四、禁止酒店的餐饮经营行为

为了严格贯彻落实《食品安全法》,对于如下的餐饮经营行为,酒店一律不得开展。

(1) 不得以腐败变质、油脂酸败、霉变、生虫、污秽不洁、混有异物或者其他感官性状异常,可能对人体健康有害的食品作为原料。

(2) 食品原料不得含有毒、有害物质,以及可能对人体健康有害的物质。

(3) 不得超范围、超限量使用食品添加剂。

(4) 不得使用未经检疫或者检疫不合格的肉类作为食品原料,以及利用病死、毒死或者死因不明的禽、畜、兽、水产动物等作为食品原料。

(5) 不得使用超过保质期的调味品或其他食品添加剂。

(6) 其他不符合食品安全标准或者要求的餐饮经营行为。

同步案例 关于绍兴鉴湖大酒店有限公司经营"问题食品"的通报

2017年1月,在"一月一检查"中,绍兴市场监管局执法人员对鉴湖大酒店有限公司进行检查,发现该酒店经营无中文标签进口食品。4月20日,绍兴市市场监管局督查组对该酒店进行了"回头看",发现该酒店地下一层冷冻库内,有一箱无中文标识标签的进口牛肉,酒店经营方现场无法提供该箱牛肉的进货票据、检验检疫证明等。

分析:该酒店经营无中文标识标签进口牛肉的行为涉嫌违反了《中华人民共和国食品安全法》关于"进口的预包装食品、食品添加剂应当有中文标签"的规定。该酒店无法提供检验检疫证明等文件的行为,也涉嫌违反了《中华人民共和国食品安全法》关于"禁止生产经营未按规定进行检疫或者检疫不合格的肉类,或者未经检验或者检验不合格的肉类制品"的规定。

(资料来源:绍兴市市场监督管理局 http://www.sxgs.gov.cn/,关于绍兴鉴湖大酒店有限公司经营"问题食品"的通报,2017年5月16日。)

五、餐饮服务许可证制度

国家对食品生产经营实行许可制度,从事餐饮服务,应当依法取得许可。

(1) 餐饮服务实行许可制度。从事餐饮服务,应当依法取得餐饮服务许可,才能办理工商登记,申领营业执照。取得餐饮服务许可的餐饮服务提供者在其餐饮服务场所出售其制作加工的食品，不需要取得食品生产和流通的许可。

（2）餐饮服务许可证的有效期为3年。

（3）酒店申领餐饮服务许可证，应向所在地县级以上食品药品监管部门提出申请，经由接受申请的食品药品监管部门对酒店进行审查合格后，再予以发证。图7-1所示为餐饮服务许可证。

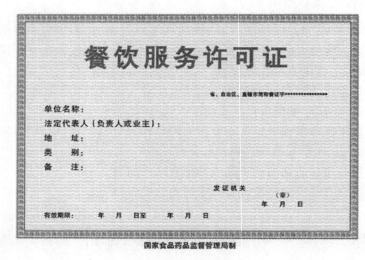

图7-1　餐饮服务许可证

六、酒店对食品安全事故的预防

食品安全事故是指食物中毒、食源性疾病、食品污染等源于食品，对人体健康有危害或可能有危害的事故。酒店是食品安全事故的易发场所，一旦发生，就会造成群死群伤。酒店在日常经营中，一定要在生产工艺、人员等方面加强管理，预防食品安全事故的发生。

（1）对可能含有生物毒素的豆浆、四季豆、马铃薯和海产品等，实行严格的餐饮食品生产标准。例如，发芽的土豆必须将芽彻底挖掉，才可进行烹调食用；未煮红熟透的，不得食用，熟透的海虾、海蟹应一次或当天食用，如有剩余，放凉后立即妥善冷藏，再次食用前要加热煮透。

（2）夏秋要重视食物加工、消毒及炊具、餐具消毒。

（3）加强厨房管理，严防投毒事件。在厨房内要安装监控设备，外部人员不得随意进入，厨房员工不得在厨房内留宿、午休。

（4）搞好厨房、食品仓库的物品进出管理，不得存放杀鼠剂、杀虫剂、洗涤剂、消毒剂等有毒、有害物质，以及非食品、员工个人物品杂物。

七、餐饮服务行政监督职责

食品药品监管部门，作为餐饮安全管理的行政机构，依法有权行使餐饮安全监管职责，酒店等餐饮经营场所应当对他们的工作予以支持和配合。具体来说，他们有如下行政管理权限。

（1）进入酒店的餐厅、厨房实施现场检查。
（2）对酒店的餐饮食品进行抽样检验。
（3）查阅、复制有关合同、票据、账簿以及其他有关资料。
（4）查封、扣押不符合食品安全标准的餐饮食品，违法使用的食品原料、食品添加剂及制成品，以及用于违法生产经营或者被污染的工具、设备。
（5）查封违法从事餐饮服务的场所。

同步案例

刘青在安吉县天荒坪镇经营一家卤味店。一天，一位常来推销食品辅材的男子带来了一批罂粟壳，说罂粟壳是抽过汁的，含量又不高，放在汤料里调调味道，会让小店的生意火爆。刘青经不住诱惑，心想只要每次拿捏好分量，偷偷地加一点，别人也看不出，监管部门也应该不会查到。于是，她便怀着侥幸的心理，买了一斤干罂粟壳。每次在加工卤肉时，就在卤汤中放入一些罂粟壳进行调味。然而，她用这些罂粟壳一共只做了两三锅的卤菜，还没等看出效果，就让食品监督部门的检查组逮个正着。

结果刘青构成生产和销售有毒、有害食品罪，被法院依法判处有期徒刑 6 个月，缓刑 1 年，并处罚人民币 4000 元。此外，更禁止她在缓刑考验期限内从事食品生产、销售及相关活动。

问题：食品监督部门是如何发现刘青的违法活动的？

八、酒店对食品安全事故的处理

酒店发生食品安全事故，应当立即予以处置，防止事故扩大。具体处理流程如下。

1. 报告

发生食品安全事件或可疑事件时，发现或者接到报告的人员，立即向酒店的食品安全事件应急处理小组报告。

2. 控制

酒店应立即停止食用可疑食品，封存被污染的食品及用具，追回已售出的可疑食品，根据情况有时还需要封存厨房及有关原料仓库。

3. 救治

酒店应及时将食物中毒病人及时送往当地医疗机构进行救治。

4. 收集

酒店应立即收集、保全食物中毒病人食用过的所有剩余食物及当餐所用原料、辅料等；收集、保全食物中毒病人的呕吐物、排泄物等。

5. 上报

酒店食品安全事件应急处置小组在食品安全事故发生的2小时内以最快捷的方式报告当地食品药品监管部门和卫生行政部门。

6. 协助调查

酒店协助配合食品药品监管部门和卫生部门查明食品安全事件原因。

> **同步案例** 连州市红楼宾馆加工经营超范围使用食品添加剂食品等案件
>
> 2015年10月1日实施的新食品安全法进一步加大了对违法行为处罚力度,对严重违法行为最高可处货值金额30倍罚款,对一般性违法行为也加大了惩处力度。2015年10月,广东省连州市红楼宾馆因加工经营超范围使用食品添加剂"日落黄"的"流沙包"60个,货值金额140元,被连州市食品药品监管局处以没收违法所得140元、罚款5万元的行政处罚;2015年11月,河北省唐山润良商贸有限公司因销售超过保质期的虾仁等食品,货值金额16524.33元,违法所得2445.53元,被河北省食品药品监管局处以没收违法所得2445.53元、没收违法经营的食品、罚款198291.96元(货值金额12倍)的行政处罚;2015年10月,浙江省绍兴镜湖十里荷塘休闲农庄因销售3瓶超过保质期的黄酒,销售金额84元,并使用超过保质期的大红浙醋,被浙江省绍兴市越城区食品药品监管部门处以没收违法所得84元、没收超过保质期大红浙醋1瓶、罚款五万元的行政处罚。
>
> 评析:根据《食品安全法》第一百二十四条规定,用超过保质期的食品原料、食品添加剂生产或经营食品、食品添加剂,或生产经营超范围、超限量使用食品添加剂的食品,尚不构成犯罪的,由县级以上人民政府食品药品监督管理部门没收违法所得和违法生产经营的食品、食品添加剂,并可以没收用于违法生产经营的工具、设备、原料等物品;违法生产经营的食品、食品添加剂货值金额不足一万元的,并处五万元以上十万元以下罚款;货值金额一万元以上的,并处货值金额十倍以上二十倍以下罚款;情节严重的,吊销许可证。
>
> (资料来源:国家食品药品监督总局网站 http://www.sda.gov.cn/,食品安全十大典型案例,2016年3月14日。)

第二节 酒店治安管理

一、酒店治安管理概述

社会安定、治安良好、客人有安全感是酒店业又快又好发展的基本条件之一,酒店业治安状况的好坏,对酒店行业的发展至关重要。我国十分重视酒店业的治安管理,先后发布了一系列法律规范保障酒店治安管理。

《中华人民共和国治安管理处罚法》于2005年8月28日第十届全国人民代表大会常务委员会第十七次会议通过,自2006年3月1日起施行,2012年又进行了修正。

《旅馆业治安管理办法》于1987年9月23日经国务院批准,1987年11月10日由公安部发布,自发布之日起施行;2011年1月8日对《旅馆业治安管理办法》部分条款做出修改。

《娱乐场所管理条例》于2006年1月29日经国务院批准公布,自2006年3月1日起施行,2016年2月6日根据《国务院关于修改部分行政法规的决定》对部分条款进行了修订。

二、开办酒店的治安管理

开办酒店,其房屋建筑、消防设备、出入口和通道等,必须符合消防、治安法规的有关规定,并且要具备必要的防盗安全措施。

申请开办酒店,应经主管部门审查批准,经当地公安机关签署意见,向工商行政管理部门申请登记,领取营业执照后,方准开业。经批准开业的酒店,如有歇业、转业、合并、迁移、改变名称等情况,应当在工商行政管理部门办理变更登记后3日内,向当地的县、市公安局、公安分局备案。违反上述规定开办酒店的,公安机关可以酌情给予警告或者处以200元以下罚款;未经登记,私自开业的,公安机关应当协助工商行政管理部门依法处理。

同步案例 小区交房不到两年 冒出数十家"旅馆"

王女士家住火车站旁边的鑫都韵城小区,最近楼上楼下的住户将住宅私自改成了旅馆,三居室的房子改成了多个房间,每天晚上有不少外来人员进进出出,还有不少人拖着行李箱进出,各种声音影响附近居民休息。

小区物管也注意到"黑旅馆"问题,目前小区交房才1年多,"黑旅店"数量已多达52家。据业内人士介绍,开办一家正规的公寓式酒店,需要有六证在手才算合法的,包括消防许可证、营业执照、税务登记证、排污许可证、卫生许可证及特种行业许可证。而对于那些没有许可证,私自运营的酒店式公寓,一旦发现,将会有相关部门去进行查处,查处后先是罚款,然后就直接进行取缔。

评析:公安部门可依法责令无证旅馆停业。我国《旅馆业治安管理办法》明确规定,申请开办旅馆,应经主管部门审查批准,经当地公安机关签署意见,向工商行政管理部门申请登记,领取营业执照后,方准开业。违反该规定开办旅馆的,公安机关可以酌情给予警告或者处以200元以下罚款;未经登记,私自开业的,公安机关应当协助工商行政管理部门依法处理。

旅馆业属于特种行业,需要取得公安机关核发的《特种行业治安许可证》。申领《特种行业许可证》,应当具备以下条件:①场所的布局和设施符合消防安全要求;②具有符合条件的法定代表人和主要负责人;③具有相应的安全技术防范设施

和治安信息报送设备;④符合法律、法规规定的其他治安条件。此外经营旅馆业的,应当执行住宿登记、会客登记、贵重物品保管和值班巡查制度,并且不得影响周围单位和居民的正常工作、生活。显然鑫都韵城小区的数十家"旅馆"明显不符合上述要求,不可能取得《特种行业许可证》。鑫都韵城小区的数十家"旅馆"擅自开办特种行业的,工商部门可以责令停业,对法定代表人或责任人处3000元罚款,对"旅馆"处1万元罚款,并没收违法所得和非法经营的物品。

三、酒店经营中的治安管理

(1)凡经营酒店住宿业,要依法建立各项安全管理制度,设置保卫部门或配置安全人员。

(2)酒店接待客人住宿必须登记。登记时,应当查验客人的身份证件,按规定的项目如实登记。接待境外客人住宿,还应当在24小时内向当地公安机关报送住宿登记表。

当前酒店住宿登记存在"一人登记多人住宿"、"本人登记他人住宿"和"住宿不登记"等多种违规现象,这些乱象造成酒店、宾馆成了犯罪嫌疑人、逃犯的首选藏身地,给酒店经营带来重大安全隐患。因此,床位数达到一定规模的酒店宾馆,应全部安装治安信息系统。客人入住后,他们的身份证信息要录入酒店的治安信息系统,以备公安部门检查。客人登记入住后,也不得私自留客住宿或者转让床位。

(3)酒店应当设置客人财物保管箱、柜或者保管室、保险柜,指定专人负责保管工作。对客人寄存的财物,要建立登记、领取和交接制度。

(4)酒店对客人遗留的物品,应当妥为保管,设法归还原主或揭示招领;经招领3个月后无人认领的,要登记造册,送当地公安机关按拾遗物品处理。对违禁物品和可疑物品,应当及时报告公安机关处理。

(5)严禁客人将易燃、易爆、剧毒、腐蚀性和放射性等危险物品带入酒店,对违禁物品和可疑物品,应当及时报告公安机关处理。

(6)酒店内,严禁卖淫、嫖宿、赌博、吸毒、传播淫秽物品等违法犯罪活动,绝不能对在酒店中从事卖淫、嫖宿、赌博、吸毒、传播淫秽物品等违法犯罪活动袖手旁观,必须及时向当地公安机关报告。

(7)酒店工作人员发现违法犯罪分子,形迹可疑的人员和被公安机关通缉的罪犯,应当立即向当地公安机关报告,不得知情不报或隐瞒包庇。

四、酒店娱乐场所的治安管理

在酒店内开办舞厅、音乐茶座等娱乐、服务场所的,除执行《旅馆业治安管理办法》、《娱乐场所管理条例》等有关规定外,还应当按照国家和当地政府的有关规定管理。

(1)国家倡导弘扬民族优秀文化,禁止酒店娱乐场所从事违反宪法确定的基本原则的;危害国家统一、主权或者领土完整的;危害国家安全,或者损害国家荣誉、利益的;煽动民族仇恨、民族歧视,伤害民族感情或者侵害民族风俗、习惯,破坏民族团结的;违反国家宗教政策,宣扬邪教、迷信的;宣扬淫秽、赌博、暴力以及与毒品有关的违法犯罪活动,或者教唆犯罪的;违背社会公德或者民族优秀文化传统的;侮辱、诽谤他人,侵害他人合法权益的;法律、行政法规禁止的其他内容。

(2) 酒店娱乐场所及其从业人员不得从事黄赌毒等违法活动,也不得为黄赌毒等违法活动提供条件。

(3) 营业场所的出入口、主要通道要安装闭路电视监控设备和设置明显指示标志,在营业期间保证闭路电视监控设备正常运行,并将闭路电视监控录像资料留存30日备查。

(4) 歌舞娱乐场所的包厢、包间内不得设置隔断,并应当安装透明门窗。包厢、包间的门不得有内锁装置。营业期间,歌舞娱乐场所内亮度不得低于国家规定的标准。

(5) 娱乐场所使用的音像制品或者电子游戏应当是合法正版的产品。游艺娱乐场所不得设置具有赌博功能的电子游戏机等游戏设施设备,不得以现金或者有价证券作为奖品,不得回购奖品。每日凌晨2时至上午8时,娱乐场所不得营业。

(6) 任何人不得非法携带枪支、弹药、管制器具或者携带爆炸性、易燃性、毒害性、放射性、腐蚀性等危险物品和传染病病原体进入娱乐场所。迪斯科舞厅应当配备安全检查设备,对进入营业场所的人员进行安全检查。

(7) 营业期间应当保证疏散通道和安全出口畅通,不得封堵、锁闭疏散通道和安全出口,不得在疏散通道和安全出口设置栅栏等影响疏散的障碍物。

(8) 不得接纳未成年人,也不得招用未成年人。除国家法定节假日外,酒店设置的电子游戏机不得向未成年人提供。应当在营业场所的大厅、包厢、包间内的显著位置悬挂含有禁毒、禁赌、禁止卖淫嫖娼等内容的警示标志、未成年人禁入或者限入标志。标志应当注明公安部门、文化主管部门的举报电话。

(9) 娱乐场所应当建立从业人员名簿和营业日志,且营业日志不得删改,并应当留存60日备查。娱乐场所应当与保安服务企业签订保安服务合同,配备专业保安人员;不得聘用其他人员从事保安工作。

(10) 娱乐场所应当建立巡察制度,发现娱乐场所内有违法犯罪活动的,应当立即向所在地县级公安部门、县级人民政府文化主管部门报告。

第三节 酒店消防管理

一、消防法律制度概述

我国十分重视消防立法工作,目前已初步形成了以《中华人民共和国消防法》为基本法律,以消防法规和技术规范、标准以及地方性消防法规相配套的消防法规体系。

1998年4月29日,第九届全国人民代表大会常务委员会第二次会议审议通过了《中华人民共和国消防法》(以下简称《消防法》),同年9月1日起施行;现行《中华人民共和国消防法》又于2008年10月28日修订通过并公布,自2009年5月1日起施行。为适应经济社会快速发展的需求,《消防法》正在修订之中。

此外,1999年5月11日公安部部长办公会议通过并发布实行《公共娱乐场所消防安全管理规定》,以及公安部先后颁布了与《消防法》相配套的《建筑工程消防监督审核管理规定》、《火灾事故调查规定》、《消防监督检查规定》、《机关、团体、企业、事业单位消防安全管理规定》等部门规章。

二、酒店消防安全管理内容

根据有关消防法律规定,宾馆(酒店)属公众聚集场所,是消防安全重点单位,应当按照法律规定的要求,实行严格管理。酒店消防管理坚持"预防为主、防治结合"的方针和"自防自救"的原则。

(1) 酒店工程在建设前,应当将酒店消防设计文件报送公安机关消防机构进行消防设计审核,审核通过后方能发放申领施工许可证。

(2) 酒店在投入使用、营业前,应当向所在地县级以上公安机关消防机构申请消防安全检查,未通过检查的,不得投入使用。

(3) 酒店的法人代表或者主要负责人是酒店的消防安全责任人,对酒店的消防安全工作全面负责。酒店应当落实逐级消防安全责任制和岗位消防安全责任制,明确逐级和岗位消防安全职责,确定各级、各岗位的消防安全责任人。

(4) 酒店的舞厅、餐厅、酒吧等场所,必须按核定人数接待,不得超员。

(5) 酒店要设有与附近公安消防队直通的火警电话,客房内应有安全疏散路线图。餐厅、楼层及走道应当配置相应种类的轻便灭火器材,各楼层宜配备供住客自救用的安全门或缓降器、软梯、救生袋等避难救生器具等。

(6) 酒店应当按照国家有关规定,结合本单位的特点,建立健全各项消防安全制度和保障消防安全的操作规程,并公布执行。酒店消防安全制度主要包括以下内容:消防安全教育、培训;防火巡查、检查;安全疏散设施管理;消防(控制室)值班;消防设施、器材维护管理;火灾隐患整改;用火、用电安全管理;易燃易爆危险物品和场所防火防爆;专职和义务消防队的组织管理;灭火和应急疏散预案演练;燃气和电气设备的检查和管理(包括防雷、防静电);消防安全工作考评和奖惩;其他必要的消防安全内容。

三、酒店火灾的预防

(1) 在建筑装修方面严格把关。选用材料要符合防火安全要求,严禁使用易燃可燃材料进行大面积装修。

(2) 规范电路设备的安装,加强电器设备的日常维修与维护。

(3) 强化防火安全意识,健全各项制度。随时提醒客人注意防火安全,提倡安全服务用语,在物资仓库设醒目的防火标志。在工作人员中普及防火及灭火常识。

(4) 配备充足的消防器材设施,做好灭火准备。在酒店公共区域配备灭火装置,在客房内配备手电筒、逃生绳等逃生器材;定期组织人员搞好灭火演练,不断提高酒店内部的自防自救能力。

四、酒店火灾应急预案

(1) 发现火情后,应第一时间确定火势大小。如果是在火灾初起阶段,应就近取灭火工具进行灭火。如果火势较大个人无法控制应迅速将火警信息向直接级领导和酒店消防中心汇报。

（2）酒店总经理根据火情情况，决定报警后，酒店立即启动消防应急预案。通知工程部停止电梯使用，然后全酒店断电，开启应急照明装置，并立即组织力量扑救火灾。

（3）组织酒店人员有序引导酒店客人疏散，避免造成客人恐慌。

（4）对因参加救火受伤、致残或死亡的人员，按照国家有关规定给予医疗或抚恤。

同步案例　　酒店被临时查封　员工擅拆封条继续营业被拘7天

2017年10月1日，消防大队在对格雷登酒店有限公司（维也纳酒店）进行突击检查时发现，该单位多项消防设施故障，不具备防灭火功能，严重威胁公共安全。10月2日下午，高新消防大队依法对其实施临时查封，要求其立即停业整改。然而10月3日11时许，该酒店员工王某某在明知酒店被消防大队依法临时查封后，仍擅自将消防大队粘贴在酒店控制室电源箱上的封条拆开，并将电源开关合上后让酒店继续通电营业。事后，王某某主动投案。长沙市公安局高新区分局根据《中华人民共和国消防法》，对王某某行政拘留七日。

问题：王某为何被处以七日的行政拘留？酒店在此过程中可以免责吗？

（资料来源：吴和健.酒店被封要求整改 员工擅拆封条继续营业被拘7天.潇湘晨报，2017-10-08.）

本章小结

本章介绍了酒店餐饮安全管理、治安管理和消防管理等方面的法律规定。其中，餐饮安全管理涉及餐饮服务的概念、餐饮许可证制度、餐饮生产经营条件、食物中毒及处理等内容；酒店治安管理主要包括酒店开办和运营管理过程中的法律规定；酒店消防的主要内容包含酒店消防的法律渊源、主要内容，以及火灾的预防和处理等。

食品　食品安全　餐饮服务　健康证　食物中毒　餐饮服务许可证　住宿登记　消防安全检查　消防应急预案

思考与练习

一、选择题

1. 所谓食品中毒是指（　　）和有毒动植物等引发的暴发性中毒。
   A. 有毒性　　　　B. 细菌性　　　　C. 化学性　　　　D. 真菌性

2. 《食品安全法》明确规定禁止生产经营（　　）等食品。
   A. 混有异物的
   B. 致病性微生物超过国家限定标准的
   C. 含有毒物质的
   D. 死因不明的动物制品

3. 酒店对客人遗留的物品，经招领（　　）后无人认领的，要登记造册，送当地公安机关处理。
   A. 3 个月　　　　B. 2 个月　　　　C. 6 个月　　　　D. 4 个月

4. 餐饮服务许可证的有效期为（　　）年。
   A. 3　　　　　　B. 8　　　　　　C. 10　　　　　D. 5

5. （　　）有权举报食品生产经营中的违法行为，有权向有关部门了解食品安全信息，对食品安全监督管理工作提出意见和建议。
   A. 任何组织或个人　　　　　　　B. 只有食品生产经营者
   C. 仅消费者　　　　　　　　　　D. 只有食品企业从业人员

6. 我国消防工作贯彻（　　）的方针。
   A. 以防为主，防消结合　　　　　B. 预防为主，防消结合
   C. 专责机关与群众相结合　　　　D. 以防为主，以消为辅

7. 我国的消防工作实行（　　）责任制。
   A. 消防安全　　　B. 政府领导　　　C. 消防监督　　　D. 防火安全

8. 酒店娱乐场所在下列哪个时间不能营业？（　　）
   A. 中午 11:00　　B. 下午 15:00　　C. 凌晨 1:30　　D. 凌晨 2:30

二、判断题

1. 地方各级人民政府应当落实消防工作责任制，对本级和下级人民政府有关部门履行消防安全职责的情况进行监督检查。（　　）
2. 消防安全重点单位应当确定消防安全管理人。（　　）
3. 进行电焊、气焊等具有火灾危险作业的人员和自动消防系统的操作人员，必须持证上岗，并遵守消防安全操作规程。（　　）
4. 任何单位、公民都有参加有组织的灭火工作的义务。（　　）
5. 任何人发现火灾都应当立即报警。（　　）
6. 食品和食品添加剂与其标签、说明书所载的内容不符的，不得上市销售。（　　）

7.食品广告中的内容应当真实,不得含有虚假或者夸大的内容,如有药品功能的,可涉及相关疾病预防、治疗功能。( )

8.食品生产经营者应当依照《食品安全法》的规定,建立食品安全追溯体系,保证食品可追溯。( )

9.任何单位或者个人不得阻挠、干涉食品安全事故的调查处理。( )

三、案例分析题

2017年2月25日8时22分,南昌市公安消防支队指挥中心接到报警,位于红谷滩新区的某星级酒店1楼唱天下KTV发生火灾。南昌市消防支队指挥中心立即调派8个中队、20辆消防车、160余名消防官兵赶赴现场扑救,火灾共造成10人死亡,13人受伤。初步调查,火灾是由于切割装修材料引起,7名相关责任人员被公安机关控制。事故正进一步调查中。

事故发生后,媒体曾刊文十问南昌酒店火灾。

1.KTV为什么会有现场切割施工?

建筑一至二层为唱天下KTV,该KTV于2月17日起停业,2月20日开始整体拆除内部装修材料,打算后期重新装修改造。

2.火是怎么着起来的?

火灾原因初步认定为工人在一楼至二楼楼梯用气割枪切割楼梯扶手过程中,高温熔融物掉落到楼梯下方,引燃堆放的废弃沙发蔓延成灾。

3.KTV店和现场作业工人是什么关系?

KTV店管理层决定要拆除KTV原有装修,以15万的价格承包给刘某(刘某没有相关资质,没有专业施工队伍),刘某以12.7万元转包给万某拆除墙面装修等。同时,刘某又以2万多元的价格将拆除的物品卖给收破烂的李某,约定李某要自行把一楼至二楼的金属楼梯切割走。

4.楼梯底下的沙发原本该由谁清理?

据包工头刘某和切割工李某介绍,沙发应该由二楼拆墙班组工头万某清理,刘某曾多次催促万某,万某一直拖延。

5.肇事切割工是否经过专业培训?

据切割工李某自己介绍,平时以收破烂为业,没有经过专业的切割培训和相关资质。

6.最早发现起火的是谁?是否组织扑救?

据切割工李某介绍,他和另一个同伴先发现起火,立即寻找灭火器灭火,一楼KTV因为已经停业,灭火器被收走,李某找到大厅旁边的室内消火栓,利用消防软管进行了灭火扑救,但火势太大,便放弃灭火。李某的同伴称,火灾发生时,楼梯底下有多个沙发,着火的沙发在靠里面,他努力搬走外面的沙发想进去灭火,但是火势在一分钟内便猛烈燃烧,在他搬完第三个沙发后,已经不能靠近火源,随后自行逃生,手上有救火的伤痕。李某逃生时,搬走了切割用的两个氧气瓶和煤气罐。

7.火灾现场为何浓烟不断?

KTV内有大量的沙发座椅,还有已经拆下来的塑料材料、隔音棉、木质板材、皮料、垃圾等,堆放在大厅,燃烧后短时间内会产生巨大烟雾。

8. 火势为什么蔓延这么快?

据切割工李某介绍,一楼楼梯上方有从二楼天花板吊下来的装饰布艺,瞬间被一楼沙发引燃,再引燃二楼沙发和其他可燃物。沙发里面主要的成分是海绵,海绵是用合成树脂(塑料)做成的,属于易燃材料,火灾蔓延速度快,燃烧生成大量含氰基的气体,毒性大,窒息性强,过多吸入后会中毒身亡。

9. 发生火灾时KTV内的消防设施为何没有启动?

据包工头刘某介绍,他从KTV老板处接到拆除业务后,要求KTV切断了店内原有的电源和消防设施的水源,以方便施工。

10. 遇难者为何没能第一时间逃生?

起火时二楼有20人左右,靠近楼梯的南面和中间位置的大部分工人发现火灾后自行逃生,二楼遍地都是拆除下来的装修垃圾,对工人逃生有阻碍作用,最终发现遗体的部位附近的疏散通道被堵塞,影响了工人逃生。

请思考,如果这起重大火灾事故的起火原因最终确定是由电焊切割装修材料引起,该事故的责任方有哪些?各方应该承担什么样的法律责任?

第八章

酒店竞争及价格管理

学习目标

1. 了解《反不正当竞争法》和《价格法》对酒店日常经营的影响和指导作用。
2. 重点掌握假冒行为、虚假宣传、侵犯商业秘密、搭售和设置不合理交易条件等酒店不正当竞争行为；掌握酒店明码标价和各种不正当价格行为。
3. 树立合法、正当的竞争意识和观念，形成正确的商品价格观。

案例导入　酒店捆绑婚庆公司消费竟成潜规则

2016年5月，消费者王先生在虹口某四星酒店预订了18桌婚宴，婚期定于第二年3月。在确定酒店没有其他特殊要求的前提下，王先生与该酒店签订了协议，并支付定金1000元。

当年11月，王先生又与某婚庆公司签订协议，由该婚庆公司全程策划婚礼仪式。随后王先生再次与该四星酒店确认婚宴事宜。却被告知婚宴必须使用该酒店指定的婚庆公司，其他婚庆公司入场，消费者需另外支付2000元入场费。

王先生对此不能接受，他认为酒店的规定既没有事先说明，而且这样的强制规定也不合理。在与酒店协商不成的情况下，王先生投诉至虹口区消保委。

区消保委接到消费者投诉后，立即与该酒店取得了联系。该酒店负责人解释说，在酒店举办婚宴配套使用酒店指定的婚庆公司，是公司的规定。消费者在签订协议时，接待员对这一规定没有解释清楚。

思考：试问酒店的辩解是否恰当，王先生能否维权成功？

第一节 酒店不正当竞争及管理

一、酒店不正当竞争的概念

竞争,是市场经济发展的客观要求,具有双重性,一方面促进经济的发展,另一方面使不适应竞争者所付出的劳动归于无效,造成社会财富的浪费。竞争者为使自己的劳动在市场上实现交换,有可能采取各种方法和手段,进行正当和不正当的竞争。

酒店不正当竞争是指酒店不遵守《反不正当竞争法》的规定,在经营活动中违背自愿、平等、公平、诚实信用等市场交易原则和公认的商业道德,损害其他酒店的合法权益,扰乱社会经济秩序的经营行为。

二、酒店不正当竞争的特征

1. 行为主体是酒店及相关经营者

非酒店经营者不是市场竞争行为的主体,故不能构成不正当竞争行为的主体。但是非酒店经营者的行为有时会妨碍酒店的正当经营活动,侵害酒店的合法权益,如政府机关及其所属部门滥用行政权力的行为等。如旅游星级评定机构滥评星级、食品药品监管局滥发餐饮服务许可证等。

2. 是酒店在经营活动中实施的违法行为

在酒店同业竞争中,所实施的欺诈性交易行为、商业贿赂行为、引人误解的虚假宣传行为、侵犯商业秘密行为、不正当的有奖销售行为及搭售和附加不合理条件的交易等行为,均违反了自愿、公平、诚实、平等的市场交易原则和公认的商业道德行为,也同时是《反不正当竞争法》所禁止的经营行为。

3. 行为侵害的客体是其他酒店的合法权益和正常的社会经济秩序

一般来说,酒店通过任何不正当手段获取的竞争优势,相对于市场中的其他诚实酒店而言都是不公平的。具体到某一不正当竞争行为时,它都意味着损害或可能损害某一特定酒店竞争者的利益。比如假冒其他酒店注册商标、侵犯其他酒店商业秘密,都直接构成对商标权所有酒店、商业秘密合法拥有酒店合法权益的侵害。另外值得注意的是,酒店不正当竞争行为通常不仅会损害其他酒店的利益,还会损害酒店客人的利益。其主要表现为:有些是直接损害酒店客人而间接损害其他酒店竞争者利益,如虚假广告、搭售等;有些是直接损害其他酒店竞争者而间接损害酒店客人利益,如假冒、商业诋毁、侵犯商业秘密等。这种直接损害其他酒店的不正当竞争行为,即便表面上对酒店客人无直接侵害,但最终会导致市场支配地位的产生,因此最终受害的还是酒店客人。

> **知识链接**
>
> 1993年9月2日,第八届人大常委会第三次会议通过我国《反不正当竞争法》,1993年12月1日起施行。我国的《反不正当竞争法》主要调整反不正当竞争行为和部分限制性竞争行为(如部门垄断、地区封锁),确认上述行为产生监督管理关系和民事赔偿关系。
>
> 反不正当竞争法,是指国家在鼓励和保护公平竞争,调整和制止不正当竞争行为过程中发生的经济关系的法律规范的总称。其调整的对象是国家在鼓励、保护公平竞争,制止不正当竞争过程中发生的经济关系。其具体表现为:经营者之间因不正当竞争而发生的经济关系;经营者与其他单位和个人因不正当竞争而发生的经济关系;经营者与反不正当竞争监督机关以及政府、政府所属部门之间,在监督检查不正当竞争行为过程中发生的经济关系。

三、酒店不正当竞争行为

1. 欺骗性交易行为

欺骗性交易行为,是指酒店违背诚实信用的商业道德,采取假冒、仿冒和其他虚假手段从事市场交易,损害其他酒店竞争对手,获取非法利益的行为。其特征主要是酒店故意采取欺骗手段,使酒店客人或其他酒店等相对人产生混淆或误信,从而获得市场交易机会的行为。

(1) 假冒其他酒店注册商标。

假冒其他酒店注册商标是指酒店所使用的商标,与其他酒店已注册的商标相同或者相近,造成与其他酒店的名称、服务品牌产生混淆,而不管是否引起酒店客人误购的不正当竞争行为。如四川长富集团谭氏官府菜未经北京酒店谭家菜餐饮有限责任公司的许可,擅自使用了后者所享有的"谭"、"谭府"注册商标专用权,在广告宣传中突出使用了"谭"字样,在其经营场所悬挂的店内牌匾中使用了"谭府"字样,所以,四川长富集团谭氏官府菜餐饮发展有限责任公司侵犯了北京酒店谭家菜餐饮有限责任公司的注册商标专用权,属假冒他人注册商标的行为。另外,北京"仝(tong 音)聚德烤鸭"与注册商标"全聚德烤鸭"相近,极易引起客人混淆,也属于假冒其他酒店注册商标的不正当竞争行为。

(2) 擅自使用知名酒店的字号或其标志。

酒店名称是区别不同酒店品牌的标志之一,依法由酒店所在地的行政区划、字号或经营特点、组织形式等组成,其中字号是区别不同酒店的主要标志。擅自使用知名酒店的字号或其标志是指酒店未经其他知名酒店的许可,擅自使用了其字号或标识,造成客人混淆或误

信,从而获得市场交易机会的行为。

该行为的主要特征是酒店实施了擅自使用其他知名酒店的字号或标志。例如"万豪"、"君悦"分别是美国万豪国际酒店集团和美国凯悦国际酒店集团旗下的知名字号,当前国内部分酒店存在擅自使用这两个字号的现象,实属"违法"。

案例分析

未突出使用他人注册商标作为企业字号不构成侵权

2003年,大连金石滩国家旅游度假区金石旅店(系个体工商户)获得"金石"注册商标专用权,核定服务项目为"提供食宿旅馆;旅游房屋出租",注册有限期限自2003年1月21日起,至2013年1月20日。2006年金石旅店将注册商标转让给非零和公司。其后,非零和公司发现西安金石酒店未经许可使用其"金石"注册商标作为企业字号,要求后者在一个月内停止侵权行为,协商解决侵权事宜,否则将追究金石酒店法律责任。

事后查明,金石酒店将与非零和公司注册商标相同的文字"金石"登记为企业名称中的字号,但金石酒店从事的服务与非零和公司的经营范围不相同,也不相近似,金石酒店也未在企业名称和酒店配备的用品及宣传单上突出使用"金石"二字,且金石酒店在酒店用具、宣传单上使用"金石国际大酒店"字样的上方或左方同时使用了金石酒店未注册的图形标识;另外北京非零和公司并未实际从事提供食宿旅馆、旅游房屋出租的业务。

试问:案例中的西安金石酒店是否涉嫌侵犯他人注册商标权,为什么?

(3) 假冒认证标志。

酒店假冒认证标志是指酒店虚构认证标志,或提升认证等级,造成酒店客人误信的经营行为。如未评星级的酒店却在广告宣传中自称"××星级"或按照"××星级"建造,四星级酒店号称五星级,擅自悬挂绿色酒店认证标志等,都属于假冒认证标志的违法行为。

2. 酒店商业贿赂行为

酒店商业贿赂行为是指在酒店市场交易行为活动中,为争取交易机会,采用财物或者其他手段收买客户的雇员、代理人或酒店行政监管部门工作人员的不正当竞争行为。酒店商业贿赂行为发生在市场交易中,主要目的是排挤其他酒店竞争对手,促成交易、牟取利润,包括酒店商业行贿行为和酒店商业受贿行为。因此,在当前的酒店经营过程中,酒店的采购人员、点菜员、高层管理人员可能存在酒店商业受贿违法行为,而市场销售人员为了达成销售合同,则可能存在酒店商业行贿违法行为。在酒店商业贿赂行为的手段上,主要有两种,一是采用财物或出国考察、免费度假、免费旅游、色情服务等其他手段进行贿赂,以销售或购买商品、服务。二是在交易过程中在账外暗中给予或接受回扣。

> **知识链接**　　　　回扣和佣金的是非
>
> 给付回扣是一种国际惯例,德国、澳大利亚、美国等发达国家都曾通过立法的形式对其进行规范管理。我国于1987年发布了《关于严格禁止在旅游业务中私自收受回扣和收取小费的规定》,1988年全国人大常委会又在《关于整治贪污受贿的补充规定》中将回扣列入贿赂罪。回扣,指经营者在市场交易活动中,为获取不正当利益,暗中约定由交易一方当事人在收取的货款或酬金中,在账外暗中返还一部分给对方及其有关人员。实质上是经营者一方在账外暗中给予对方单位或者个人一定数额的金钱、有价证券或财物;对方单位或者个人在账外暗中收受一定数额的金钱、有价证券或财物,这是一种主要的商业贿赂行为。其特征表现为:回扣发生在市场交易的过程中;回扣的给付者既可以是买方,也可以是卖方;回扣是交易双方故意和自愿的行为,其手段为账外暗中进行。给回扣的目的在于获取交易机会和更多利益,排挤诚实的同行竞争对手。
>
> 回扣在现实生活中的表现形形色色,如在酒店经营过程中,酒店为接待旅行社团队到餐厅就餐或住宿,主动提供给导游人员一定数量的钱款;或者酒水供应商给酒店员工的销售提成等,均属回扣的范畴。
>
> 我国《反不正当竞争法》对回扣问题的规定:一是经营者在销售或者购买商品的交易中不得行贿受贿。二是经营者在市场交易过程中不得给予回扣或者收受回扣,给予或者收受回扣的以商业贿赂论处。三是经营者在市场交易中可以给对方折扣让利,可以给中间商佣金,但必须是公开、明示的,必须如实入账。
>
> 佣金,是指在市场交易中经营者支付给具有独立地位的中间商或者居间人为双方介绍业务、提供服务、撮合成交的酬金。是商业活动中经济人得到的一种劳动报酬。其基本特征是:佣金是市场交易过程中经过工商登记的合法经济人的劳务所得;佣金可由卖方支付,也可由买方支付,收取佣金者为具有独立地位的第三人;明示方式公开给付。经营者给付佣金,中间商收取佣金是商业惯例,应受法律保护,随着我国市场体制逐步建立、完善,明确佣金的法定含义、规范佣金制度、制止不正当竞争是必须的。
>
> 佣金作为卖方或买方支付给居间人或中间人的劳务费或报酬,最显著的特点,除公开明示、入账外,还表现在佣金付给交易双方以外的第三人,这与回扣截然不同。因此,佣金作为国际、国内的商业惯例和法律规定是允许的,回扣是不允许的。

酒店商业贿赂行为的特征如下。
(1) 主体的多重性。
酒店作为商业贿赂行为的实施者,既可以是受贿方,也可以是行贿方;酒店商业贿赂的

对象是酒店的交易相对人或对商业成交具有决定作用或重大影响的人。

（2）主观自愿性。

实施商业贿赂是酒店或相关经营者主观上的故意和自愿行为，以排挤竞争对手为目的，争取交易优势。

（3）客观隐蔽性。

酒店商业贿赂行为表现为账外暗中给予金钱财物，具有一定的隐蔽性，违反国家有关财务、会计、廉政方面的法规规定。

（4）形式多样性。

酒店商业贿赂行为形式有金钱回扣、提供免费度假、旅游、高档宴席、色情服务、赠送昂贵物品、房屋装修、解决子女亲属入学、就业等多种。

知识链接　　在酒店内买断销售权

当前部分酒类企业在酒店采用了买断销售权的营销方式。所谓买断销售权就是酒类企业与酒店达成一致协议，企业给予酒店更加优惠的价格和额外条件，在规定的时间内，酒店保证只销售酒类企业提供的指定产品的一种销售方式。

酒类企业的对酒店施以高额的利润回报，以及其他的附加条件而获得买断销售权，合约酒店只能销售酒类企业提供的指定酒类产品，不得销售其他竞争者的产品，否则视为违约，酒类企业许以的某些优惠条件将不能得到兑现，酒店的酒类经销权受到酒类企业的严格约束和监督，不能随意改变，所以酒类企业获得了极具垄断性的专销权，阻止了其他酒类竞争品牌的进入，形成较为坚实的市场壁垒。

这种买断销售权营销方式又是一种不公平竞争行为，它违背市场经济规律的，因为它的垄断权是通过不正当的、不公平的途径获取的。酒类企业对酒店许以的各种额外回报和优惠，尤其是开盖有奖、包装内含现金券、给服务人员开瓶费等促销行为本身就是一种商业贿赂行为，是一种不正当竞争，是不符合市场经济公平竞争规则的，它使各种实力不同的竞争者不能站在同一起跑线上展开竞争，助长了强势酒类企业的霸气，而给弱势酒类企业市场开发造成更大的压力，这种方式的过度发展必将导致市场竞争更加混乱无序。与此同时，它又侵害了消费者的消费自主权，一是品牌的选择十分有限，甚至唯一性，限制了酒店客人自主选择酒类品牌的权利，二是促销人员的强行推销或酒店的强买强卖行为伤害了客人的感情，影响了客人的消费情绪。所以这种营销方式是不利于酒类市场的健康发展的，不但不提倡发展，而且应当坚决制止。

3. 引人误解的虚假宣传行为

引人误解的虚假宣传行为是指在酒店经营活动中，酒店利用广告或其他方法对酒店提供的服务做不真实的宣传,导致客人误解的经营行为。

实践中,虚假宣传主要表现在:酒店利用广告做虚假宣传,吸引酒店客人错误选择酒店服务;酒店利用广告贬低竞争对手的商品和服务质量,诋毁竞争对手的声誉;借口促销、利用广告对酒店产品或服务的质量、制作成分、性能、用途、生产者、产地、来源等做不符实际的宣传,引人误解而购买。引人误解的虚假宣传,使酒店客人接受错误信息,做出了错误的选择,严重损害了他们的利益;诋毁了同业竞争者的声誉;破坏了市场竞争规则,助长了不正之风的蔓延,理应为法律所禁止。

知识链接　　酒店虚假宣传花样多

某段时间,北京一些酒店、酒楼纷纷打出防治"非典"的旗号,用所谓的"防非典餐"招揽顾客。如某家酒店大堂内悬挂着写有"抗SARS特别推出:灵芝鸡38元/罐"字样的横幅,并在横幅旁的海报上写着"抗SARS病毒药膳灵芝鸡38元,可提高免疫力及滋补身体;具有补脾益气之效,可提高人体抵抗SARS的能力"。该酒店已经涉嫌对顾客进行误导宣传。

在昌乐县一家酒店打出广告宣称:该酒店的酒菜除了具有降低胆固醇、排毒和延缓衰老外,还可以预防皮肤癌变等功效。该酒店店铺对外打着"超级香酒店"的招牌。在店面的隔墙玻璃上,张贴着一张张塑料膜印刷的各种宣传医疗效果的广告语。在该店上方的一块招牌上,还标有"消疲劳、提高免疫力、促进钙吸收"的字样。这家酒店在广告语中宣称,店里出售的饭菜具有健脾利湿、开胃益智等功能,还能增强人的脑力和记忆力。不可思议的是,店铺里的广告还称这里的饭菜含有7种"抗衰老剂",可以预防心脏病和癌症,可以补钙、降血压、排毒、延缓衰老、降低胆固醇以及防止皮肤病变。这些夸大其词的宣传语,简直把饭菜描述成了无所不能的"灵丹妙药"。

昌乐县阿陀工商执法人员对这家酒店进行查处,责令店主撕下宣传单,并将其广告牌摘下。根据《广告法》规定,食品广告的内容不允许标有治疗疾病的功效。而这家酒店夸大其词的虚假广告,明显违反了相关规定。

4.侵犯商业秘密行为

根据《反不正当竞争法》的规定,商业秘密是指不为公众所知悉、能为权利人带来经济利益、具有实用性并经权利人采取保密措施的技术信息和经营信息。在酒店主要表现为菜肴制作工艺流程、技术秘诀、客户名单等。商业秘密是酒店的特殊财产,具有独特秘密性、实用性、保密性的特征。在酒店业中,商业秘密是经营信息,是酒店在长期实践中积累起来的,有的甚至是付出了大量的人力、物力、财力及其智力才创造形成的,对于酒店的发展壮大尤为重要,是酒店的特殊财产,一旦泄露,将给酒店权利人带来损失、造成威胁,甚至被窃取者挤垮。因此，商业秘密对于酒店未来经营是十分重要的。侵犯酒店商业秘密行为的表现如下。

（1）以盗窃、利诱、胁迫或其他不正当手段获取。例如，通过"洽谈业务"、合作开发、学习取经等活动套取权利人的商业秘密，也属此列。

（2）披露、使用或者允许他人使用通过上述手段获取的商业秘密。

（3）违反规定或者违反权利人有关保守商业秘密的要求，披露、使用或允许他人使用其掌握的商业秘密。

（4）第三人明知或应知前述违法行为，仍获取、使用、披露他人的商业秘密。

案例分析

客户名单明确界定

王某原是江苏一从事纺织品出口业务的公司的员工，掌握了公司七个日本客户的名单。公司与其签订的劳动合同中约定了保密条款并采取了一系列的保密措施。2001年3月中旬，王某离职自己成立了公司，直接与日本客户进行业务联系。法院认为，王某非法披露、擅自使用客户名单，侵犯了原公司的商业秘密，判决其停止侵权并赔偿损失32万元。

评析：客户名单大概是目前有关商业秘密侵权中最普遍的一种，显然，不是所有的客户名单都是商业秘密。但司法实践中，对其是否构成商业秘密的判断标准并不统一。《不正当竞争司法解释》（下称《解释》）规定，客户的名称、地址、联系方式以及交易的习惯、意向、内容等构成的区别于相关公知信息的特殊客户信息，包括汇集众多客户的客户名册，以及保持长期稳定交易关系的特定客户，构成"商业秘密中的客户名单"。

《解释》还规定，客户基于对职工个人的信赖而与职工所在单位进行市场交易，该职工离职后，能够证明客户自愿选择与自己或者其新单位进行市场交易的，应当认定没有采用不正当手段，但职工与原单位另有约定的除外。

5. 搭售或附加不合理条件交易行为

搭售或附加不合理条件的交易行为是指酒店利用其经济优势，违背酒店客人的意愿，强行要求客人购买所搭配的酒店产品或接受附加的其他不合理条件的经营行为。该行为违背市场交易必须遵循自愿、平等、公平的原则，损害酒店客人的利益，破坏市场公平竞争秩序，为法律所禁止。在我国酒店市场交易中，搭售和附加不合理条件的交易行为主要表现为酒店餐饮或娱乐包房的最低消费，"开瓶费"的收取和包含"免早"的客房价格等。

酒店搭售和附加不合理交易行为的突出特征违背酒店客人意愿，主观上出于故意，客观方面已经给酒店客人造成了损失，并且导致了对市场正常竞争秩序的破坏。

知识链接　　谢绝自带酒水或收取开瓶费

2001年1月26日,家住河南省偃师市的刘文超带着家人到该市一家酒店吃全家宴。为了减少开支,刘某去时带有白酒和饮料一箱。当刘某吃完饭去付账时,却发现该酒店多收自己100元钱。对此,该酒店服务员解释说,酒店有规定,禁止就餐者自备酒水,违者罚款100元。随后,服务员便拿出写有上述"规定"的牌子给刘某及其家人看。事后刘某向该酒店多次讨要罚款无果,遂将该酒店告上法庭。

观点一:商家谢绝自带酒水并不存在侵犯消费者的合法权益,因为商家只是不允许自带酒水,并没有限制消费者自由选择酒水。从经营上讲,酒水本来就是一种商品,是经营项目中盈利的一种手段,况且酒店提供的服务是一整套的,如果消费者全部自带酒水,那么商家的利益谁来保障?这并不利于商业的发展和生存。因为客人在酒店用餐,是在享受他们提供的服务,同时,酒店是花大成本装修起来的,单凭菜品无法赚取合理的利润,只有从酒水钱里获得!禁止自带酒水是国际大酒店的惯例!所以商家要么谢绝自带酒水,要么对自带酒水者收取服务费。

观点二:酒店提供餐饮服务是一种自主经营的行为,只要其提供的服务不违反法律的强制性规定,就不能认为违法或者不公平、不合理。酒店的经营当然要考虑到经营成本,其在酒店内张贴消费者自带酒水加收服务费的声明,就是提示消费者在到该酒店消费时,要加收规定的服务费。这是消费者到酒店消费的前提。根据《合同法》的规定,酒店关于自带酒水加收服务费的声明,属于一种要约,如果消费者同意到酒店消费,就应当视为承诺,同意接受酒店的声明。因此,消费者在看到酒店的声明后,仍然愿意在该酒店就餐的,应当视为一种双方自愿的行为。酒店不是垄断性行业,而且行业竞争也十分激烈。如果消费者不同意接受酒店的这项声明,他完全可以不在这家酒店就餐,而选择其他酒店的服务。

观点三:餐厅"谢绝自带酒水",就是餐厅向消费者附加了不合理条件。但事实上,此类行为需餐厅具有经营优势,否则,商品或服务可替代性很强的话,搭售不可能实行。现实生活中,酒水和服务消费的替代性十分明显,餐厅普遍不存在竞争法意义上的"经营优势"。所以,"谢绝自带酒水"行为并非构成反不正当竞争法下的限制竞争行为。

观点四:多数市民认为,顾客自带酒水是顾客自己的权利,商家谢绝自带酒水或者收取酒水服务费是强制性消费,是违法行为。禁止自带酒水是酒店在销售食品时对消费者附加的不合理条件,增加了消费者的附加义务。禁止自带酒水还是一种强制交易行为,侵犯了消费者自己选择商品或者服务的权利。所以禁止自带酒水算搭售。

6. 不正当有奖销售行为

有奖销售是指酒店为吸引顾客、扩大商业销路,通过设立奖金或提供奖品进行推销的经营行为。通常为现场抽奖式。作为酒店的一种促销手段,有奖销售对酒店客人具有一定的吸引力,使之在正常的消费过程中可能意外得到获奖的机会,于是在一定程度上刺激酒店客人的购买欲望,并给酒店带来经济利益。

由于有奖销售具有利诱的性质,酒店可以利用客人的盲目性和投机心理促销,侵害酒店客人和其他酒店的合法权益,造成不正当竞争,因此,法律对有奖销售做了限制。凡是违反市场竞争诚实信用原则,损害酒店客人和竞争对手利益,破坏市场竞争秩序的有奖销售行为,均属不正当有奖销售。酒店常用的属于不正当竞争行为的抽奖式有奖销售方式有以下几种。

(1) 采用谎报有奖或者故意让内定人员中奖的方式。
(2) 利用有奖销售质次价高的商品。
(3) 最高奖金额超过 5000 元。

案例分析

圣诞节即将来临,各种圣诞晚会将在各大高星级酒店"激情"上演。之前,为了自家圣诞晚会更有卖点,酒店人士使出浑身解数,甚至甩出笔记本电脑、钢琴及机票等价格不菲的商品为晚会抽奖奖品。不过,有知情人士向某报举报,这些奖品价值大多不止 5000 元,超过了《反不正当竞争法》中关于"抽奖式的有奖销售,最高奖的金额不得超过 5000 元"的规定。

接到举报后,记者遂赶赴五星级王府酒店、天伦王朝酒店调查。王府酒店负责圣诞晚会销售的工作人员在得知记者打算购买圣诞晚会门票后很是热情,"门票现在仅剩 2 张 1588 元的了。"而对于晚会抽奖奖品,该工作人员直言不讳:"特等奖为欧洲往返机票及当地半岛酒店的住宿。"记者从机票预订机构获悉,目前从北京往返欧洲的机票最低价在 5000 元上下,如果包含 1000 元左右的税款,价值应在 6000 元之上。

在天伦王朝酒店,工作人员尽管没有透露奖品的具体内容,但却告诉记者:"我们去年的奖品有钢琴、家电等,今年肯定不会太差。"而记者了解的情况是,市面上目前最便宜的钢琴售价也在万元以上。

除了上述两家酒店,华侨大厦、凯宾斯基酒店等五星级酒店均表态,圣诞晚会的抽奖头名奖品有笔记本电脑、钻石等贵重物品。更有酒店方面介绍:"奖品就是从北京出发的国际机票,目的地由幸运者任选。"这些奖品的价值都有可能超过 5000 元。

据悉,《反不正当竞争法》第二章第十三条第(三)项有明确规定:"抽奖式的有奖销售,最高奖的金额不得超过 5000 元。"否则,该行为就属于不正当竞争。

四、对酒店不正当竞争行为的法律监督

国家授权各级工商行政管理机关对市场经济中的各种不正当竞争行为进行专门的监督检查。因此,酒店在日常的经营过程中,发现其他酒店实施不正当竞争行为,损害自己的经济利益,则可向所在地县级以上工商行政管理部门投诉举报。

县级以上工商行政管理部门收到举报信后,要积极开展调查研究,通过询问相关当事人、查询有关资料,以及突击检查等措施,查明真相,并及时做出行政处理决定。酒店如果实施不正当竞争行为,可能面临停止不正当竞争行为、赔偿损害等民事责任,也可能遭受罚款、没收违法所得、暂扣和吊销许可证、营业执照等行政处罚决定。情节严重的,给其他酒店造成重大损失的,依据《刑法》有关规定,追究相关刑事责任。

酒店对行政处罚决定不服的,可在 15 天内向上一级主管机关申请复议;对复议决定不服的,可在 15 天内提起诉讼;也可以直接提起诉讼。

第二节 酒店价格及管理

酒店价格实行政府宏观调控下主要由市场形成价格的机制,保护正当的价格竞争,禁止价格欺诈、价格歧视等扰乱市场价格秩序的行为。

一、酒店价格

酒店价格是我国服务价格的一种,是对酒店有偿服务的收费,主要包括客房价格、会议室价格、餐饮价格、文化娱乐价格以及提供订票、复印打字等相关服务的价格和收费。

(1)酒店服务费实行政府指导定价。酒店代办电信、视频点播,可在同级物价部门核准后在相关服务收费基础上加收服务费;酒店提供搬运行李、叫醒等客房服务和代购商品、送餐服务的,可在同级物价部门核准后在相关服务收费基础上加收服务费。酒店服务费收取标准为五星级或相当于五星级酒店 15%、四星级或相当于四星级酒店 12%、三星级或相当于三星级酒店 10%、二星级或相当于二星级酒店 7%、其他 5%,并允许酒店根据经营情况自行下浮。

(2)客房、会议室、餐饮、文化娱乐、复印打字等服务实行市场调节价,由酒店根据服务成本和市场供求情况自主定价。

(3)酒店代办费、服务费的收取,实行核准登记。首先酒店凭工商营业执照(复印件)及代办车、船票,代办电信,视频点播业务的有关批件,以及酒店星级证书,到当地同级物价部门领取及填写服务价格登记证申请表,办理服务价格登记证,然后凭证到地税部门购领规定的收费票据,方可凭证凭票收费。

知识链接

为了规范价格行为,发挥价格合理配置资源的作用,稳定市场价格总水平,保护消费者和经营者的合法权益,促进社会主义市场经济健康,1997年12月29日全国人大常委会通过了《中华人民共和国价格法》。价格法是调整价格关系的法律规范的总称,包括主要调整是价格的制定、运行和监督、检查等价格关系。

国家实行宏观经济调控下主要由市场形成价格的机制。价格的制定应当符合价值规律,大多数商品和服务价格实行市场调节价,极少数商品和服务实行政府指导价或者政府定价。市场调节价是指有经营者自主制定,通过市场竞争形成价格。政府指导价是政府依法按照定价权限和范围规定基准价及其浮动幅度,指导经营者制定的价格。而政府定价是政府依法按照定价权限和范围制定的价格。

国务院价格主管部门负责全国的价格工作。县级以上各级价格主管部门负责本行政区域内的价格工作。国家对价格活动具有法定管理职能,为了能够正确行使这种职能,《价格法》规定了四大价格管理原则,分别如下。

(1) 国家支持和促进市场竞争。
(2) 市场竞争必须是公平、公开和合法的。
(3) 维护正常的价格秩序。
(4) 对价格活动实行管理、监督和必要的调控。

二、酒店价格行为

(1) 酒店依法对酒店产品有自主定价的权利,但是酒店定价,要遵循公平、合法和诚实信用的原则。

(2) 酒店执行价格时,要实行明码标价。应当将价目表或价目薄置入酒店经营场所的醒目位置或收银台,供客人参考,给予客人折扣,应当书面约定。

(3) 价目表要制作规范、摆放醒目、内容齐全、字迹清晰,酒店不得收取标示以外的任何费用,此外涉外酒店要同时用中英文或两种以上文字明码标价。

(4) 酒店对境内外客人享受同一服务的,必须实行同一价格,不得实行价格歧视。

(5) 酒店价格均以人民币结算,其中客房价格以间/夜为计算单位(钟点房除外),会议室收费每半日按一次计收,不足半日按半日计收。

同步案例　　10万/晚！三亚又现"天价房"

订个酒店在外过年越来越流行。三亚酒店成为2017年春节期间预订榜首,尤其是高星酒店集中的亚龙湾、海棠湾区域,预订已经非常紧张,部分高端酒店已经无房,而且价格相比平时上涨了4、5倍,最贵的甚至开价10万元/晚!

如果选择2017年1月27日(除夕)入住,最贵的是瑞吉海景别墅酒店,最便宜的房间价格是28888元/晚,最贵的是98888元/晚;三亚悦榕庄房间的最低价格是9700元/晚,最贵的要64000元/晚;亚龙湾丽思·卡尔顿酒店标间最低价格7000元,而且已经显示订完,套房价格则在20000元左右;海棠湾洲际酒店标间价格最低在6000元,也已经显示订完,套房价格则在8000元以上。其余如文华东方酒店、柏悦酒店、康莱德、红树林、半山半岛洲际等五星级酒店,标间房价都在5000元左右,而且部分房型已经订完。

从1月27日到2月2日整个春节假期期间,三亚酒店的价格水平均维持着上面的高价。一直持续到2月15日,价格才有明显的回落。亚龙湾瑞吉酒店、柏悦酒店、丽思·卡尔顿最低价格下降到2000元左右,其他如希尔顿、美高梅、喜来登、天域、万豪等五星级酒店价格均下降到1200元左右,相比春节期间的价格差不多打了三折,基本接近平时的价格。

问题:三亚酒店的"天价房"现象,是否涉嫌价格违规,如何评论?

三、酒店明码标价

(1) 酒店要明码标价,注明酒店产品的名称、规格、等级和计价单位等有关情况。

(2) 酒店不得在标价之外加价出售商品,不得收取任何未予标明的费用。

(3) 酒店在明码标价时,必须使用阿拉伯数字标明人民币元、角、分金额。

(4) 酒店菜单应标明菜肴名称、规格、计价单位和售价等内容,饮料、酒水和香烟应标明名称、产地、等级、规格、计价单位和售价等。

(5) 酒店客房价目表要标明客房类型、计价单位、房价等。洗涤服务应标明洗涤的种类、洗涤物名称、计价单位、售价等;商务中心应标明服务项目、计价单位、收费标准等。

(6) 酒店提供歌舞、健身等休闲娱乐服务,应标明服务项目、服务内容、计费单位、收费标准等内容。

(7) 星级酒店加收服务费,必须要明示。

案例分析

青岛大虾事件

2015年10月4日,南京的朱先生和四川的肖先生,在青岛一家名为善德烧烤用餐时,各自都点了一份虾,点餐时菜单上标价38元,结账时,店老板却按每只虾38元的价格收费,结果多方协商后,最后两人分别给了烧烤店老板2000元和800元的餐费后离开。"善德活海鲜烧烤"的价目单显示,"海捕大虾38元",旁边没有标明计价方式是按"一个"还是"一份",但在价目单的最下方,有"以上海鲜单个计价"的说明。就在朱先生和肖先生跟店老板理论的过程中,店老板还抛出了更狠的话,"他要了两盘蛤蜊、两盘扇贝,两盘蛤蜊、扇贝全都给他按个算,再吵全论个卖,蛤蜊也论个,一盘蛤蜊38个,380元,两盘蛤蜊760元,两盘扇贝,一盘扇贝12个,120元,两盘240元,全算上!"

朱先生和肖先生打了110报警电话。110来了之后就说:"这事不归我们管,这事我们管不了,这个是价格方面的问题,价格方面的问题应该由物价部门进行管理,你要不就打114查询,查询物价局电话,把这个情况跟他们反映。"但物价局的人又说当时是晚上,太晚了,说处理不了,只能等到明天才能进行处理。110的民警的离开让店老板更加得意,坚持少一分都不行,非得让朱先生付2175元,让肖先生付1338元钱。两桌客人跟烧烤店老板的不断争吵声,引来了不少围观的人,有人建议他们,不如留下正常价格的饭钱赶紧逃走,朱先生和肖先生两家人觉得这个方法可行,决定赶紧逃离这个是非之地。

当时为了防止客人逃跑,烧烤店老板一边用棍子恐吓朱先生和肖先生两家人,一边指使手下的人打110报了警,理由是"有人吃了霸王餐,不给钱想逃跑"。这个报警电话让110又回到了现场,趁着民警在场,朱先生和肖先生为了防止发生意外,趁机都让老婆和孩子躲进了人群,民警把他俩还有烧烤店老板一起带回了派出所。经过协商,肖先生和朱先生分别给了烧烤店老板800元和2000元的餐费,之后才得以脱身离开。

试问: 1. 案例中的烧烤店为何出现"天价大虾"?

2. 普通消费者面对这样的"天价事件",有何处理技巧?

四、酒店的不正当价格行为

(1)虚假标价行为。菜单、房价表和客房指南等所标示的产品名称、规格、等级和计价单位等内容与实际不符,并以此为手段诱骗客人。例如"青岛大虾"和"哈尔滨天价鱼"事件等。

(2)阴阳价目表。对同一酒店产品,使用两种不同的标价签或价目表,以低价格招揽客人,并以高价进行结算。

(3)模糊定价。使用欺骗性或误导性的语言、文字、图片、计量单位等标价,诱骗客人消费等。

(4)变相涨价,或按最低消费方式标价、计价。

本章小结

本章对酒店经营竞争和酒店价格的基本问题进行了介绍。酒店经营竞争内容包括对假冒、虚假宣传、侵犯商业秘密、搭售或设置不合理销售条件和不正当有奖销售等不正当酒店竞争行为。本章第二个部分重点介绍了酒店的价格管理规定，主要包括酒店价格类型、定价原则、明码标价，以及酒店当前不正当的价格行为。

关键概念

不正当竞争　假冒　虚假宣传　商业贿赂　商业秘密　搭售　有奖销售　明码标价　阴阳价目表

思考与练习

一、单项选择题

1. 下列属于正常竞争行为的是（　　）。
   A. 季节性降价　　　　　　　　　　B. 擅自使用他人的企业名称
   C. 对商品质量作引人误解的虚假表示　D. 在商品上伪造认证标志

2. 下列行为属于不正当竞争的是（　　）。
   A. 低于成本价销售鲜活产品
   B. 商场为了促销，在成本价以上将商品打折出售
   C. 企业经营不善，因为歇业而降价销售产品
   D. 商场抽奖式的有奖销售，最高奖的金额达到10000元

3. 甲酒店向该市出租车司机承诺，为酒店每介绍一位客人，酒店向其支付该客人房费的20%作为奖励，与其相邻的乙酒店向有关部门举报了这一行为。有关部门调查发现甲酒店给付的奖励在公司的账面上皆有明确详细的记录。甲酒店的行为属于（　　）。
   A. 正当的竞争行为　　　　　　　　B. 商业贿赂行为
   C. 限制竞争行为　　　　　　　　　D. 低价倾销行为

4. 下列属于不正当竞争行为的有（　　）。
   A. 伪造认证标志　　　　　　　　　B. 伪造产地
   C. 冒用星级酒店标志　　　　　　　D. 冒用认证标志

5.某商厦开展有奖销售活动,其公告中称,本次活动分两次抽奖:第一次一等奖8名,各奖彩电一台(价值4500元);第二次一等奖3名,各奖录音机一台(价值2300元);第一次获奖者还可参加第二次抽奖。对此事的以下判断中,(　　)为正确。

　　A.开奖不允许分两次进行,该商厦构成不正当有奖销售

　　B.可以两次开奖,但最高奖的总值不得超过5000元,该商厦构成不正当有奖销售

　　C.可以两次开奖,因每次的最高奖励额未超过5000元,属正当的有奖销售

　　D.是不是正当有奖销售,应取决于最后抽奖结果是否出现一人连续两次中一等奖

6.我国《反不正当竞争法》规定,酒店开展抽奖式有奖销售,最高奖金的金额不得超过人民币(　　)元。

　　A.3000　　　　　　B.5000　　　　　　C.7000　　　　　　D.10000

7.违背相对交易人的意愿的搭售行为是侵害了购买者的(　　)权。

　　A.自主选择　　　B.知悉真情　　　C.维护尊严　　　D.依法求偿

8.商业秘密的两大特征是(　　)。

　　A.新颖性和保密性　　　　　　　　B.商业性和秘密性

　　C.创造性和专有性　　　　　　　　D.实用性和专有性

9.在我国《反不正当竞争法》中商业贿赂主要指(　　)。

　　A.回扣　　　　　　B.让利　　　　　　C.折扣　　　　　　D.佣金

10.经营者定价,应当遵循(　　)的原则。

　　A.公平、合法和诚实信用　　　　　B.公开、公平、公正

　　C.公平、自愿、诚实信用　　　　　D.公平、公正、诚实信用

二、思考题

1.请列举酒店不正当的价格行为。

2.何为酒店明码标价?

3.酒店不正当的竞争行为有哪些?

三、案例分析题

甲乙两酒店都是上海的高档星级酒店。2013年上半年,甲酒店以高薪为条件,致使乙酒店15名高级厨师全部辞职,转入甲酒店工作。该15名原乙酒店的工作人员在转入甲酒店时将自己的特色菜肴、菜单等技术资料都带入甲酒店。2014年上半年,两酒店的业务均发生很大的变化,甲酒店的食客骤然上升,效益大增,而乙酒店业务受到极大影响,造成了较大的经济损失。

试分析:

1.甲酒店的行为是否构成不正当竞争?如是,应属哪种不正当竞争行为?为什么?

2.对甲酒店是否应进行法律制裁?如何制裁?

第九章

酒店行业管理规范

学习目标

1. 了解酒店行业管理规范的形成背景以及实施酒店行业管理规范的意义。
2. 掌握酒店行业管理规范的主要内容，如客人物品报失纠纷、客人人身损害纠纷、客人自带酒水纠纷、侵害客人隐私权纠纷、客人洗涤衣物破损纠纷、客人车辆毁损或灭失纠纷、酒店收取房费纠纷等。
3. 能够有效处理酒店对客人服务过程中的各种服务纠纷。

案例导入　　真假预订难识别

10月2日，下午6点左右，某酒店的住宿率已达到了92%，酒店尚有5间已预订出去的标准间，还有少数几间单人间和一套套房可供出租。这时，从酒店大门外进来一位客人，他径直来到总台，对接待员小胡说："我是昌辉公司的客户，昌辉公司为我订了一个标准间，房间准备好了吗？""请稍候！"小胡立即在电脑上从"预订类客人"中进行查找，奇怪的是电脑显示没有该预订。小胡又查了总台的预订夹，里面也没有该公司的传真件。小胡礼貌地问客人："请问林先生，您有昌辉公司的票据吗？""有啊。"林先生立即从包里拿出一张文件递小胡。小胡一看果然是昌辉公司于9月15日为林先生预订了一个标准间，住10月2日、3日两晚，房价按酒店与昌辉公司签订的协议价。但怎么会没有原始订房单呢？小胡正在疑惑的时候，细心的领班小许又发现了一个问题：以前，每一次从昌辉公司过来的票据上都有一个印鉴标志，但这张上面却没有。因此，小许开始怀疑这份订房单的真实性，是不是客人为了能在国庆节期间以较低的房价订到房间而擅自伪造了一张订房单呢？但又不能仅凭一个印鉴标志来判断客人所持票据的真伪，因为昌辉公司从来没有向酒店正式声明过以此印鉴作为真伪识别符号。如果在平时，总台可以立即打电

话与该公司联系确认,或与客人协商一个房价安排客人入住。可偏偏国庆节期间该公司休假,而酒店又没有多余的标准间可供出租了。即使是剩下的单人房和套房,根据总经理室的指示,在国庆节期间也要执行特别的价格政策,按门市价上浮20%出售,客人能接受这些房型和价格吗?看着客人期待的目光,总台接待员真的感到为难了。

思考:接待员应该如何规范地处理预订?

第一节 酒店行业规范的出台

由于目前我国旅游法规还不够完善,一般的法律法规难以照顾到酒店行业的特殊性,而我国对旅游酒店业国际惯例又宣传得不够。酒店与客人出现纠纷后,往往各执一词,无据可依的客人的权益得不到保护,一定程度上也影响了酒店的经营。

中国旅游饭店协会依据国家有关的法律法规于2002年3月颁布《中国旅游饭店行业规范》,该规范于2002年5月1日正式实施,2009年8月进行了修订。《中国旅游饭店行业规范规范》是中国旅游酒店业的第一部行业规范。它的出台标志着中国旅游酒店业向更加成熟的方向迈出了新的一步,管理进一步走向深入和细化。过去我国一些单体酒店、酒店集团虽然也有自己的规范,但其对企业的约束力、与国际惯例的衔接、对客人权益的保护程度、对有关部门裁决依据的效力都无法与《中国旅游饭店行业规范》相比。《中国旅游饭店行业规范》第一次全面、系统地将酒店与客人之间易产生权益纠纷的各个方面进行了明确的规定,对保护酒店客人的合法权益、保障酒店的正常经营有积极的促进作用。

《中国旅游饭店行业规范》倡导诚实守信,强化酒店对客人的承诺,维护客人和酒店的合法权益,规范企业经营活动,维护企业经营秩序,引导酒店按国际规则办事,使酒店经营更加符合国际惯例,逐步建立酒店行业的信誉和行业规范体系。

《中国旅游饭店行业规范》的实施是贯彻党中央国务院大力整顿旅游市场秩序精神的实际行动,是主动应对我国入世、全球经济一体化竞争和挑战的积极举措,是完善旅游酒店业法规建设的重要步骤,是引导酒店客人消费行为、保障其合法权益的坐标,是推动我国旅游酒店业持续健康发展的航标,是我国加强饭店行业管理工作的重要抓手。旅游饭店包括在中国境内开办的各种经济性质的饭店,含宾馆、酒店、度假村等。酒店应当遵守国家的有关法律、法规和规章,遵守社会道德规范,诚信经营,维护中国旅游饭店行业的声誉。

第二节 酒店行业规范的主要内容

《中国旅游饭店行业规范》规范了酒店的经营行为,保护了客人的合法权益,维护了酒店的正常经营秩序,尤其针对酒店同客人常发生的一些主要纠纷作了相应的规范。

一、客人物品报失纠纷

在法律上,酒店有义务保护酒店客人财物安全。凡是来到酒店住宿的客人往往携带一些物品入店。有些酒店忽视了有效保护好住店客人的财物安全的义务,造成客人财物的损坏或被窃。客人物品报失纠纷在酒店业相当普遍。很多酒店为处理这类纠纷颇费精力。客人报失的情况各种各样,有的是错误报失,有的是虚假报失,有的是真正失窃。在真正的失窃案中,又有多种情况,有的留有现场,有的没有留下任何痕迹。有的失窃案是酒店的过错所为(如服务员在清扫完客人的房间后未锁上房门,以致客人的物品被窃),有的失窃案是客人的过错(如客人外出或睡觉时自己未锁上房门而致物品被窃)。

针对酒店常发生的情况,《中国旅游饭店行业规范》规定:"饭店应当采取措施,防止客人放置在客房内的财物灭失、毁损,由于饭店的原因造成客人财物灭失、毁损的,饭店应当承担责任,由于客人自己的行为造成的损害,饭店不承担责任。双方均有过错的,应当各自承担相应的责任。"此条规定明确了酒店所承担的责任。

物品,在法律上分为一般物品和贵重物品。酒店有保护住店客人贵重物品安全的义务。但有些酒店忽略了对客人贵重物品的保护,如没有设置酒店专用的、有双锁的客人贵重物品保险箱,或者设置的地方不方便、不隐蔽,或者没有提醒客人将贵重物品存放在贵重物品保管箱内保管等,而导致客人的贵重物品丢失。

由于贵重物品价值很高,客人的贵重物品报失纠纷是客人物品报失案中十分突出和棘手的问题。酒店在具体处理客人财物尤其是贵重物品纠纷时,对于究竟何种情况酒店应当赔偿,何种情况不承担赔偿责任,双方往往各执一词。尤其是一些没有留下任何痕迹的报失案,公安和司法部门也难以做出判断。往往是客人盯得紧一点,酒店就适当多赔偿一些。酒店如何防范客人在住店期间财物被窃;发生客人报失事件后,酒店如何承担责任,《中国旅游饭店行业规范》作了较详细的规定,从而避免或者减少这方面的纠纷发生。

为避免或减少同客人发生的纠纷,酒店应当按照国家的有关规定,安装、设置必要的安全设施设备,切实保护客人的人身和财物安全。如客房门上应当装置防盗链、房门窥镜,在前厅处设置符合规定的客人贵重物品保管箱。

同步案例　　　　虚 惊 一 场

一天上午9点30分,保安部接到九层服务员报告:"918房台湾来的老太太报失,称她从台湾带来的14枚金戒指被盗,其中最贵重的一枚钻石戒指价值达一万多元人民币。"接到报告后,客房部经理和保安部经理随即上楼拜访,了解案情过程,得知:该女士是昨日下午到达福州,3点左右下榻东湖宾馆。除了吃晚饭离开房间一个小时左右外,其他时间均在房内。加上她是40多年来第一次回福州探亲,那天夜里络绎不绝地接待亲朋好友,最后一批访客送走时已是凌晨1:00多,继而即整理随带的行李物品,由于心情激动,她彻夜未眠。回忆过程中说到,她是将14枚戒指用红布包着塞在一只鞋内,存放在行李包里。当天下午,老太太曾从包

内取过一枚戒指送给来访的亲友,此后一直未动过此包。到今天上午8点30分,才发现鞋内那块红布包及戒指都不见了,故而心急如焚,于是就报失了。老太太的一位自称在某省直机关当干部的亲戚用强硬的语气说:"要立即向公安机关报案,如处理不好,还要向新闻界投诉宾馆。"从语气中表露,怀疑是宾馆服务员所为。两位经理一方面耐心听取客人的叙述,另一方面对他们从思想上和精神上做好抚慰工作。请他们再认真回忆、仔细寻找,并一再提醒有没有存放在其他地方,没有采取马上向公安机关报案的简单方法。

经内部认真分析,没有采取简单报案的理由有四点:①据现场观察门窗完好,无作案迹象,新住客房内无人的时间只有一小时,外来作案的可能性很小;②经查当班服务人员一贯表现良好,服务人员作案的可能性也非常小;③最大的可能有两种,一种是老太太已经65岁,加上疲劳,有可能将存放地点记错了,另一种是因来访客人较多而复杂,许多还是第一次见面的亲友,也有可能其中有人顺手牵羊;④报公安机关立案侦查,如果是其客人亲友作案,会使她们亲友间矛盾加深,进而导致对宾馆的不满。所以,宾馆当时给客人的答复是:①宾馆内部组织力量采取必要措施侦破,同时请他们继续冷静回忆、寻找;②待宾馆分析、侦查后,于中午12点前报案与否给予明确答复。结果,时过一小时左右接到省直机关那位干部的报告说:"戒指全部找到"。原来老太太在整理行李时把礼品放入旅行包。至此,宾馆的目的已达到,此案件可划上句号了。

评析:宾馆客人的财物被盗后,客人或酒店直接通知公安局有关部门,这叫"报案",客人未向公安局报案,而向本宾馆反映丢失情况,属于"报失"。"报案"会对宾馆形象造成不利的影响,也会涉及宾馆客人的亲戚朋友,使他们之间产生矛盾,反过来又会波及客人对宾馆的不满。无论是"报失"或"报案",宾馆的管理人员和服务人员都应协助客人(或公安局)调查失窃原因,积极采取措施,及时了解和反映有关情况,尽快解决客人(或公安局)提出的问题,圆满地做好各项工作。本案例是酒店客人在房间内丢失财物,这是一种既常见又最容易影响酒店声誉的事情。任何一位客人如果在客房里丢失财物,都必然会将责任归结为酒店管理不善,而不会检查自身的原因。因此,酒店必须要有一整套严格的制度,以防止此类事情的发生和在发生此类问题后尽可能将责任的承担降至最低。

客房部在接到客人财物报失后,应沉着、冷静,并立即会同保安部门按以下程序处理。

(1) 查清事情经过及损失程度,取得以下主要资料。

①客人的个人基本情况(案例中的失主是一位65岁的老太太,可能记忆力较差)。

②失物的外观及辨认特征。

③在此时间内,失主是否在房间接待过一些朋友或访客。

④失主有否怀疑何人及理由。

⑤失物的价值及是否购买保险。

(2) 请客人自己再仔细回忆和查找一次(报失物件可能会被找出,因为客人往往会忘记在什么地方,本案例正是如此)。

（3）如果仍未找到，征得客人同意，帮助客人再做一次详细查找，并让客人亲临现场。

（4）对有关酒店员工进行调查。

二、客人人身损害纠纷

客人在酒店内因受伤或死亡而引发的纠纷在酒店业较为普遍，其原因各异。有的客人受伤或死亡事件是由于酒店的设施、设备的缺陷所致；有的是外来犯罪分子作案所为；还有的是由于其他人员的侵害。

在法律上，一旦成为酒店的客人后，酒店有保护客人人身安全的义务。一些酒店对保护好客人的人身安全没有引起足够的重视，火灾、抢劫、凶杀等事件在酒店业时有发生。有的酒店客房的房门上没有装置防盗链、房门窥镜、火灾应急疏散图；客房内无住客须知、防火指南；客房卫生间内无防滑措施等，以至客人的人身遭受伤害。有的酒店在地面打蜡或拖地时未放置告示牌提醒客人，致使客人滑倒受伤等。

有些客人在酒店内受伤或死亡是由于自身的原因，如洗澡摔倒、饮酒过量、身体不适等而致伤或死亡。还有的甚至是客人在酒店内自杀身亡。

很多酒店的情况是，只要客人在酒店内受伤或死亡，家属就要求酒店承担责任，而酒店往往认为是客人自身的原因所致拒绝承担责任。《中国旅游饭店行业规范》针对不同情况，作了相应的规定。

酒店还应当根据其实际情况，安装消防报警系统、安全监控系统、电子门锁系统、防盗报警系统等，以确保客人的人身和财物安全。在酒店客房门背后设置火灾应急疏散图，客房内放置住客须知、安全须知、防火指南、客房卫生间采取防滑措施等。

同步案例　　　酒店客人遭他人毒打谁之责

2004年5月23日，商人李某到素以安全著称的"大富豪"酒店住宿，下台阶时不慎摔倒，扭伤了脚踝，花去医疗费500元。经查，酒店的楼梯安检合格，但李某认为如果配置更人性化一点，他可能就不会摔倒。当晚，李某又在"大富豪"酒店客房里遭仇人甲毒打，致成重伤。警方事后从酒店的安全监视系统记录资料中发现，凶手甲在入室作案前，曾尾随李某在短时间内多次上下电梯，但酒店保安人员无一人上前对形迹可疑的嫌疑人进行盘查；李某也曾接到甲的电话，但认为酒店安全，甲不敢找到这里，就没有告诉酒店保安。事后犯罪嫌疑人甲被抓获，但只有财产5000多元可供赔偿。李某向法院提起民事诉讼，要求酒店赔偿医疗费、伤残补助等30万元，酒店拒绝赔偿。

问题：1. 李某扭伤脚的医疗费该谁承担？如何承担？

2. 李某遭甲毒打所造成的医疗费、伤残补助该如何担责？

三、客人自带酒水纠纷

由于酒店出售的不仅仅是商品本身,还包括了酒店的服务和环境等,所以酒店出售的酒水价格高于一般商店酒水的价格。酒店业的惯例是,一般情况下,酒店谢绝客人自带酒水和食品进入酒店的餐厅等场所享用。但是,有些人对此概念较为模糊。对此《中国旅游饭店行业规范》第二十九条做出了明确的规定:"饭店可以谢绝客人自带酒水和食品进入餐厅、酒吧、舞厅等场所享用,但应当将谢绝的告示置于有关场所的显著位置。"由于一些人对《中国旅游饭店行业规范》中的第二十九条这一规定不理解,在《中国旅游饭店行业规范》出台后的一段时间内提出了反对的意见。由此在社会上引起前所未有的广泛的大讨论。为何《中国旅游饭店行业规范》第二十九条会在社会各界引起如此轩然大波?一些人未能理解"旅游饭店"的含义,将旅游饭店与小餐馆混为一谈。《中国旅游饭店行业规范》中的饭店指的是包括住宿和餐饮在内的旅游饭店(这样的饭店英文为hotel),而不是街头路边的小餐馆(仅提供餐饮服务的饭店英文为restaurant)。

在国外,酒店和客人之间有种默契,客人一般不会自带酒水到酒店饮用。我国酒店行业的惯例也是,不准客人将酒店以外的酒水带入酒店内饮用。

为什么酒店(尤其是高星级旅游酒店)限制客人自带酒水进入酒店饮用?因为酒店出售的不仅仅是酒水本身,还包含了它的服务、场地、环境等。所以,旅游酒店出售的酒水价格适当高于一般商店酒水的价格,具有一定的合理性。人们都知道,不可以将外面的食品和饮料带入肯德基、麦当劳等国际著名的连锁餐厅享用,那么为什么投资很大的酒店就不能谢绝客人自带酒水呢?如果大家都把酒水或者食品带入酒店的餐厅、舞厅和酒吧等场所享用,那么又有谁去经营餐厅、舞厅和酒吧呢?

所以,酒店可以谢绝客人自带酒水和食品进入餐厅、酒吧、舞厅等场所享用,但酒店应当将谢绝的告示设置于有关场所的显著位置。

同步案例　　房费到底如何收?

"十一"期间,林先生等2人入住武汉某星级酒店,入住时间为上午7:30,中午11:20到酒店前台要求退房,对房间设施提出意见,同时对酒店前台按一天房费进行结账表示不满。游客认为,酒店客房虽不能按小时计费,但入住4小时就收取全天房费很不合理,最多只能收半天房费。且退房的原因是酒店的房间设施达不到要求,酒店应当对此做出合理解释。由于酒店前台的解释未令游客满意,双方协商未果,游客于是向市旅游局质监所投诉,要求维护权益。处理结果:质监所调查后,认为游客反映情况属实,酒店前台人员并未严格执行客房计时收费标准,而且酒店对提供游客设施不达标的客房也负有一定责任,应当退还游客的额外收费,并追究当班人员责任。酒店接通知后,立即委派总经理助理到现场与客人见面并表达深深歉意,同时出于诚信服务宗旨,酒店对房费予以全免,全额退还住房押金,并对此次事件中的当值员工及相关部门经理进行处理。

评析：当前国内部分地区如果白天住宿，在6小时以内按半天收费，超过6小时按一天收费；如果夜间住宿，不论时间长短，均按一天收费；对于连续住宿，凡当日住店次日12时以前结账按一天收费，次日12时以后、18时以前的按一天半收费，超过18时的按两天收费。如果酒店有特别规定的，比如只按一天计费或按钟点计费而不按半天计费的，须应提前向客人告知。

四、侵害客人隐私权纠纷

侵害客人隐私权的纠纷近年来在酒店业也较为突出。由于一些酒店是从过去传统的招待所模式的酒店转变过来，不太注意保护客人的隐私权。随着法制的健全，越来越多的客人对酒店侵害其隐私权表示不满。从法律的角度来看，虽然客房是属于酒店的，但客房一旦出租给客人，使用权即属于客人。有些酒店不注意保护客人的隐私权，随意将客人情况透露给他人，或者工作人员随意进入住客房间，客人对此很有意见，由此产生纠纷。在《中国旅游饭店行业规范》中规定了酒店应当保护客人的隐私权，除日常进行清扫卫生、设施设备维修或者发生火灾等紧急情况外，酒店员工未经客人许可不得随意进入客人下榻的房间。

同步案例　　　　　　**总机电话能任性接转吗**

凌晨一点左右，某酒店前台话务员接到一位女士的电话，女士来电要求转3115房间。话务员立即将电话直接转入了3115房间。第二天早晨，大堂副理接到3115房间孙小姐的投诉电话，说昨晚的来电不是找她的，她的正常休息因此受到了干扰，希望酒店对此做出解释。大堂副理经调查，了解到该电话要找的是前一位住3115房的客人，他已于昨晚9点退房离店了。孙小姐是快12点时才入住的，她刚洗完澡睡下不久，就被电话吵醒了，能不生气吗？

谁知一波未平，一波又起。原住3115房的刘先生紧接着也打来了投诉电话，说昨晚他太太打电话来找他，由于话务员不分青红皂白就将电话接了进去，接电话的又是一位小姐，引起了太太的误会，导致太太跟他翻脸。刘先生说此事破坏了他们的夫妻感情，如果不给他一个圆满的答复，他一定不会放过那个话务员，而且今后他公司的人都不再入住此酒店。

评析：总机话务员在为客人接转电话时，一定要核对被接转电话的客人信息，不能随意接转客人房间电话，否则，会引起不必要的麻烦。因此，酒店在此案例中存在服务流程不规范的问题，也直接侵犯了两位住店客人的隐私权。因此，酒店应该向两位住店客人真诚道歉，并向刘太太解释事情的来龙去脉，以期解除其中的误会，求得刘太太的谅解。必要时，可出具证明证实刘先生在当晚9点就已离开了酒店。同时感谢刘先生及时将此事告知酒店，引起了酒店的重视，从而帮助酒店提高服务水平。

五、客人洗涤衣物破损纠纷

客人洗涤衣物引发的纠纷在酒店较为常见。有的酒店在客人送洗衣物之前不仔细检查客人的衣物有无破损,而在客人收到衣物后对其破损一概予以否认。也有的可能是客人在送洗衣物之前已经破损,但客人自己也不知道,在洗涤后才发现问题,引起纠纷的发生。针对酒店常发生的情况,《中国旅游饭店行业规范》规定,客人送洗衣物,酒店应当要求客人在洗衣单上注明洗涤种类及要求,并应当检查衣物状况有无破损。客人如有特殊要求或者酒店工作人员发现衣物破损的,双方应当事先确认并在洗衣单上注明。客人事先没有提出特殊要求,酒店按照常规进行洗涤,造成衣物损坏的,酒店不承担责任。客人的衣物在洗涤后即时发现破损等问题,而酒店无法证明该衣物是在洗涤以前破损的,由酒店承担责任。

六、客人车辆毁损或灭失纠纷

保管好来店消费客人的车辆,是酒店服务的一部分,因为没有停车服务有些客人是不会来酒店消费的。所以酒店应当保护好来店消费客人的车辆安全,防止车辆被窃和损坏。有些酒店没有有效地保护好客人的车辆安全以至纠纷发生。

近年来,酒店和客人之间因为停车场内的车辆毁损或灭失所发生的纠纷十分突出,有的是场内车辆或者其零部件被盗,有的是车辆受损。因为各酒店所发生的情况各异,在承担责任上,也应有所不同。而很多酒店内一旦发生上述情况,无论酒店是否有过错,车辆是否停在指定的地方,是否双方之间事先有约定,客人都要求酒店进行赔偿。

对于酒店范围内的客人车辆灭失或毁损,在何种情况下酒店应当负责,何种情况可以免除或者减轻酒店的责任,根据酒店业的实际情况,《中国旅游饭店行业规范》规定,酒店应当保护停车场内客人的车辆安全。由于保管不善,造成车辆灭失或者毁损的,酒店应承担责任,但因为客人自身的原因造成车辆灭失或者毁损的除外。双方均有过错的,应当各自承担相应的责任。

当然,酒店同客人之间产生的纠纷各种各样,《中国旅游饭店行业规范》不可能规定得十分具体细致,也不具备法律、法规意义上的对全酒店行业的普遍的约束力,它只是对中国旅游酒店业协会的会员酒店有一定的约束力,其他酒店可以参照执行。但这一规范的施行可以更好地维护客人的合法权益,同时也能维护酒店的合法权益,避免或者减少客人与酒店发生的纠纷。对于已经发生纠纷的酒店可以以此规范为依据,界定酒店的责任。自律、规范是酒店的经营之本。

很多酒店都发生过客人车辆被盗、车内物品失踪或车辆碰坏要求赔偿的纠纷。为了避免这类纠纷的发生,酒店应当加强管理,立足于预防。在客人将车辆停下时,工作人员就应当立即检查车辆的情况,如车辆是否损坏、门是否锁好、车窗是否关好等。如发现情况,工作人员要立即同客人核对,以免纠纷发生。

七、酒店收取房费纠纷

国际酒店业普遍采取的客房收费的方法是,以当日上午至次日中午12时以前为一天计收房费。不足一天的按一天计算。次日12时以后,18时以前办理退房手续者,酒店加收半天房费。次日18时以后退房者,酒店加收一天房费。这是因为客人住酒店往往是在夜间,即使客人是在夜间入住酒店,但在客人进店以前,该房间已替他进行了保留。所以,酒店按此方法收取房费具有一定的合理性。

由于国际广泛采取的这种住房收费的计价方式,我国无明文规定,加上一些人对酒店的情况不了解,误认为酒店是牟取暴利、乱收费,而酒店又拿不出有关的规定说服客人,由此产生纠纷。因此,《中国旅游饭店行业规范》将酒店客房收费的方式写入,可以做到有据可查,以避免纠纷的发生。在修订后的2010年版的国家标准《旅游饭店星级的划分与评定》将旅游饭店的定义修改为:"能够以夜为时间单位向旅游客人提供配有餐饮及相关服务的住宿设施。"2009年8月,中国旅游饭店业协会公布了新版《中国旅游饭店行业规范》,其中将原先的第十条:"旅游饭店收费以'间/夜'为计算单位(钟点房除外)。按客人住一'间/夜',计收一天房费;次日12时以后,18时以前办理退房手续者,饭店可以加收一天房费;次日18以后办理退房手续者,饭店可以加收半天房费。"修改为:"饭店应当在前厅显著位置明示客房价格和住宿时间结算方法,或者确认已将上述信息用适当方式告诉客人。"

同步案例　　酒店房费按"夜"收

北京市消协曾接到一位来北京出差,住在华侨大厦,因该酒店收取房费而引发的投诉纠纷。客人谷先生通过订房中心预订了7月16日至19日北京华侨大厦的一间客房。由于飞机晚点,他于7月17日凌晨1:50分才抵达北京华侨大厦。在办理入住手续时,工作人员告诉他,应交纳7月16日的房费,他对此提出质疑,但因为旅途劳累,没有进一步交涉。但19日谷先生在结账时,发现账单上所列的是16日、17日、18日三天的房费。他对酒店收取16日的房费极为不满,故投诉到市消协。消协接到投诉后,立即通知了华侨大厦,要求酒店针对投诉内容做出书面答复。此案在国内的多家报刊上进行了报道。

分析:客人谷先生已经预订了16日的客房,要求酒店替他预留客房,由于飞机晚点才使得客人于17日凌晨到达酒店。虽然谷先生是在17日凌晨入住酒店,可在他进店以前,华侨大厦已替他保留了房间。所以,酒店收取16日的房费有一定的合理性。

第三节　实施酒店行业规范的意义

《中国旅游饭店行业规范》出台以后引起了社会各界前所未有的广泛关注,具有重要意义。

一、《中国旅游饭店行业规范》是中国酒店业的第一部行业规范,标志着中国酒店业向更加成熟的方向迈出了新的一步

中国酒店业是目前国内市场化程度较高,并与国际接轨较为顺畅的行业,是我国旅游行业中较有生机和活力的产业之一。特别是 1998 年以来,在我国酒店中实行了星级评定制度。星级评定标准为我国酒店管理和服务提供了统一的质量标准,为我国酒店业从整体上较快达到国际水准奠定了基础,成为我国酒店业同国际接轨的里程碑。但是由于种种原因,我国酒店业尚无统一的行业规范,一定程度上影响了酒店经营。因此,尽快建立起符合国际规则的酒店运营规范,成为我国酒店业发展的必由之路。因此,《中国旅游饭店行业规范》成为中国酒店业发展几十年来规范酒店经营行为的第一部规范,是指导和规范酒店自律行为的准则,同时也是评价酒店经营行为是否符合行业规范、国际惯例和法律法规的依据。该规范的实施标志着中国酒店业逐步走向成熟。

二、实施《中国旅游饭店行业规范》是贯彻党中央国务院大力整顿旅游市场秩序精神的实际行动

《中国旅游饭店行业规范》的推出,是中国旅游饭店业协会落实党中央国务院关于治理整顿市场经济秩序要求的具体行动,是落实行政手段和法律手段相结合、政府部门与行业协会相结合、标本兼治的要求而推出的重要举措。对规范市场、净化环境、维护我国酒店业形象、促进酒店业发展具有重要意义。

三、实施《中国旅游饭店行业规范》是主动应对我国入世、全球经济一体化竞争和挑战的积极举措

随着我国入世和全球经济一体化,对于开放较早的我国酒店业同样面临竞争与挑战,面对这种竞争与挑战,各国都在创造良好的市场环境、法律环境方面展开激烈竞争,所以我国酒店要在国际市场竞争中生存和发展,必须苦练内功,通过诚信服务、规范经营,树立良好的市场形象,赢得更多的客源,而规范服务的衡量,需要客观、公正、公平的标识,采用符合国际规则和惯例的规范去评价。《中国旅游饭店行业规范》的实施摒弃了过去一家酒店一种规范,行业没有统一的弊端,采用了与国际规则接轨的办法,对中国酒店业融入国际酒店业竞争中具有积极意义。

四、实施《中国旅游饭店行业规范》是完善酒店业法规建设的重要步骤

我国酒店业法规建设相对滞后,除了酒店星级评定标准以外,尚无其他法规。但近年来,随着酒店的大量增加,老百姓生活的提高,到酒店消费的客人越来越多,酒店与客人之间所产生的纠纷也随之不断增多。由于目前我国旅游法规还不够完善,一般的法律法规均未考虑到酒店行业的特殊性,而我国对酒店业国际惯例又宣传得不够。酒店与客人出现纠纷后,往往各执一词,无据可依,客人的权益得不到保护,一定程度上也影响了酒店的经营。酒店业呼唤相应的行业规范早日出台,从而明确酒店的权利和义务。《中国旅游饭店行业规范》的实施,为行业主管部门制定《旅游住宿业管理条例》和《饭店法》摸索了经验,为我国酒店行业法规体系的建立奠定了良好的基础。

五、实施《中国旅游饭店行业规范》是引导酒店客人消费行为、保障其合法权益的有效手段

酒店客人消费是推动酒店发展的原动力,保护酒店客人权益,让其在酒店消费"物有所值"、"质价相等",从而吸引更多的回头客,是酒店创造经济效益的基础。由于酒店行业具备的特性,为了充分尊重和保护消费者权益,根据国家有关法律、法规,《中国旅游饭店行业规范》将消费者在酒店消费的具体权利、义务进行了细化界定,明确了酒店在接受客人、保护客人人身和财物安全方面的有关责任,使客人获得更多的知情权,让客人明明白白去酒店消费。

六、实施《中国旅游饭店行业规范》是推动我国酒店业持续健康发展的航标

随着我国旅游市场的日趋成熟,根据国际同行业惯例和我国酒店的经营管理现状,《中国旅游饭店行业规范》对我国酒店在经营中的权利和义务及相应行为准则等要求进行了相应规定,为酒店协调外部关系、平等协商解决有关纠纷提供了有力的参考和依据,我国酒店的交易成本将有所降低、企业整体运行效益和竞争实力将得以提升。

七、实施《中国旅游饭店行业规范》是我国酒店行业管理工作的重要手段

随着我国社会主义市场经济的不断发育与完善,特别是我国加入 WTO 后,我国各级政府均将法制化、规范化建设作为促进行业发展的必要手段。

如果说我国酒店星级评定标准作为技术标准对推动我国酒店经营管理水平与服务质量的提高起到了重大历史性作用的话,那么《中国旅游饭店行业规范》的出台,则从规章制度的层面促进我国酒店统一规范的形成。为行业管理部门提供了重要抓手,丰富了管理手段。

《中国旅游饭店行业规范》是中国旅游饭店业协会代表中国酒店行业面向社会、面向行业、面向市场做出的宣言与承诺,是我们全行业应当共同遵循的守则。《中国旅游饭店行业规范》的权威性和严肃性,依靠广大酒店企业的贯彻实施。因此,中国旅游饭店业协会号召我国酒店企业积极行动起来,深入理解、切实执行《中国旅游饭店行业规范》,对照规范,调整自身行为,并以之为契机,维护和提高我国饭店行业的整体形象,促进我国酒店行业队伍的不断成熟和壮大。

本章小结

本章介绍了《旅游饭店行业规范》出台的时代背景、主要内容和实施的实践意义。《旅游饭店行业规范》在内容上主要阐述了客人物品损害、人身损害、客人隐私权纠纷和酒店收费等酒店经营较为突出的法律问题。

关键概念

自带酒水　退房时间　加收房费　服务费　贵重物品　知情权　强制消费　保险箱　不予接待

思考与练习

一、选择题

1. 最新的《中国旅游饭店行业规范》是在（　　）年修订的。
   A. 2002　　　　B. 2003　　　　C. 2008　　　　D. 2009

2. 吴先生和李先生是同事，两人分别于2017年5月6日8时入住和16时入住武汉新世界大酒店，2017年5月7日中午11时，吴先生结账退房。3小时后，李先生也结账离店，试问两人房费分别按（　　）和（　　）计收。（酒店规定退房时间为中午12时）
   A. 1天和1天　　　　　　　　　B. 1天和1.5天
   C. 1.5天和1.5天　　　　　　　D. 1.5天和1天

3. 酒店谢绝客人自带酒水，主要基于的理由不包含（　　）。
   A. 客人安全的考虑　　　　　　B. 酒店自主经营权
   C. 开瓶费收得太低　　　　　　D. 酒店主要以提供无形服务为主

4. 张先生驾车抵达某酒店入住，将车停在酒店免费的停车场内，第二天，发现汽车车牌和车后备箱内的茅台酒被盗，试问酒店应该如何担责？（　　）
   A. 酒店免费停车，可不负任何责任
   B. 酒店应负责任，但只赔偿车牌遗失损失
   C. 酒店仅对茅台酒遗失负责
   D. 酒店全责

5. 酒店业对于住宿的结算时间，符合《中国旅游饭店行业规范》的是（　　）。
   A. 必须统一规定为中午12时，不得随意变更
   B. 可以统一规定为下午14时，不得随意变更
   C. 酒店可以根据经营需要决定结算时间，但必须将此信息确保告知客人
   D. 酒店可以根据经营需要决定结算时间，客人可以凭住宿登记表获知

6. 客人洗衣后发现衣服口袋内的发票毁损了，下列符合《中国旅游饭店行业规范》的是（　　）。
   A. 酒店客房人员有责　　　　　B. 客人有责
   C. 酒店和客人都有责任　　　　D. 酒店洗衣房人员有责

二、名词解释

1. 服务费

2. 贵重物品

三、简答题

1. 旅游酒店收取房费的依据是什么？为什么选择它？

2. 酒店不予接待客人的情形有哪些？

3. 如何预防酒店客人人身损害纠纷？

4. 如何评论"客人自带酒水纠纷"？

5. 受理客人洗衣时的注意事项是什么？

四、案例分析题

某天，广州一家三星级酒店大堂内，812房间的谢先生正在总台办理退房手续，收银员在打印账单，谢先生两岁左右的小儿子在他身边玩耍。过了一会儿，管家部报房下来说："812房内的电视机遥控器不见了。"收银员小王面带笑容婉转地问客人："您好，谢先生，请问您看到电视机的遥控器了吗？""有啊，昨晚我还用过呢。"谢先生答道。"请问你用过之后放在哪里了呢？""这我就不记得了，不过，总在房间的。""可是现在找不到了……""那是你们的事。""我们客房中心已经找遍了每个角落，房间里确实没有，您看您是否检查一下您的行李，有没有在里面？"谢先生一听这话就生气了，说："你的意思是我偷了这个遥控器？我要遥控器干吗？好！你们查！"谢先生说着"哗"地一下拉开了自己的行李箱，里面的东西掉出来了一大半，小男孩也被吓得大哭起来。

小王被这突如其来的动作吓蒙了，他不知道自己的哪一句话惹恼了客人。这时，大堂经理闻讯赶来，她首先抱起哭着的孩子……

案例分析：

1. 查房不仅要求迅速，更要求仔细。

2. 前厅工作人员对缺少的东西要进行必要的分析，判断客人有没有可能拿走，再采取行动。

3. 询问客人时，要注意运用真诚的语言和善良的微笑，不要用猜忌的眼光和话语中伤客人。

4. 在处理发生在大堂的纠纷时，首先一点就是要转移地点。

第十章

酒店侵权责任及赔偿制度

学习目标

1. 掌握侵权行为和侵权责任的概念,熟悉酒店常见的侵权责任类型。
2. 理解酒店承担侵权责任的形式,理解酒店发生客人人身损害、财物损害时应承担的赔偿责任。
3. 掌握法律对于酒店侵权案件的诉讼时效规定。

案例导入 西安一酒店开业遭打砸 顾客意外伤害谁来赔偿

2017年7月5日,西安市某酒店开业当天,突遭十几名不明身份的人士进店打砸,酒店红地毯两边的花篮被砸得凌乱不堪,酒店玻璃大门被砸变形,前台上的物品包括电脑和银行POS机砸碎在地,倒塌的花瓶、绿植散乱一地。酒店十几名工作人员受伤,一名进店就餐的顾客王女士在躲避的过程中被溅起的酒瓶碎片划伤。据酒店负责人介绍,他们原来在云南做生意,于去年来西安投资了这家酒店。前期装修花了两千多万元,相关手续齐全,选择在7月5日开业,上午开业时还正常,没想到下午2点左右,突然闯进十几名不明身份的人员,进酒店就砸。酒店工作人员和保安上前劝说无效,多人被打伤。对于王女士提出的索赔要求,该负责人表示他们也是受害者,他们也很无奈。

请思考,酒店方面是否对王女士给予赔偿?

第一节 酒店侵权责任概述

一、侵权行为与侵权责任

2009年12月26日,备受关注的《中华人民共和国侵权责任法》(以下简称《侵权责任法》)经第十一届全国人大常委会第十二次会议审议通过,于2010年7月1日起施行。《侵权责任法》的核心在于保障私权,它对包括生命权、健康权、专利权等一系列公民的人身、财产权利提供全方位保护,其中,许多内容是法律上第一次做出明确规定,是继《合同法》、《物权法》后我国民法典的又一部重要支撑性法律。

1. 侵权行为

侵权行为一般是指行为人由于过错侵害他人的财产、人身,依法应承担民事责任的行为;行为人虽无过错,但法律特别规定应对相对受害人承担民事责任的其他侵害行为,也属于侵权行为。

侵权人因同一行为应当承担行政责任或者刑事责任的,不影响依法承担侵权责任。因同一行为应当承担侵权责任和行政责任、刑事责任,侵权人的财产不足以支付的,先承担侵权责任。

2. 侵权责任

法律规定酒店有保障客人人身、财产安全的义务,酒店违反法定义务或者由于过错侵害客人民事权益,无论是主动的作为,还是被动的不作为,均应当承担侵权责任,承担损害赔偿责任。主动的作为,是指酒店的直接行为导致客人受到侵害,比如提供不符合国家卫生标准的饮食导致客人食物中毒等;被动的不作为,是指酒店应当采取安全措施,而由于疏忽大意没有意识到,或者虽然能够意识到,但出于侥幸心理没有采取措施,致使客人受到侵害,比如酒店对湿滑地面既没有及时处理,又没有提醒告示致使客人滑倒受伤等。根据法律规定推定酒店有过错,酒店不能证明自己没有过错的,应当承担侵权责任;或者酒店损害客人民事权益,不论酒店有无过错,法律应当承担侵权责任的,依照其规定。

同步案例 客房惊现摄像头 酒店是否担责?

空姐梅梅所在的航班常年飞往伊宁市,为方便机组工作人员住宿,该航空公司于2016年1月11日与伊宁市某酒店签订"机组住宿服务协议",约定该酒店为机组工作人员定点提供过夜客房。

2016年8月12日凌晨,梅梅又飞往伊宁市,和同机组工作人员一同来到该酒店。因频繁入住,酒店就像梅梅的第二个"家"。这天她进入客房后照常脱衣洗澡,随后入睡。一觉醒来已是12日中午,梅梅躺在床上,忽然发现空调上有一个亮晶

晶的黑点,她心里一惊,赶紧上前查看,没想到是个针孔摄像头。梅梅住的房间有个特点,洗漱间和卧室之间隔着一块透明玻璃板,而通过摄像头可以清楚地看到整个洗漱间。回想起昨晚入住客房后的一幕,梅梅花容失色,认为自己的个人隐私被严重侵犯。

　　梅梅叫来同事,将摄像头摘下,随后酒店工作人员赶来,对摄像设备进行摘除并报警。酒店工作人员表示,对于梅梅房间内装有针孔摄像头的事,他们并不知情,绝非酒店内部工作人员所为。据他们观察,该摄像头接口处的线头有陈旧性切割痕迹,早已风化,摄像头处于非拍摄状态,并没有发生侵权行为。梅梅却认为她的工作和生活因此受到较大影响,遂将该酒店诉至法院,要求酒店向其道歉,并赔偿精神损害抚慰金30万元。同为空姐的周莉认为,既然事情发生在酒店,酒店就该担全责,不仅应该赔偿精神损失费,还应赔偿相应的住宿费等费用。

　　伊宁市民王某却认为,此事酒店确实有一定的责任,但既然已查清摄像头是坏的,并没有对梅梅造成任何损失,便可简单解决,不必赔偿。

　　请讨论案例中的空姐梅梅的个人隐私权是否受到侵犯,理由何在?

　　(资料来源:http://china.huanqiu.com/hot/2017-05/10619400.html.)

二、侵权责任类型

　　侵权责任以侵权行为为前提要件,依据责任的构成要件和适用的情况不同,侵权责任分为一般侵权责任和特殊侵权责任。

　　1. 一般侵权责任

　　一般侵权责任是指行为人对因故意或过失侵害他人财产权和人身权,并造成损害的违法行为应当承担的民事责任。

　　一般侵权需要同时具备损害事实、行为违法、侵害行为与损害事实之间有因果关系、酒店主观上有过错这四个要件。

　　如果酒店主观上既无故意也无过失,遵照民法理论上广泛适用的"过错责任制度",即使造成一定损害结果,也无须承担法律责任;如果酒店对损害的结果有过错,但客人一方也有过错,则双方按过错程度大小合理分担责任。酒店工作人员在工作中造成客人的人身伤害或者财物损失的,无论该员工是正式职工、临时工还是实习生,无论是出于故意还是过失,酒店方面须承担损失责任,但是酒店有权在内部向有过错的工作人员追偿。

同步案例　　地滑提示不醒目致客人摔伤　　酒店被判担七成责任

　　2015年6月15日,外地来汉的李某入住武昌一家快捷酒店。由于卫生间非常狭小,淋浴间未完全封闭,他洗澡时水溅到淋浴间外的卫生间地板上。当晚,李某出淋浴间时脚下一滑,不慎滑倒,送医后被鉴定为十级伤残。事后,李某向酒店提出赔偿事宜遭拒。2016年12月,李某向武昌区法院提起诉讼。

　　法院审理此案认为,该酒店在淋浴间和卫生间区域铺设的都是地砖,虽然淋浴间内放置了防滑垫,但外部卫生间仅在马桶上方贴了"小心地滑"的提示。而旅客从淋浴间出来时,是侧面对着马桶,不一定能看到其上方的提示语。因此,法院认为,该酒店未尽到合理的安全保障义务,应对旅客李某受伤产生损失承担七成责任,而李某自己也负有一定的注意义务,因此自行承担三成责任。

　　(资料来源:http://news.cnhubei.com/xw/sh/201703/t3807467.shtml.)

2.特殊侵权责任

特殊侵权责任是指当事人基于自己有关的行为、物件、事件或者其他特别原因致人损害,依照民法上的特别责任条款或者民事特别法的规定仍应对他人的人身、财产损失所应当承担的民事责任,也指有缺陷的产品所造成的侵权责任。

特殊侵权行为由《侵权责任法》、《合同法》、《产品质量法》等直接规定;主要适用特殊的归责原则;在举证上适用举证责任倒置原则,即由加害人就自己没有过错或者存在法定的抗辩事由承担举证责任,受害人对此无须举证;免责事由受到法律严格控制,通常包括不可抗力和受害人故意,受害人的过错、第三人的过错、加害人没有过错或者履行了法定义务等在有法律特别规定的情况下亦可能成为免责事由。

酒店经营管理过程中较常见的特殊侵权责任主要有因产品质量问题致人损害的特殊侵权责任和酒店建筑上的物件致人损害的特殊侵权责任两类。

(1)产品质量问题致人损害的特殊侵权责任。

构成产品缺陷致人损害的侵权行为的要件包括:产品质量不合格,即存在缺陷;不合格产品造成了人身、财产损害事实;产品缺陷与受害人的损害事实间存在因果关系。只要产品缺陷造成损害,无论行为人主观上是否有过错,该有缺陷产品的产销各个环节均应承担侵权责任。

(2)酒店建筑上的物件致人损害的特殊侵权责任。

根据我国法律规定,酒店建筑物、构筑物或者其他设施及其搁置物、悬挂物发生脱落、坠落造成他人损害,酒店不能证明自己没有过错的,应当承担侵权责任。酒店承担赔偿后,有其他责任人的,有权向其他责任人追偿。此外,从酒店建筑物中抛掷物品或者从建筑物上坠落的物品造成他人损害,难以确定具体侵权人的,除能够证明酒店自己不是侵权人的外,由可能加害的建筑物使用人给予补偿。

由此可见,我国酒店建筑物致人损害的侵权行为适用过错推定责任,即一旦发生酒店建筑物致人损害的后果,便推定酒店有过错,除非酒店举证证明自己无过错,否则应承担侵权责任。故酒店建筑上的物件致人损害的特殊侵权行为的构成要件包括:须有建筑物或建筑物上的搁置物、悬挂物致人损害的行为;建筑物及其附属物造成了人身、财产损害事实;建筑物致害行为与损害事实之间有因果关系;建筑物的所有人或管理人有过错。

同步案例 酒店外停车被高空坠物砸坏 石家庄一市民诉至法院维权

2015年3月5日,沈某到石家庄某酒店办事,把车停靠在了酒店门前的停车场。办完事回到停车场,沈某却傻了眼,只见自己的汽车周围一地的碎玻璃,车顶、后侧玻璃等多处受损。沈某马上找到停车场的工作人员小李询问情况,并报了警。小李告诉民警,沈某的汽车是被从酒店某房间掉下来的玻璃砸坏的。沈某找到酒店维权,酒店却坚称汽车损坏与酒店无关,酒店不应承担相关责任。无奈,沈某一纸诉状将该酒店告上了法庭。

石家庄市桥西区人民法院开庭审理了此案。庭审中,被告酒店称,其实际使用的楼层是7至26层,事发当日不存在玻璃坠落的情况,原告的汽车受损与被告无关;原告提供的公估报告书仅能代表车辆曾经受损,不能说明车辆是何时因何原因受损的,关于原告主张的修车费用、公估费用、租车费用等,被告均不予认可。被告同时说明,酒店有安全管理制度,并在酒店外围张贴有"高空坠物,请勿停车"的警示公告,已经尽到安全义务。对此原告沈某则认为,警示公告是被告事发后所贴,不能作为其免除责任的理由。

石家庄市桥西区人民法院经审理认为,原告主张应由被告承担侵权责任,并提交了报警记录、出警现场视频等相关证据,停车场工作人员李某与原告无利害关系,事发当日其在报警记录上签字应视为对报案人陈述事实的确认,结合出警现场视频中李某的陈述以及出警民警的相关询问,综合认定原告主张的事实成立,应由被告承担侵权责任。最终,依法判决被告酒店赔偿原告沈某损失共计4万余元。

法官提醒,如停车时遇到高空坠物造成财物损坏的情况,要及时保护现场、拍照取证并通知相关人员,尽快确定坠落物来源,及时与责任人协商处理。若协商不妥,可通过法律途径维权。法院在审理高空坠物侵权损害的案件时,依据过错推定原则,坠物的所有人、管理人或者使用人应对自己无过错承担举证责任;主张权利人能证明已有的伤害事实及所受伤害与物品坠落有因果关系即可。

(资料来源:http://hebei.hebnews.cn/2016-04/20/content_5461792.html.)

三、承担侵权责任的方式

根据《民法通则》、《侵权责任法》等法律的规定,承担侵权责任的方式主要有以下八种。
(1) 停止侵害。
(2) 排除妨碍。
(3) 消除危险。
(4) 返还财产。
(5) 恢复原状。

(6) 赔偿损失。
(7) 赔礼道歉。
(8) 消除影响、恢复名誉。

以上承担侵权责任的方式,可以单独使用,也可以合并使用。

第二节　酒店客人维权与诉讼时效

一、客人财物损害赔偿责任

根据我国有关法律的规定,对客人财物造成损害的,首先应当恢复原状,无法恢复原状的,酒店应当折价赔偿。折价时,一般以损害发生时,发生地通常价格为准,依照财产实际价值的损失来确定赔偿额。如果当事人双方对财产的实际价值有争议,应请有关人员进行鉴定,以鉴定所确定的损失额为准。

客人的财物毁损或灭失,要求赔偿时,应当具备以下条件。
(1) 是酒店的客人(即狭义上的客人),酒店有保护他的财物安全的法定义务。
(2) 财物的毁损或灭失发生在酒店实际控制的范围内。
(3) 财物的毁损或灭失是酒店的故意或过失行为。
(4) 客人能够提供毁损或灭失财物的名称、数量及其价值等信息。

财产损害受害人需要准备以下的举证。
(1) 证明损害事实发生的原因、经过、时间、地点的书证物证。
(2) 被损害财产的品名、规格、数量、质地、新旧程度、价值(贵重物品需有关部门的鉴定书)。
(3) 被损害财产的毁损程度或灭失的证据。

由于客人的疏忽大意而使财物毁损或灭失的,酒店不应当承担责任或者应减轻赔偿责任。如客人没有锁上门窗,或者没有按照酒店的告示将贵重物品交给酒店保管,造成财产的灭失,酒店可以减轻或免除责任。

因地震、洪水等自然灾害而造成客人财物的损失,酒店的责任也可以减轻或免除。《侵权责任法》第二十九条规定:"因不可抗力造成他人损害的,不承担责任。法律另有规定的,依照其规定。"

同步案例　　在酒店住宿丢失财物索要赔偿难上难

2006年9月,孙先生和家人参加由上海某旅行社组织的张家界5日游。入住酒店的第二日,孙先生结束一日游程后随团返回酒店,当打开自己的旅行箱想再拿点现金留次日备用时,这才发现,早上离开酒店时,疏忽大意忘记把旅行箱上锁了。而放在旅行箱里的5000元钱也不见了,他翻遍了家人的旅行箱以及各自的小挎包,都没有找到。孙先生只好向导游求助,并向酒店报告了情况。该酒店保安及当

地派出所也介入派人侦查,但最终没有结果。孙先生返沪后,立即向旅行社要求如数赔偿损失。

调解结果:依据旅游行业相关规定,旅游经营者在提供旅游服务过程中应保障旅游者人身、财产安全。旅客在所住酒店丢失财物,责任方应该是酒店方面,原则上要等警方的调查,依照侦查结果来处理。

本例中,由于警方介入并无结果,而且孙先生也提供不出财物丢失的证据,旅行社无法对他进行赔偿。但消保委认为,旅行社导游没有尽到安全提醒义务,对于游客造成的损失,应作相应的补偿。最后经多次协调,该旅行社给予孙先生200元作为财物损失的补偿,孙先生表示接受。

消费提示:外出旅游中,一些旅游者往往喜欢把贵重物品甚至大额现金,锁存在自己的行李箱内。但由于旅游者口说无凭,无法证明其丢失了哪些财物以及现金的款额,一旦这些财物丢失,而酒店或旅行社等旅游经营者也都不会按旅游者所说的数额给予赔偿,这也不是保险公司受保的范围。到头来,旅游者是哑巴吃黄连,有苦说不出。因此,旅游时,旅游者应加强自我保护意识,尽量别带贵重物品和大量现金。住酒店时,最好把贵重物品和现金存放进酒店的保险箱。

(资料来源:http://s.yingle.com/w/xf/14895.html.)

二、客人人身损害赔偿责任

(1)由于酒店的原因侵害了客人的人身权利,造成客人人身损害的,应当承担相应的赔偿责任。

根据我国法律的规定,酒店未尽合理限度范围内的安全保障义务,造成客人人身损害的,客人请求其承担相应赔偿责任的,人民法院应予支持,酒店就应当承担侵权责任。

(2)因第三人的行为造成他人损害的,由第三人承担侵权责任;但酒店有过错的,应当在其能够防止或者制止损害的范围内承担相应的补充赔偿责任。

(3)酒店赔偿费用范围。

根据《侵权责任法》第十六条的规定:"侵害他人造成人身损害的,应当赔偿医疗费、护理费、交通费等为治疗和康复支出的合理费用,以及因误工减少的收入。造成残疾的,还应当赔偿残疾生活辅助具费和残疾赔偿金。造成死亡的,还应当赔偿丧葬费和死亡赔偿金。"

①酒店造成客人人身一般损害的,酒店应当赔偿医疗费、治疗期间的护理费、因误工而减少的收入等项费用。

②酒店造成客人残疾的,酒店应当赔偿医疗费、治疗期间的护理费、因误工而减少的收入、残疾者生活补助费、残疾赔偿金、受害人所扶养人所必需的生活费、假肢费等项费用。

③酒店造成客人死亡的,赔偿的范围包括丧葬费、死亡赔偿金以及死者在生前扶养的人所必需的生活费等项费用。如果受害人死亡之前有抢救费、医疗费、护理费等项费用的,酒店也应当一并赔偿。

(4)因为第三人造成客人人身损害的,酒店在承担责任后,可以向第三人追偿。

> **同步案例**　　顾客赴宴酒店门口摔伤致残　酒店是否应该赔偿？

2016年5月7日下午6时许，顾客刘先生前往武汉某餐饮酒店就餐，正值傍晚，天又下大雨，能见度很低，而顾客必须通过酒店透明的玻璃门廊，当时并未张贴醒目的警示标志，此外该店门前有三级铺上瓷砖的台阶，当天酒店也未设置任何安全提示标志，未采取任何防滑措施，也未安排人员引导顾客，导致刘先生上台阶时滑倒。事后刘先生被送往医院治疗，经诊断刘先生被摔致椎间盘向后突出，并椎管狭窄，其一共支付医疗费7.5万元。同年9月，湖北某司法鉴定所对刘先生伤情做出司法鉴定，结论为残疾程度属九级残疾；后期医疗费8000元；治疗终结及休息时间为伤后150日；护理期限为伤后40日。刘先生据此向该餐饮酒店索赔，遭到店方拒绝，于是将该餐饮酒店告上法庭。

评析：酒店应尽合理安全保障义务，根据《侵权责任法》相关条款规定，酒店作为一个公共场所，应为顾客提供适当的安全保障，对其因安全管理的疏漏，造成公众人身伤害或其他损失的，应承担适当责任。

因此，事发当日傍晚天下大雨，能见度大大降低，刘先生作为一名正常的成年人，在下雨地滑及视线模糊的情形下，应该而且能够尽到谨慎注意义务，但他却没有尽到，是其摔倒受伤的主要原因，因此对事故承担主要责任。酒店作为餐饮服务公司，明知下雨天铺上瓷砖的台阶更加湿滑，可能对顾客带来安全隐患，但其既没在店门口醒目位置设置安全警示标志，也未在门口台阶处采取防滑措施，是一种疏于安全管理的行为，由此对顾客造成人身伤害，亦应承担适当责任。

（资料来源：http://www.chinanews.com/f2/2013/1216/5622173.shtml.）

三、诉讼时效

诉讼时效是指民事权利受到侵害的权利人在法定的时效期间内不行使权利，当时效期间届满时，债务人获得诉讼时效抗辩权。在法律规定的诉讼时效期间内，权利人提出请求的，人民法院就强制义务人履行所承担的义务。而在法定的诉讼时效期间届满之后，权利人行使请求权的，人民法院就不再予以保护。

值得注意的是，诉讼时效届满后，义务人虽可拒绝履行其义务，但权利人请求权的行使仅发生障碍，权利本身及请求权并不消灭。当事人超过诉讼时效后起诉的，人民法院应当受理。受理后，如另一方当事人提出诉讼时效抗辩且查明无中止、中断、延长事由的，判决驳回其诉讼请求。如果另一方当事人未提出诉讼时效抗辩，则视为其自动放弃该权利，法院不得依照职权主动适用诉讼时效，应当受理并支持其诉讼请求。

我国法律规定的诉讼时效有以下三种情况。

1. 一般诉讼时效

一般诉讼时效指在一般情况下普遍适用的时效,从2017年10月1日起,我国民事诉讼的一般诉讼时效为3年。

2. 特别诉讼时效

特殊诉讼时效优于一般诉讼时效,也就是说,凡有特殊诉讼时效规定的,适用特殊诉讼时效。特别诉讼时效又分为短期诉讼时效和长期诉讼时效两种,其中,短期时效指诉讼时效不满2年的时效,如身体受到伤害要求赔偿的、延付或拒付租金的、寄存财物被丢失或被损坏的诉讼时效均为1年;长期诉讼时效是指诉讼时效在3年以上20年以下的诉讼时效。

3. 最长诉讼时效

最长诉讼时效为20年。我国法律规定,诉讼时效期间自权利人知道或者应当知道权利受到损害以及义务人之日起计算。法律另有规定的,依照其规定。但是自权利受到损害之日起超过20年的,人民法院不予保护;有特殊情况的,人民法院可以根据权利人的申请决定延长。

时效具有强制性,任何时效都由法律、法规强制规定,任何单位或个人对时效的延长、缩短、放弃等约定都是无效的。

同步案例 宾馆内注射地西泮致死 家属起诉超过时效被驳回

2010年1月10日白某到富宁县某宾馆住宿,次日下5点多,宾馆员工进行查房时发现白某在房间内死亡,随即宾馆向公安机关报案,经公安机关到现场勘查,认定白某是注射地西泮过量致死,并于2010年2月2日做出不予立案决定。白某之父由于不服该决定,先后到文山州公安局、云南省公安厅等部门对白某的死因进行信访无果,于2013年8月6日向人民法院提起诉讼,要求该宾馆对白某的死亡承担赔偿责任。人民法院以超过诉讼时效为由做出了驳回其诉讼请求的决定。

分析:本案是生命权纠纷,适用身体受到伤害要求赔偿的诉讼时效期间为1年的规定。白某于2010年1月11日死亡,县公安局于2010年2月2日做出不予立案决定后,白某之父因不服该不予立案决定,先后到文山州公安局、云南省公安厅等部门对白某的死因进行信访,导致诉讼时效中断。因公安机关最后一次对白某之父的信访事项做出答复的时间为2012年8月6日,故本案的诉讼时效期间应自2012年8月6日起重新计算,但直至白某之父向人民法院提起诉讼时,诉讼时效期间也已经届满,本案也无诉讼时效中止、延长的事由,故人民法院判决驳回其诉讼请求并无不当。

(资料来源:http://www.cermn.com/art304147.aspx.)

本章小结

本章介绍了侵权行为和侵权责任的相关概念、一般侵权责任和特殊侵权责任的有关内容、酒店发生财物毁损或灭失以及人身损害时应承担的侵权责任、诉讼时效等相关内容。

关键概念

侵权行为　侵权责任　隐私权　人身伤害　财产损害　精神损害　诉讼　诉讼时效

思考与练习

一、选择题

1. 一住店客人未付房钱即离开旅馆去车站，旅馆服务员见状揪住他不让走，并打电话报警。客人说："你不让我走还限制我的自由，我要告你们旅馆，耽误了乘火车要你们赔偿。"旅馆这样做的性质应如何认定？（　　）

　　A. 属于侵权，系侵害人身自由权　　B. 属于侵权，系积极侵害债权
　　C. 不属于侵权，是行使抗辩权之行为　　D. 不属于侵权，是自助行为

2. 一般侵权行为的归责原则是（　　）。

　　A. 严格责任原则　　B. 过错责任原则
　　C. 公平责任原则　　D. 无过错责任原则

3. 下列各项权利中，不应由侵权责任法调整的是（　　）。

　　A. 健康权　　B. 监护权　　C. 用益物权　　D. 选举权

4. 我国《侵权责任法》规定的责任构成原则不包括（　　）。

　　A. 过错责任原则　　B. 无过错责任原则
　　C. 推定过错原则　　D. 过失责任原则

5. 侵害他人造成人身损害的，不应当赔偿的是（　　）。

　　A. 医疗费　　B. 误工费
　　C. 护理费　　D. 被抚养人的生活费

6. 我国《侵权责任法》中，首次把（　　）作为独立的权利加以保护，这也是《侵权责任法》的一大亮点。

　　A. 生命权　　B. 健康权　　C. 隐私权　　D. 用益物权

7.明知产品存在缺陷仍然生产、销售,造成他人死亡或者健康严重损害的,被侵权人有权请求相应的( )赔偿。

　　A.补偿性　　　　　B.赔偿性　　　　　C.惩罚性　　　　　D.惩戒性

8.因同一侵权行为应当承担侵权责任、行政责任和刑事责任,而侵权人的财产不足以支付的,应先承担( )。

　　A.侵权责任　　　　B.行政责任　　　　C.刑事责任　　　　D.经济责任

9.被侵权人对损害的发生也有过错的( )。

　　A.应当减轻侵权人的责任　　　　　　B.可以减轻侵权人的责任

　　C.必须减轻侵权人的责任　　　　　　D.不可以减轻侵权人的责任

10.受害人和行为人对损害的发生都没有过错的( )。

　　A.受害人自行承担责任　　　　　　　B.行为人承担责任

　　C.可以根据实际情况,由双方分担损失　D.由受害人和行为人平均承担责任

二、简答题

1.什么是侵权行为?

2.承担侵权责任的方式有哪些?

3.侵权民事责任的构成要件有哪些?

4.什么是特殊侵权行为?

5.我国民事案件的诉讼时效是如何规定的?

三、思考题

春节期间,某酒店客人王先生,晚上在房间打麻将,由于凳子不够就拿房间的行李架坐,结果坐坏了行李架还把手弄伤了,之后还去了医院,退房时酒店工作人员要求王先生赔偿行李架毁坏费用,王先生称他不是本地人,以为行李架是凳子,酒店什么物品应该贴上标签,所以拒绝赔偿。你认为该如何处理?

四、案例分析题

客人离店后说在酒店受了伤,要不要赔偿?

陆先生赴异地参加同学聚会住在某酒店。聚会结束那一天到总台退房后,因赶火车走得比较着急,大步向大堂门口走去,快到门口时突然脚底一滑,整个人摔倒,屁股重重落地。他坐在地上后才发现地面湿滑,但周边没有立放"小心地滑"的警示牌。走在他前面的同学詹某回头见状,立即扶他起来。由于陆先生当时能站能走,身体似无大碍,加上急于赶火车,也就没有当场与酒店交涉,便匆匆离酒店而去。之后大堂副理查看地面,确实湿滑,立即通知PA处理。

陆先生回到家后,当晚躺在床上觉得腰部以下隐隐作痛。他想也许是因为坐了七八个小时火车疲劳所致,心想睡一觉就会好了,也就没当一回事。然而到了第二天疼痛加剧,到医院骨科检查,诊断为尾椎骨骨折,按医嘱需要卧床休息和服药。陆先生当即将在酒店摔伤及医院诊断结果通知了酒店,酒店回应:"酒店将会认真调查核实,该承担什么责任就承担什么责任。"陆先生仍然不放心,就委托当地的同学也就是当时扶他起来的同学詹某到酒店交涉此事,并要求查看大堂的监控录像。

詹某和酒店保安一起看了监控录像，但由于光线较弱，虽然可以看到有个人摔倒，但面部无法看清，也就是说尚不能确定摔倒的人就是陆先生本人。

陆先生经过十多天的治疗，身体基本痊愈，共计花费医疗费用近三千元。之后陆先生向酒店提出赔偿要求，酒店则称没有证据可以证明陆先生是在该酒店摔倒受伤，所以不同意赔偿。

请分析陆先生离店后能否获得酒店赔偿。

附录 A

典型案例

案例 1

客人欠费想跑路

某国际企业跨国公司执行总裁龙飞和该公司技术顾问陈工从 2013 年 8 月 25 日至同年 11 月 7 日期间入住上海 MY 大酒店，应付该酒店房费、车费等项费用共计人民币 70927.47 元。除已付人民币 14000 元，尚欠该酒店人民币 56927.47 元。上海 MY 大酒店多次向他们索要，二人均以身边无现款为由一再拖欠。之后，二人迁住在上海 JJ 国际酒店 5110 房间，准备离开上海，上海 MY 大酒店于同年 12 月在上海市中级人民法院对上述二人提起诉讼，请求法院判他们偿付欠款。上海市中级人民法院受理起诉后，立即对该案进行审理。法院认定二被告欠款不还是违法的。经法庭调解，被告又偿还了人民币 2.5 万元。余款部分由陈工开出 3.5 万元的期票，限期为 2014 年 1 月 21 日，由被告按期汇款。于是，上海 MY 大酒店向上海市中级人民法院提出撤诉申请。上海市中级人民法院经审查，于 2013 年 12 月 24 日裁定准许上海 MY 大酒店撤销起诉，诉讼费由被告负担。

分析：上海 MY 大酒店在多次向客人龙某和陈某二人索要所欠酒店的住宿费用，是正确行使"收取住店客人合理费用"的权利，而二人以种种理由一拖再拖，伺机逃账，及时向上海市中级人民法院对二人提起诉讼，这种做法不但合法而且维护了自己的利益。

案例 2

房间烟感报警器突然报警

2015 年大年初二，广州某酒店的 1633 号客房内的烟感报警器突然报警。酒店的消防队立即出动直奔该客房，此时客房内冒出浓烈的硫黄烟焦味。敲门多次，无人应答。他们只得用紧急万能钥匙打开房门。房内的火已经熄灭，烟雾弥漫，茶几上一截未烧尽的烟花余热尚存，近旁还有一包用报纸裹着的烟花和爆竹。经检查发现，地毯、茶几台面及旁边的两张单人沙发的面布上都有被烟花烧坏的痕迹。按照惯例，消防人员进行了现场拍照，着手查明起火原因。

经查，该房间住的是随某旅行社组团来的李先生及境外的女友。午夜 1 时 30 分，李先生同其女友回到房间。经电话同意后，酒店的大堂经理、保安领班、消防主管及客房楼层主管共四人入房找李谈话。李先生承认点燃过烟花，并问赔偿多少钱。酒店回复按国际五星级酒店的质量标准,损坏的物品需要更换。地毯每平方米为300元人民币,房间面积28平方米,应赔8400元,沙发面布600元,茶几1000元,合计赔偿金额为10000元人民币,尚不包括装修费及导致该房间不能出租的损失。但考虑到过年,赔偿金额减为人民币6000元。李先生表示同意,由于身上所带现金不足,先付人民币1800元,其余的等回港后再付。李先生用英文立下字据,为保护其字据的有效性,李先生、旅游团领队和酒店代表分别在欠条上签了名。

分析:在本案中,广州某酒店发现1633客房内的烟感报警器突然报警后,酒店消防人员立即到客房内查明情况,并进行现场拍照,这样做可以取得酒店遭受损害的可靠证据。而且事后查明,该火灾的产生是由于客人李先生点燃烟花造成的,故酒店的财产损害与客人李先生的损害行为有直接因果关系,是客人李先生侵害了酒店的财产权益,依法应当由客人李先生赔偿。但酒店在赔偿金额的计算方面充分考虑到了国际行业惯例和客人的承受能力。当客人所携带的现金不足时,让客人立下字据并且请当事人和旅游团的领队在上面分别签字,这种做法符合法律规定。

案例3

妻子也难进老公的房间

客人柯贝在一家汽车酒店包租了一个双人间的客房,其妻偶尔也来共度周末,但妻子从未获得该房间的钥匙。在某一周末,妻子在丈夫外出的时候来到酒店,要求服务台工作人员给她客房钥匙。服务台人员查了住客登记,登记单上并未注明其妻是登记的客人,丈夫也未授权酒店把钥匙交给妻子。工作人员拒绝了她的要求,于是该女士到另一酒店住宿。事后,该客人控告酒店和工作人员,声称其妻有权取得丈夫客房的钥匙,并要求酒店担负由此而引起的烦恼、屈辱和内心痛苦的损害赔偿。

分析:婚姻并不隐含丈夫或妻子就能够随意进入其所租房间,况且酒店也无法知道客人的婚姻状况。事实上,酒店有保护客人安全和隐私的义务,未经住宿客人许可,其他所有访客,当然也包含他的妻子,都不得进入客房,故该酒店对此案不负任何赔偿责任。

案例4

酒店安全无小事

2016年12月31日,王斯夫妇在武汉的LB酒店下榻。次日清晨大约4点钟,两名男子来到酒店前台,其中一人对值班的前厅服务员李麦说自己是233房间的客人,名叫本森,把房间的钥匙丢了。服务员查了住客登记,233房间确实是名叫本森的客人所住,钥匙架上又无此房间的钥匙,便随手把酒店总钥匙交给了对方。

两人拿了钥匙后来到王斯夫妇的客房,用总钥匙打开了房门锁,并弄坏了安全链。他们把王斯从床上打到床下,用胶布封住他的嘴,用金属丝将他捆住。接着他们开始殴打王斯太太,把她扔进浴缸里,然后逃走。王斯先生挣断金属丝,追出去报案,发现该酒店一名年迈的保安人员正在办公室后的阶梯上睡觉。王斯太太由于受到惊吓,精神惶恐,直到2017年8月仍不能康复。王斯夫妇上告法庭,要求酒店赔偿损失。

分析:如果酒店内发生暴力犯罪事件,而酒店业主和其雇员并无过失,则酒店不负责任。然而,本案例中的LB酒店的前厅服务员李麦将酒店客户的钥匙随便交给不明身份的访客是严重的玩忽职守的行为,酒店的保安在暴力事件发生时正在睡觉,是严重的失职行为,代表酒店的两名员工存在严重的错误,是导致事故发生的直接原因,故酒店在此事故中存在重大过错,不能免除该酒店的责任。为此,酒店应对王斯夫妇蒙受的损失负责。

案例5

客遗物品的处理

2017年6月19日上午,宜昌某酒店总机话务员刘某接到广州来的长途电话,称日本客人正司茂当天离开酒店时不慎将50万日元现金遗忘在该宾馆的609房内,希望酒店帮助查找。话务员刘某当即向六楼当班的服务员王某询问,并要求查找。王某让服务员甘某前去查找。甘某进入609房后,发现床上有一白色信封,内装50万日元。甘某急忙将该信封放进自己办公桌的抽屉内,然后离开酒店。失主当天晚上再次打长途询问查找情况,甘某回答说没有找到。次日上午,甘某将50万日元带回家中,并将25万日元兑换成人民币和港币,带着朋友去广州、珠海、深圳等地游玩并买了摩托车、收录机、手表等物。案发后,除上述赃物和剩余的25万日元,其他赃款均被挥霍一空。

分析:在酒店内拾得客人的遗留物品,应当主动归还给客人,这是法律规定的强制性义务,而不仅仅是道德义务。我国《民法通则》第七十九条第二款规定,"拾得遗失物、漂流物或者失散的饲养动物,应当归还失主"。该法第九十二条还明确规定:"没有合法根据,取得不当利益,造成他人损失的,应当将取得的不当利益返还受损失的人。"由此可见,拾得客人的遗留物后,据为己有,显然违反了民法的有关规定,拾得人应依法承担民事责任,若情节严重,数额较大,还会构成侵占罪,拾得人还将受到刑法惩罚。本案中的甘某在住店客人多次打长途电话要求查找遗留的现金时,将50万日元隐藏并带回家中,并将其中部分购买了物品,显然违反了我国的法律规定。利用自己的工作关系,以非法手段隐藏并占有了客人数额较大的钱财,这实际上已构成了侵占罪。

案例6

客人豪车被盗,酒店辩解不担责

2016年2月4日晚上12点,广东省深圳市的王某来到广州的XG大酒店住宿时,停放在楼下的宝马轿车被盗。客人要求酒店给予赔偿。XG大酒店的答复是该酒店于2015年10月1日开始对外试营业,停车场仍在施工,没有正式启用,所以酒店门前的停车场当时也没有人看管。客人没有支付酒店停车费,所以酒店不能赔偿。在该事件的调查中发现,该酒店的停车场可以停放30辆小车,因其没有围墙,所以没有办理正式的停车场审批手续,也没有放置类似注意停车安全的警示。

分析:酒店无论是试营业还是正式开业,对客人的有关法律责任是存在的。客人来酒店住宿,酒店就应当对客人的财物负责。《中华人民共和国消费者权益保护法》第十八条规定:"经营者应当保证其提供的商品或者服务符合保障人身、财产安全的要求。对可能危及人身、财产安全的商品和服务,应当向消费者作出真实的说明和明确的警示,并说明和标明正确使用商品或者接受服务的方法以及防止危害发生的方法。"

酒店在设施设备没有完全到位或建成的情况下,应当考虑到有可能危及客人人身和财产的安全情况,如果有可能发生上述情况,酒店应当尽最大的可能采取措施消除危害,如一时无法消除,酒店应当做出明确的警示。只有这样酒店才能免除或减轻责任。该酒店虽然没有收取停车费,但由于没有对客人做出明确的警示,所以应当对客人的损失承担相应的责任。

案例 7

非住店客人贵重物品遗失纠纷

2015 年 1 月 4 日,李某去江苏某大酒店享受桑拿浴,随身携带人民币 3000 余元和 2000 多元的债券及其他一些贵重物品。因数额较大,李某要求酒店服务员代为保管,可服务员却以无此先例为由,拒绝了他的要求。李某将这些财物放入更衣箱内上锁。洗完桑拿后李某却发现箱内的财物不见了,当即向酒店报案并要求赔偿。酒店认为接受桑拿服务的客人应当与住店客人区别对待,对于非住店客人的贵重物品的丢失酒店不负责任。为此李某起诉到法院,要求赔偿。法院审理后认为酒店有保管客人贵重物品的责任,判被告承担主要赔偿责任。

分析:从酒店和客人的权利义务关系来看,只要客人提出在酒店消费,而且酒店接受了客人的消费要求,酒店就有责任保管好客人随身携带的物品。客人在酒店内享受桑拿浴不可能将随身携带的物品带入浴室内,酒店也不可能要求客人不能携带物品进入酒店。所以客人在接受桑拿服务时,要求酒店提供安全地方存放物品是合理合法的,酒店也有义务保管好客人的物品。

案例 8

城门失火,殃及池鱼

2015 年,某厂职工刘某来到南京一家酒店的舞厅跳舞。正当他随着悠扬的乐曲起舞时,舞厅临街窗户的一块玻璃忽然被人砸碎,其中一小块碎片击中了刘某的右眼。当保安人员追出门时,肇事者已逃得不见踪影。刘某在医院治疗中共花费医疗费 6000 余元。刘某家人多次与舞厅交涉,要求舞厅赔偿其医药费及误工损失费。然而,得到的答复是,该事件非本舞厅所致,因此不能承担赔偿责任。

刘某向酒店所属区法院提出起诉,要求这家酒店承担赔偿责任。在法庭辩论中酒店方的委托代理人认为:舞厅的玻璃被外人砸碎,责任完全在肇事者;舞厅的门票中并不含人身保险费用,酒店不应承担赔偿责任。舞厅本身不存在过错,就不能适用《中华人民共和国民法通则》中的过错责任原则。法院经过调查后裁定:在无法找到肇事者的情况下,刘某要求舞厅赔偿其经济损失是合理的。当然舞厅在承担赔偿责任之后,依然享有向该案的肇事者追偿的权利。

分析:法庭的判决是合理的。刘某到舞厅跳舞,购买了门票,这实际上应视为订立合同的行为;舞厅卖门票给他,双方即由此形成了契约关系,门票则成为双方当事人合同的书面形式。舞厅作为合同的一方当事人,本身有义务为合同的另一方当事人提供安全的跳舞环境,也有责任保护跳舞者在舞厅内不受到伤害。虽然这家舞厅不是造成刘某受伤的直接侵害人,但在客观上舞厅已存在违约的行为,因为舞厅没有有效地保护跳舞者在舞厅内免遭外来的侵害;由于肇事者的侵害行为以及舞厅的违约行为共同导致了刘某的人身健康受到侵害,而舞厅的行为不符合法定的免责条件,因此肇事者与舞厅均负有责任赔偿受害人刘某的经济损失。

案例 9

客人遭外人暴打　酒店要担责

2016 年 3 月,苏某与方某旅行结婚住进江苏某豪华大酒店,当晚 10 点他们在逛完城市夜景后回到酒店。刚走进大厅,两名醉醺醺的青年男子向他们寻衅,苏某和他们争辩了几句,招来了一顿拳打脚踢,苏某头部被打破,口鼻出血。方某虽大声呼救,但站在大厅内的两名酒店安全部的保安人员和两名服务员都无动于衷。待那两位打人的青年男子扬长而去之后,两名保安人员才走过来协助方某将苏某送往医院。经医院诊断:苏某头部外伤、脑震荡、胸腹部等多处软组织挫伤。苏某在医院治疗近一个月,花费医疗费 5000 元。

苏某出院后,要求酒店进行赔偿。酒店方认为,苏某受伤是外来人员所致,而且是在双方打斗时受伤的,所以酒店不应当承担赔偿责任。在得不到酒店任何赔偿的情况下,苏某将该酒店告到了法院。要求该酒店赔偿医疗费、误工费、营养费、护理费、精神损失费等共 20000 元。法院审理后判决,被告赔偿原告 7500 元。

分析:原告在被告处登记住宿,双方就建立了一种合同关系,被告有为原告提供安全住宿条件的义务。在本案中两名酒店的保安人员就在现场,和原告近在咫尺,完全能够履行其义务,保护原告免受侵害,但他们却无动于衷,放弃了职责。因而,应当认为被告没有履行自己的义务。根据《中华人民共和国民法通则》的规定,公民、法人违反合同或者不履行其他义务的,应当承担民事责任。原告作为消费者,《中华人民共和国消费者权益保护法》也明确规定,消费者在接受服务时,其合法权益受到损害的,可以向服务者要求赔偿。根据这些有关规定,原告受到的损害与被告不履行自己的义务有着法律上的因果关系,被告应当依法承担民事赔偿责任。

案例 10

白领美女住酒店被人尾随遇害

2016 年 8 月 23 日,深圳市翰适医药有限公司总经理的王翰,赴沪入住 YH 宾馆。当天下午 2 时 45 分,王翰刚刚在宾馆安顿下来,就给深圳的父母打了电话,告诉父母自己已经平安到达,请父母放心。晚上 9 时,王翰的男友给王翰房间打电话,但是连打数次,只听见电话那边铃声长响,却总是没有人接听。10 时、11 时,随着一次次给王翰拨打电话都无响应,王翰的男友和家人开始焦急不安。他们多次向总台讲明情况,请求宾馆服务员到王翰的房间看一下,但都被服务员以"我们没有这项服务"为由拒绝,无奈之下他们只有一次又一次地拨打王翰房间的电话号码,但每一次都不得不失望地放下话筒。8月24日上午9时30分,在王翰母亲的强烈要求下,宾馆的服务员终于答应到王翰入住的1911房间看一下,她打开房门,赫然发现房间内凌乱不堪,女住客王翰已经死在房间内。

事后,经公安机关勘查,王翰系被他人扼压颈部及用锐器刺戳颈部等手段加害,其左侧颈动脉被刺破,造成大失血,并因机械性窒息而死亡。王翰随身携带的3万元人民币及价值7140元欧米茄防水表等物被劫。公安机关立刻查看宾馆的安全监视系统8月23日的全部录像资料,资料显示,王翰登记后进入客房的过程中遭遇不明身份人员尾随,之后,该不明人员又六次乘电梯频繁往返于大堂和19楼之间,在大堂游荡,并有东张西望的可疑形迹,第7次该不明人员乘电梯上楼敲门进入王翰房间并将其杀害于房间内。

分析:宾馆应向住客提供安全的住宿环境,保障客人的人身财产安全。宾馆应提供与收费标准相一致的房间设施及服务,并应保证宾馆内设施及环境安全,恪尽最谨慎的注意义务,采取切实的安全防范措施,以使住客在宾馆内免遭非法侵害。在本案中,YH宾馆应切实履行与其星级服务相称的对住客的安全保护义务,密切监控、严格防范,维护一切住客人身、财产安全。YH宾馆未能履行对王翰的安全保护义务,其行为已构成违法。但王翰未能充分利用宾馆提供的安全设施,对事件的发生亦具有轻度的过失,因此YH宾馆对本案的违约赔偿数额可因此酌情降低。根据本案的事实,YH宾馆的赔偿范围应包括王翰丧事支出的合理差旅费及王翰个人合理的财产损失,不支持其家人张丽霞、王利毅关于精神损失费赔偿的请求。

案例11

人命关天,食物中毒可不是儿戏

2015年7月26日上午11时,某市卫生防疫站接到市第三人民医院的报案电话,称有五人食物中毒正在医院抢救,该站立即派人前往调查。据受害人反映:7月23日晚8时许,25名人员在市MYM饭店聚餐,从次日凌晨2时起至25日上午8时先后有19人发生不同程度的腹痛、腹泻、恶心、发热等症状。市卫生防疫站从7月26日下午开始对此案进行调查。在初步掌握了食物污染源的情况下,7月27日,依据《中华人民共和国食品卫生法(试行)》第三十三条第五项的规定,对MYM饭店做出停业整改的行政处罚。但MYM饭店拒不执行,继续非法营业七天。此后,市卫生防疫站先后向有关单位和个人作了详细调查,并对病人的血液和大便进行检查、化验,经流行病学、临床症状、细菌毒理学、血清学等方法的综合检查论证,确认这是一起由副溶血性弧菌(原名嗜盐菌)作用而发生的集体性食物中毒,是由食用MYM饭店的不洁食物后而引起的。因此,该店对此次食物中毒事件负有完全责任。根据《中华人民共和国食品卫生法(试行)》第三十七条第四项的规定,8月6日,市卫生防疫站做出给予该店以罚款的行政处罚决定。

分析:案例中的MYM饭店简直是视法律为儿戏,完全没有法律观点。该饭店发生食物中毒事故既不报告,也不主动采取相应控制措施,更为恶劣的是当卫生行政部门做出停业整改的行政处罚后,依然拒不执行,继续非法营业。事后查明,该食物中毒是不洁食物引起的,故饭店在夏秋季,要搞好餐饮卫生,不得生产腐败变质、油脂酸败、污秽不洁、混有异物或者其他感官性状异常的食品。

案例 12

2016年9月16日由日本莘辉株式会社组织的285人（均为男性）入境后，按照事先的安排，在珠海YH酒店（属港资独资经营企业）举行表彰会。由JS酒店歌舞厅的"妈咪"明红传等将召集来的300多名"三陪小姐"带到YH酒店三楼丽晶厅外等候安排。当晚9时左右，日本莘辉株式会社的表彰仪式结束后，自助晚宴开始，300多名"三陪小姐"进入宴会现场，分别坐到该社成员的餐桌上，边吃边供日本人挑选。主持人宣布，嫖娼一次800元人民币，嫖宿一夜1200元人民币。宴会结束后，该社成员和卖淫小姐先后离开YH酒店，乘车回到JS大酒店。当晚有185名卖淫小姐向该会社成员卖淫，一夜嫖资达30万。

事发后在国内外引起很大的反响。2016年12月16日，珠海市中级人民法院依据我国《刑法》的有关规定，对珠海"9.16"组织卖淫案进行公开宣判，以组织卖淫罪判处叶翔（JS酒店总经理助理）等无期徒刑，并处没收财产，剥夺政治权利终身；判处刘雪晶（JS酒店市场营销部副经理）有期徒刑1年，处罚金3.5万元，其余的12人受到刑期不等的判决。按照责任追究的要求，包括公安局、旅游局在内的15名当地官员也受到了处分。

分析：在此案中JS酒店涉嫌组织、容留卖淫罪，不仅人数多，而且涉案金额高达30万，其职员叶某和刘某分别受到刑事处罚，罪有应得。另外，广边功等三名日本犯罪嫌疑人，因涉嫌组织卖淫罪，根据我国《刑法》的规定，凡是在中国境内实施犯罪行为的、触犯中国法律的，根据属地原则，将依据中国法律对犯罪嫌疑人实施制裁，检察机关也做出批准逮捕的决定。

附录 B

旅游饭店星级的划分与评定

(GB/T 14308—2010)

前　言

本标准代替 GB/T 14308—2003 旅游饭店星级的划分与评定。
本标准与 GB/T 14308—2003 相比，主要技术内容变化如下：
a) 增加了对国家标准 GB/T 16766、GB/T 15566.8 的引用；
b) 更加注重饭店核心产品，弱化配套设施；
c) 将一二三星级饭店定位为有限服务饭店；
d) 突出绿色环保的要求；
e) 强化安全管理要求，将应急预案列入各星级的必备条件；
f) 提高饭店服务质量评价的操作性；
g) 增加例外条款，引导特色经营；
h) 保留白金五星级的概念，其具体标准与评定办法将另行制定。
本标准的附录 A、附录 B、附录 C 均为规范性附录。
本标准由国家旅游局提出。
本标准由全国旅游标准化技术委员会归口。
本标准起草单位：国家旅游局监督管理司。
本标准主要起草人：李任芷、刘士军、余昌国、贺静、鲁凯麟、刘锦宏、徐锦祉、辛涛、张润钢、王建平。
本标准所代替标准的历次版本发布情况为：
——GB/T 14308—1993；
——GB/T 14308—1997；
——GB/T 14308—2003。

1. 范围

本标准规定了旅游饭店星级的划分条件、服务质量和运营规范要求。

本标准适用于正式营业的各种旅游饭店。

2. 规范性引用文件

下列文件对于本文件的应用是必不可少的。凡是注日期的引用文件,仅注日期的版本适用于本文件,凡是不注日期的引用文件,其最新版本(包括所有的修改单)适用于本文件。

GB/T 16766　旅游业基础术语
GB/T 10001.1 标志用公共信息图形符号　第1部分:通用符号
GB/T 10001.2 标志用公共信息图形符号　第2部分:旅游设施与服务符号
GB/T 10001.4 标志用公共信息图形符号　第4部分:运动健身符号
GB/T 10001.9 标志用公共信息图形符号　第9部分:无障碍设施符号
GB/T 15566.8 公共信息导向系统 设置原则与要求　第8部分:宾馆和饭店

3. 术语和定义

下列术语和定义适用于本标准。

3.1　旅游饭店　tourist hotel

以间(套)夜为单位出租客房,以提供住宿服务为主,并提供商务、会议、休闲、度假等相应服务的住宿设施,按不同习惯可能也被称为宾馆、酒店、旅馆、旅社、宾舍、度假村、俱乐部、大厦、中心等。

4. 星级划分及标志

4.1　用星的数量和颜色表示旅游饭店的星级。旅游饭店星级分为五个级别,即一星级、二星级、三星级、四星级、五星级(含白金五星级)。最低为一星级,最高为五星级。星级越高,表示饭店的等级越高。(为方便行文,"星级旅游饭店"简称为"星级饭店"。)

4.2　星级标志由长城与五角星图案构成,用一颗五角星表示一星级,两颗五角星表示二星级,三颗五角星表示三星级,四颗五角星表示四星级,五颗五角星表示五星级,五颗白金五角星表示白金五星级。

5. 总则

5.1　星级饭店的建筑、附属设施设备、服务项目和运行管理应符合国家现行的安全、消防、卫生、环境保护、劳动合同等有关法律、法规和标准的规定与要求。

5.2　各星级划分的基本条件见附录A,各星级饭店应逐项达标。

5.3　星级饭店设备设施的位置、结构、数量、面积、功能、材质、设计、装饰等评价标准见附录B。

5.4　星级饭店的服务质量、清洁卫生、维护保养等评价标准见附录C。

5.5　一星级、二星级、三星级饭店是有限服务饭店,评定星级时应对饭店住宿产品进行重点评价;四星级和五星级(含白金五星级)饭店是完全服务饭店,评定星级时应对饭店产品进行全面评价。

5.6　倡导绿色设计、清洁生产、节能减排、绿色消费的理念。

5.7 星级饭店应增强突发事件应急处置能力,突发事件处置的应急预案应作为各星级饭店的必备条件。评定星级后,如饭店营运中发生重大安全责任事故,所属星级将被立即取消,相应星级标识不能继续使用。

5.8 评定星级时不应因为某一区域所有权或经营权的分离,或因为建筑物的分隔而区别对待,饭店内所有区域应达到同一星级的质量标准和管理要求。

5.9 饭店开业一年后可申请评定星级,经相应星级评定机构评定后,星级标志使用有效期为三年。三年期满后应进行重新评定。

6. 各星级划分条件

6.1 必备条件

6.1.1 必备项目检查表规定了各星级应具备的硬件设施和服务项目。评定检查时,逐项打"√"确认达标后,再进入后续打分程序。

6.1.2 一星级必备项目见表 A.1;二星级必备项目见表 A.2;三星级必备项目见表 A.3;四星级必备项目见表 A.4;五星级必备项目见表 A.5。

6.2 设施设备

6.2.1 设施设备的要求见附录 B。总分 600 分。

6.2.2 一星级、二星级饭店不作要求,三星级、四星级、五星级饭店规定最低得分线:三星级 220 分,四星级 320 分,五星级 420 分。

6.3 饭店运营质量

6.3.1 饭店运营质量的要求见附录 C。总分 600 分。

6.3.2 饭店运营质量的评价内容分为总体要求、前厅、客房、餐饮、其他、公共及后台区域等 6 个大项。评分时按"优"、"良"、"中"、"差"打分并计算得分率。公式为:得分率＝该项实际得分/该项标准总分×100%。

6.3.3 一星级、二星级饭店不作要求。三星级、四星级、五星级饭店规定最低得分率:三星级 70%,四星级 80%,五星级 85%。

6.3.4 如饭店不具备表 C.1 中带"*"的项目,统计得分率时应在分母中去掉该项分值。

7. 服务质量总体要求

7.1 服务基本原则

7.1.1 对宾客礼貌、热情、亲切、友好,一视同仁。

7.1.2 密切关注并尽量满足宾客的需求,高效率地完成对客服务。

7.1.3 遵守国家法律法规,保护宾客的合法权益。

7.1.4 尊重宾客的信仰与风俗习惯,不损害民族尊严。

7.2 服务基本要求

7.2.1 员工仪容仪表应达到:

a) 遵守饭店的仪容仪表规范,端庄、大方、整洁;

b) 着工装、佩工牌上岗;

c）服务过程中表情自然、亲切、热情适度,提倡微笑服务。

7.2.2 员工言行举止应达到：

a）语言文明、简洁、清晰,符合礼仪规范；

b）站、坐、行姿符合各岗位的规范与要求,主动服务,有职业风范；

c）以协调适宜的自然语言和身体语言对客服务,使宾客感到尊重舒适；

d）对宾客提出的问题应给予耐心解释,不推诿和应付。

7.2.3 员工业务能力与技能应达到掌握相应的业务知识和服务技能,并能熟练运用。

8. 管理要求

8.1 应有员工手册。

8.2 应有饭店组织机构图和部门组织机构图。

8.3 应有完善的规章制度、服务标准、管理规范和操作程序。一项完整的饭店管理规范包括规范的名称、目的、管理职责、项目运作规程（具体包括执行层级、管理对象、方式与频率、管理工作内容）、管理分工、管理程序与考核指标等项目。各项管理规范应适时更新,并保留更新记录。

8.4 应有完善的部门化运作规范。包括管理人员岗位工作说明书、管理人员工作关系表、管理人员工作项目核检表、专门的质量管理文件、工作用表和质量管理记录等内容。

8.5 应有服务和专业技术人员岗位工作说明书,对服务和专业技术人员的岗位要求、任职条件、班次、接受指令与协调渠道、主要工作职责等内容进行书面说明。

8.6 应有服务项目、程序与标准说明书,对每一个服务项目完成的目标、为完成该目标所需要经过的程序,以及各个程序的质量标准进行说明。

8.7 对国家和地方主管部门和强制性标准所要求的特定岗位的技术工作如锅炉、强弱电、消防、食品加工与制作等,应有相应的工作技术标准的书面说明,相应岗位的从业人员应知晓并熟练操作。

8.8 应有其他可以证明饭店质量管理水平的证书或文件。

9. 安全管理要求

9.1 星级饭店应取得消防等方面的安全许可,确保消防设施的完好和有效运行。

9.2 水、电、气、油、压力容器、管线等设施设备应安全有效运行。

9.3 应严格执行安全管理防控制度,确保安全监控设备的有效运行及人员的责任到位。

9.4 应注重食品加工流程的卫生管理,保证食品安全。

9.5 应制定和完善地震、火灾、食品卫生、公共卫生、治安事件、设施设备突发故障等各项突发事件应急预案。

10. 其他

对于以住宿为主营业务,建筑与装修风格独特,拥有独特客户群体,管理和服务特色鲜明,且业内知名度较高旅游饭店的星级评定,可参照五星级的要求。

附录 C

中国旅游饭店行业规范

（中国旅游饭店业协会 2009 年 8 月修订版）

第一章　总　则

第一条　为了倡导履行诚信准则，保障客人和旅游饭店的合法权益，维护旅游饭店业经营管理的正常秩序，促进中国旅游饭店业的健康发展，中国旅游饭店业协会依据国家有关法律、法规，特制定《中国旅游饭店行业规范》（以下简称为《规范》）。

第二条　旅游饭店包括在中国境内开办的各种经济性质的饭店，含宾馆、酒店、度假村等（以下简称为饭店）。

第三条　饭店应当遵守国家有关法律、法规和规章，遵守社会道德规范，诚信经营，维护中国旅游饭店行业的声誉。

第二章　预订、登记、入住

第四条　饭店应当与客人共同履行住宿合同，因不可抗力不能履行双方住宿合同的，任何一方均应当及时通知对方。双方另有约定的，按约定处理。

第五条　饭店由于出现超额预订而使预订客人不能入住的，饭店应当主动替客人安排本地同档次或高于本饭店档次的饭店入住，所产生的有关费用由饭店承担。

第六条　饭店应当同团队、会议、长住客人签订住房合同。合同内容应当包括客人入住和离店的时间、房间等级与价格、餐饮价格、付款方式、违约责任等款项。

第七条　饭店在办理客人入住手续时，应当按照国家的有关规定，要求客人出示有效证件，并如实登记。

第八条　以下情况饭店可以不予接待：

（一）携带危害饭店安全的物品入店者；

（二）从事违法活动者；

（三）影响饭店形象者（如携带动物者）；

（四）无支付能力或曾有过逃账记录者；

（五）饭店客满；

（六）法律、法规规定的其他情况。

第三章 饭店收费

第九条 饭店应当将房价表置于总服务台显著位置,供客人参考。饭店如给予客人房价折扣,应当书面约定。

第十条 饭店应在前厅显著位置明示客房价格和住宿时间结算方法,或者确认已将上述信息用适当方式告知客人。

第十一条 根据国家规定,饭店如果对客房、餐饮、洗衣、电话等服务项目加收服务费,应当在房价表或有关服务价目单上明码标价。

第四章 保护客人人身和财产安全

第十二条 为了保护客人的人身和财产安全,饭店客房房门应当装置防盗链、门镜、应急疏散图,卫生间内应当采取有效的防滑措施。客房内应当放置服务指南、住宿须知和防火指南。有条件的饭店应当安装客房电子门锁和公共区域安全监控系统。

第十三条 饭店应当确保健身、娱乐等场所设施、设备的完好和安全。

第十四条 对可能损害客人人身和财产安全的场所,饭店应当采取防护、警示措施。警示牌应当中外文对照。

第十五条 饭店应当采取措施,防止客人放置在客房内的财物灭失、毁损。由于饭店的原因造成客人财物灭失、毁损的,饭店应当承担责任。

第十六条 饭店应当保护客人的隐私权。除日常清扫卫生、维修保养设施设备或者发生火灾等紧急情况外,饭店员工未经客人许可不得随意进入客人下榻的房间。

第五章 保管客人贵重物品

第十七条 饭店应当在前厅处设置有双锁的客人贵重物品保险箱。贵重物品保险箱的位置应当安全、方便、隐蔽,能够保护客人的隐私。饭店应当按照规定的时限,免费提供住店客人贵重物品的保管服务。

第十八条 饭店应当对住店客人贵重物品的保管服务做出书面规定,并在客人办理入住登记时予以提示。违反第十七条和本条规定,造成客人贵重物品灭失的,饭店应当承担赔偿责任。

第十九条 客人寄存贵重物品时,饭店应当要求客人填写贵重物品寄存单,并办理有关手续。

第二十条 饭店客房内设置的保险箱仅为住店客人提供存放一般物品之用。对没有按规定将贵重物品存放在饭店前厅贵重物品保险箱内,而造成客房里客人的贵重物品灭失、毁损的,如果责任在饭店一方,可视为一般物品予以赔偿。

第二十一条 如无事先约定,在客人结账退房离开饭店以后,饭店可以将客人寄存在贵重物品保险箱内的物品取出,并按照有关规定处理。饭店应当将此条规定在客人贵重物品寄存单上明示。

第二十二条 客人如果遗失饭店贵重物品保险箱的钥匙,除赔偿锁匙成本费用外,饭店还可以要求客人承担维修保险箱的费用。

第六章 保管客人一般物品

第二十三条 饭店保管客人寄存在前厅行李寄存处的行李物品时,应当检查其包装是否完好、安全,询问有无违禁物品,并经双方当面确认后,给客人签发行李寄存牌。

第二十四条 客人在餐饮、康乐、前厅行李寄存处等场所寄存物品时,饭店应当当面询问客人寄存物品中有无贵重物品。客人寄存的物品中如有贵重物品的,应当向饭店声明,由饭店员工验收并交饭店贵重物品保管处免费保管;客人事先未声明或不同意核实而造成物品灭失、毁损的,如果责任在饭店一方,饭店按照一般物品予以赔偿;客人对寄存物品没有提出需要采取特殊保管措施的,因为物品自身的原因造成毁损或损耗的,饭店不承担赔偿责任;由于客人没有事先说明寄存物品的情况,造成饭店损失的,除饭店知道或者应当知道而没有采取补救措施的以外,饭店可以要求客人承担相应的赔偿责任。

第七章 洗 衣 服 务

第二十五条 客人送洗衣物,饭店应当要求客人在洗衣单上注明洗涤种类及要求,并应当检查衣物状况有无破损。客人如有特殊要求或者饭店员工发现衣物破损的,双方应当事先确认并在洗衣单上注明。客人事先没有提出特殊要求,饭店按照常规进行洗涤,造成衣物损坏的,饭店不承担赔偿责任。客人送洗衣物在洗涤后即时发现破损等问题,而饭店无法证明该衣物是在洗涤以前破损的,饭店承担相应责任。

第二十六条 饭店应当在洗衣单上注明,要求客人将送洗衣物内的物品取出。对洗涤后客人衣物内物品的灭失,饭店不承担责任。

第八章 停车场管理

第二十七条 饭店应当保护停车场内饭店客人的车辆安全。由于保管不善,造成车辆灭失或者毁损的,饭店承担相应责任,但因为客人自身的原因造成车辆灭失或者毁损的除外。双方均有过错的,应当各自承担相应的责任。

第二十八条 饭店应当提示客人保管好放置在汽车内的物品。对汽车内放置的物品的灭失,饭店不承担责任。

第九章 其 他

第二十九条 饭店如果谢绝客人自带酒水和食品进入餐厅、酒吧、舞厅等场所享用,应当将谢绝的告示设置于经营场所的显著位置,或者确认已将上述信息用适当方式告知客人。

第三十条 饭店有义务提醒客人在客房内遵守国家有关规定,不得私留他人住宿或者擅自将客房转让给他人使用及改变使用用途。对违反规定造成饭店损失的,饭店可以要求入住该房间的客人承担相应的赔偿责任。

第三十一条 饭店可以口头提示或书面通知客人不得自行对客房进行改造、装饰。未经饭店同意进行改造、装饰而造成损失的,饭店可以要求客人承担相应的赔偿责任。

第三十二条 饭店有义务提示客人爱护饭店的财物。由于客人的原因造成损坏的,饭店可以要求客人承担赔偿责任。由于客人原因,饭店维修受损设施、设备期间导致客房不能出租、场所不能开放而发生的营业损失,饭店可视其情况要求客人承担责任。

第三十三条 对饮酒过量的客人,饭店应恰当、及时地劝阻,防止客人在饭店内醉酒。客人醉酒后在饭店内肇事造成损失的,饭店可以要求肇事者承担相应的赔偿责任。

第三十四条 客人结账离店后,如有物品遗留在客房内,饭店应当设法同客人取得联系,将物品归还或寄还给客人,或替客人保管,所产生的费用由客人承担。三个月后仍无人认领的,饭店可登记造册,按拾遗物品处理。

第三十五条 饭店应当提供与本饭店档次相符的产品与服务。饭店所提供的产品与服务如果存在瑕疵,饭店应当采取措施及时加以改进。由于饭店的原因而给客人造成损失的,饭店应当根据损失程度向客人赔礼道歉,或给予相应的赔偿。

第十章 处 理

第三十六条 中国旅游饭店业协会会员饭店违反本《规范》,造成不良后果和影响的,除按照有关规定进行处理外,中国旅游饭店业协会将对该会员饭店给予协会内部通报批评。

第三十七条 中国旅游饭店业协会会员饭店违反本《规范》,给客人的人身造成较大伤害或者给客人的财产造成严重损失且情节严重的,除按规定进行赔偿外,中国旅游饭店业协会将对该会员饭店给予公开批评。

第三十八条 中国旅游饭店业协会会员饭店违反本《规范》,给客人人身造成重大伤害或者给客人的财产造成重大损失且情节特别严重的,除按规定进行赔偿外,经中国旅游饭店业协会常务理事会通过后,将对该会员饭店予以除名。

第十一章 附 则

第三十九条 饭店公共场所的安全疏散标志等,应当符合国家的规定。饭店的图形符号,应当符合中华人民共和国旅游行业标准 LB/T001—1995 旅游饭店公共信息图形符号。

第四十条 中国旅游饭店业协会会员饭店如果同客人发生纠纷,应当参照本《规范》的有关条款协商解决;协商不成的,双方按照国家有关法律、法规和规定处理。

第四十一条 本《规范》适用于中国旅游饭店业协会会员饭店。

第四十二条 本《规范》自 2002 年 5 月 1 日起施行。

第四十三条 本《规范》由中国旅游饭店业协会常务理事会通过并负责解释。

附录 D

中华人民共和国旅游法

（2013年4月25日第十二届全国人民代表大会常务委员会第二次会议通过，2016年11月7日第十二届全国人民代表大会常务委员会第二十四次会议修订）

第一章 总　则

第一条　为保障旅游者和旅游经营者的合法权益，规范旅游市场秩序，保护和合理利用旅游资源，促进旅游业持续健康发展，制定本法。

第二条　在中华人民共和国境内的和在中华人民共和国境内组织到境外的游览、度假、休闲等形式的旅游活动以及为旅游活动提供相关服务的经营活动，适用本法。

第三条　国家发展旅游事业，完善旅游公共服务，依法保护旅游者在旅游活动中的权利。

第四条　旅游业发展应当遵循社会效益、经济效益和生态效益相统一的原则。国家鼓励各类市场主体在有效保护旅游资源的前提下，依法合理利用旅游资源。利用公共资源建设的游览场所应当体现公益性质。

第五条　国家倡导健康、文明、环保的旅游方式，支持和鼓励各类社会机构开展旅游公益宣传，对促进旅游业发展做出突出贡献的单位和个人给予奖励。

第六条　国家建立健全旅游服务标准和市场规则，禁止行业垄断和地区垄断。旅游经营者应当诚信经营，公平竞争，承担社会责任，为旅游者提供安全、健康、卫生、方便的旅游服务。

第七条　国务院建立健全旅游综合协调机制，对旅游业发展进行综合协调。

县级以上地方人民政府应当加强对旅游工作的组织和领导，明确相关部门或者机构，对本行政区域的旅游业发展和监督管理进行统筹协调。

第八条　依法成立的旅游行业组织，实行自律管理。

第二章 旅　游　者

第九条　旅游者有权自主选择旅游产品和服务，有权拒绝旅游经营者的强制交易行为。旅游者有权知悉其购买的旅游产品和服务的真实情况。旅游者有权要求旅游经营者按照约定提供产品和服务。

第十条 旅游者的人格尊严、民族风俗习惯和宗教信仰应当得到尊重。

第十一条 残疾人、老年人、未成年人等旅游者在旅游活动中依照法律、法规和有关规定享受便利和优惠。

第十二条 旅游者在人身、财产安全遇有危险时,有请求救助和保护的权利。旅游者人身、财产受到侵害的,有依法获得赔偿的权利。

第十三条 旅游者在旅游活动中应当遵守社会公共秩序和社会公德,尊重当地的风俗习惯、文化传统和宗教信仰,爱护旅游资源,保护生态环境,遵守旅游文明行为规范。

第十四条 旅游者在旅游活动中或者在解决纠纷时,不得损害当地居民的合法权益,不得干扰他人的旅游活动,不得损害旅游经营者和旅游从业人员的合法权益。

第十五条 旅游者购买、接受旅游服务时,应当向旅游经营者如实告知与旅游活动相关的个人健康信息,遵守旅游活动中的安全警示规定。

旅游者对国家应对重大突发事件暂时限制旅游活动的措施以及有关部门、机构或者旅游经营者采取的安全防范和应急处置措施,应当予以配合。

旅游者违反安全警示规定,或者对国家应对重大突发事件暂时限制旅游活动的措施、安全防范和应急处置措施不予配合的,依法承担相应责任。

第十六条 出境旅游者不得在境外非法滞留,随团出境的旅游者不得擅自分团、脱团。入境旅游者不得在境内非法滞留,随团入境的旅游者不得擅自分团、脱团。

第三章 旅游规划和促进

第十七条 国务院和县级以上地方人民政府应当将旅游业发展纳入国民经济和社会发展规划。

国务院和省、自治区、直辖市人民政府以及旅游资源丰富的设区的市和县级人民政府,应当按照国民经济和社会发展规划的要求,组织编制旅游发展规划。对跨行政区域且适宜进行整体利用的旅游资源进行利用时,应当由上级人民政府组织编制或者由相关地方人民政府协商编制统一的旅游发展规划。

第十八条 旅游发展规划应当包括旅游业发展的总体要求和发展目标,旅游资源保护和利用的要求和措施,以及旅游产品开发、旅游服务质量提升、旅游文化建设、旅游形象推广、旅游基础设施和公共服务设施建设的要求和促进措施等内容。

根据旅游发展规划,县级以上地方人民政府可以编制重点旅游资源开发利用的专项规划,对特定区域内的旅游项目、设施和服务功能配套提出专门要求。

第十九条 旅游发展规划应当与土地利用总体规划、城乡规划、环境保护规划以及其他自然资源和文物等人文资源的保护和利用规划相衔接。

第二十条 各级人民政府编制土地利用总体规划、城乡规划,应当充分考虑相关旅游项目、设施的空间布局和建设用地要求。规划和建设交通、通信、供水、供电、环保等基础设施和公共服务设施,应当兼顾旅游业发展的需要。

第二十一条 对自然资源和文物等人文资源进行旅游利用,必须严格遵守有关法律、法规的规定,符合资源、生态保护和文物安全的要求,尊重和维护当地传统文化和习俗,维护资源的区域整体性、文化代表性和地域特殊性,并考虑军事设施保护的需要。有关主管部门应当加强对资源保护和旅游利用状况的监督检查。

第二十二条　各级人民政府应当组织对本级政府编制的旅游发展规划的执行情况进行评估,并向社会公布。

第二十三条　国务院和县级以上地方人民政府应当制定并组织实施有利于旅游业持续健康发展的产业政策,推进旅游休闲体系建设,采取措施推动区域旅游合作,鼓励跨区域旅游线路和产品开发,促进旅游与工业、农业、商业、文化、卫生、体育、科教等领域的融合,扶持少数民族地区、革命老区、边远地区和贫困地区旅游业发展。

第二十四条　国务院和县级以上地方人民政府应当根据实际情况安排资金,加强旅游基础设施建设、旅游公共服务和旅游形象推广。

第二十五条　国家制定并实施旅游形象推广战略。国务院旅游主管部门统筹组织国家旅游形象的境外推广工作,建立旅游形象推广机构和网络,开展旅游国际合作与交流。

县级以上地方人民政府统筹组织本地的旅游形象推广工作。

第二十六条　国务院旅游主管部门和县级以上地方人民政府应当根据需要建立旅游公共信息和咨询平台,无偿向旅游者提供旅游景区、线路、交通、气象、住宿、安全、医疗急救等必要信息和咨询服务。设区的市和县级人民政府有关部门应当根据需要在交通枢纽、商业中心和旅游者集中场所设置旅游咨询中心,在景区和通往主要景区的道路设置旅游指示标识。

旅游资源丰富的设区的市和县级人民政府可以根据本地的实际情况,建立旅游客运专线或者游客中转站,为旅游者在城市及周边旅游提供服务。

第二十七条　国家鼓励和支持发展旅游职业教育和培训,提高旅游从业人员素质。

第四章　旅游经营

第二十八条　设立旅行社,招徕、组织、接待旅游者,为其提供旅游服务,应当具备下列条件,取得旅游主管部门的许可,依法办理工商登记:

（一）有固定的经营场所;
（二）有必要的营业设施;
（三）有符合规定的注册资本;
（四）有必要的经营管理人员和导游;
（五）法律、行政法规规定的其他条件。

第二十九条　旅行社可以经营下列业务:

（一）境内旅游;
（二）出境旅游;
（三）边境旅游;
（四）入境旅游;
（五）其他旅游业务。

旅行社经营前款第二项和第三项业务,应当取得相应的业务经营许可,具体条件由国务院规定。

第三十条　旅行社不得出租、出借旅行社业务经营许可证,或者以其他形式非法转让旅

行社业务经营许可。

第三十一条　旅行社应当按照规定交纳旅游服务质量保证金,用于旅游者权益损害赔偿和垫付旅游者人身安全遇有危险时紧急救助的费用。

第三十二条　旅行社为招徕、组织旅游者发布信息,必须真实、准确,不得进行虚假宣传,误导旅游者。

第三十三条　旅行社及其从业人员组织、接待旅游者,不得安排参观或者参与违反我国法律、法规和社会公德的项目或者活动。

第三十四条　旅行社组织旅游活动应当向合格的供应商订购产品和服务。

第三十五条　旅行社不得以不合理的低价组织旅游活动,诱骗旅游者,并通过安排购物或者另行付费旅游项目获取回扣等不正当利益。

旅行社组织、接待旅游者,不得指定具体购物场所,不得安排另行付费旅游项目。但是,经双方协商一致或者旅游者要求,且不影响其他旅游者行程安排的除外。

发生违反前两款规定情形的,旅游者有权在旅游行程结束后三十日内,要求旅行社为其办理退货并先行垫付退货货款,或者退还另行付费旅游项目的费用。

第三十六条　旅行社组织团队出境旅游或者组织、接待团队入境旅游,应当按照规定安排领队或者导游全程陪同。

第三十七条　参加导游资格考试成绩合格,与旅行社订立劳动合同或者在相关旅游行业组织注册的人员,可以申请取得导游证。

第三十八条　旅行社应当与其聘用的导游依法订立劳动合同,支付劳动报酬,缴纳社会保险费用。

旅行社临时聘用导游为旅游者提供服务的,应当全额向导游支付本法第六十条第三款规定的导游服务费用。

旅行社安排导游为团队旅游提供服务的,不得要求导游垫付或者向导游收取任何费用。

第三十九条　从事领队业务,应当取得导游证,具有相应的学历、语言能力和旅游从业经历,并与委派其从事领队业务的取得出境旅游业务经营许可的旅行社订立劳动合同。

第四十条　导游和领队为旅游者提供服务必须接受旅行社委派,不得私自承揽导游和领队业务。

第四十一条　导游和领队从事业务活动,应当佩戴导游证,遵守职业道德,尊重旅游者的风俗习惯和宗教信仰,应当向旅游者告知和解释旅游文明行为规范,引导旅游者健康、文明旅游,劝阻旅游者违反社会公德的行为。

导游和领队应当严格执行旅游行程安排,不得擅自变更旅游行程或者中止服务活动,不得向旅游者索取小费,不得诱导、欺骗、强迫或者变相强迫旅游者购物或者参加另行付费旅游项目。

第四十二条　景区开放应当具备下列条件,并听取旅游主管部门的意见:
(一)有必要的旅游配套服务和辅助设施;
(二)有必要的安全设施及制度,经过安全风险评估,满足安全条件;
(三)有必要的环境保护设施和生态保护措施;
(四)法律、行政法规规定的其他条件。

第四十三条　利用公共资源建设的景区的门票以及景区内的游览场所、交通工具等另行收费项目,实行政府定价或者政府指导价,严格控制价格上涨。拟收费或者提高价格的,应当举行听证会,征求旅游者、经营者和有关方面的意见,论证其必要性、可行性。

利用公共资源建设的景区,不得通过增加另行收费项目等方式变相涨价;另行收费项目已收回投资成本的,应当相应降低价格或者取消收费。

公益性的城市公园、博物馆、纪念馆等,除重点文物保护单位和珍贵文物收藏单位外,应当逐步免费开放。

第四十四条　景区应当在醒目位置公示门票价格、另行收费项目的价格及团体收费价格。景区提高门票价格应当提前六个月公布。

不同景区的门票或者同一景区内不同游览场所的门票合并出售的,合并后的价格不得高于各单项门票的价格之和,且旅游者有权选择购买其中的单项票。

景区内的核心游览项目因故暂停向旅游者开放或者停止提供服务的,应当公示并相应减少收费。

第四十五条　景区接待旅游者不得超过景区主管部门核定的最大承载量。景区应当公布景区主管部门核定的最大承载量,制定和实施旅游者流量控制方案,并可以采取门票预约等方式,对景区接待旅游者的数量进行控制。

旅游者数量可能达到最大承载量时,景区应当提前公告并同时向当地人民政府报告,景区和当地人民政府应当及时采取疏导、分流等措施。

第四十六条　城镇和乡村居民利用自有住宅或者其他条件依法从事旅游经营,其管理办法由省、自治区、直辖市制定。

第四十七条　经营高空、高速、水上、潜水、探险等高风险旅游项目,应当按照国家有关规定取得经营许可。

第四十八条　通过网络经营旅行社业务的,应当依法取得旅行社业务经营许可,并在其网站主页的显著位置标明其业务经营许可证信息。

发布旅游经营信息的网站,应当保证其信息真实、准确。

第四十九条　为旅游者提供交通、住宿、餐饮、娱乐等服务的经营者,应当符合法律、法规规定的要求,按照合同约定履行义务。

第五十条　旅游经营者应当保证其提供的商品和服务符合保障人身、财产安全的要求。

旅游经营者取得相关质量标准等级的,其设施和服务不得低于相应标准;未取得质量标准等级的,不得使用相关质量等级的称谓和标识。

第五十一条　旅游经营者销售、购买商品或者服务,不得给予或者收受贿赂。

第五十二条　旅游经营者对其在经营活动中知悉的旅游者个人信息,应当予以保密。

第五十三条　从事道路旅游客运的经营者应当遵守道路客运安全管理的各项制度,并在车辆显著位置明示道路旅游客运专用标识,在车厢内显著位置公示经营者和驾驶人信息、道路运输管理机构监督电话等事项。

第五十四条　景区、住宿经营者将其部分经营项目或者场地交由他人从事住宿、餐饮、购物、游览、娱乐、旅游交通等经营的,应当对实际经营者的经营行为给旅游者造成的损害承担连带责任。

第五十五条　旅游经营者组织、接待出入境旅游,发现旅游者从事违法活动或者有违反本法第十六条规定情形的,应当及时向公安机关、旅游主管部门或者我国驻外机构报告。

第五十六条　国家根据旅游活动的风险程度,对旅行社、住宿、旅游交通以及本法第四十七条规定的高风险旅游项目等经营者实施责任保险制度。

第五章　旅游服务合同

第五十七条　旅行社组织和安排旅游活动,应当与旅游者订立合同。

第五十八条　包价旅游合同应当采用书面形式,包括下列内容:

(一)旅行社、旅游者的基本信息;
(二)旅游行程安排;
(三)旅游团成团的最低人数;
(四)交通、住宿、餐饮等旅游服务安排和标准;
(五)游览、娱乐等项目的具体内容和时间;
(六)自由活动时间安排;
(七)旅游费用及其交纳的期限和方式;
(八)违约责任和解决纠纷的方式;
(九)法律、法规规定和双方约定的其他事项。

订立包价旅游合同时,旅行社应当向旅游者详细说明前款第二项至第八项所载内容。

第五十九条　旅行社应当在旅游行程开始前向旅游者提供旅游行程单。旅游行程单是包价旅游合同的组成部分。

第六十条　旅行社委托其他旅行社代理销售包价旅游产品并与旅游者订立包价旅游合同的,应当在包价旅游合同中载明委托社和代理社的基本信息。

旅行社依照本法规定将包价旅游合同中的接待业务委托给地接社履行的,应当在包价旅游合同中载明地接社的基本信息。

安排导游为旅游者提供服务的,应当在包价旅游合同中载明导游服务费用。

第六十一条　旅行社应当提示参加团队旅游的旅游者按照规定投保人身意外伤害保险。

第六十二条　订立包价旅游合同时,旅行社应当向旅游者告知下列事项:

(一)旅游者不适合参加旅游活动的情形;
(二)旅游活动中的安全注意事项;
(三)旅行社依法可以减免责任的信息;
(四)旅游者应当注意的旅游目的地相关法律、法规和风俗习惯、宗教禁忌,依照中国法律不宜参加的活动等;
(五)法律、法规规定的其他应当告知的事项。

在包价旅游合同履行中,遇有前款规定事项的,旅行社也应当告知旅游者。

第六十三条　旅行社招徕旅游者组团旅游,因未达到约定人数不能出团的,组团社可以解除合同。但是,境内旅游应当至少提前七日通知旅游者,出境旅游应当至少提前三十日通知旅游者。

因未达到约定人数不能出团的,组团社经征得旅游者书面同意,可以委托其他旅行社履行合同。组团社对旅游者承担责任,受委托的旅行社对组团社承担责任。旅游者不同意的,可以解除合同。

因未达到约定的成团人数解除合同的,组团社应当向旅游者退还已收取的全部费用。

第六十四条 旅游行程开始前,旅游者可以将包价旅游合同中自身的权利义务转让给第三人,旅行社没有正当理由的不得拒绝,因此增加的费用由旅游者和第三人承担。

第六十五条 旅游行程结束前,旅游者解除合同的,组团社应当在扣除必要的费用后,将余款退还旅游者。

第六十六条 旅游者有下列情形之一的,旅行社可以解除合同:

(一)患有传染病等疾病,可能危害其他旅游者健康和安全的;

(二)携带危害公共安全的物品且不同意交有关部门处理的;

(三)从事违法或者违反社会公德的活动的;

(四)从事严重影响其他旅游者权益的活动,且不听劝阻、不能制止的;

(五)法律规定的其他情形。

因前款规定情形解除合同的,组团社应当在扣除必要的费用后,将余款退还旅游者;给旅行社造成损失的,旅游者应当依法承担赔偿责任。

第六十七条 因不可抗力或者旅行社、履行辅助人已尽合理注意义务仍不能避免的事件,影响旅游行程的,按照下列情形处理:

(一)合同不能继续履行的,旅行社和旅游者均可以解除合同。合同不能完全履行的,旅行社经向旅游者作出说明,可以在合理范围内变更合同;旅游者不同意变更的,可以解除合同。

(二)合同解除的,组团社应当在扣除已向地接社或者履行辅助人支付且不可退还的费用后,将余款退还旅游者;合同变更的,因此增加的费用由旅游者承担,减少的费用退还旅游者。

(三)危及旅游者人身、财产安全的,旅行社应当采取相应的安全措施,因此支出的费用,由旅行社与旅游者分担。

(四)造成旅游者滞留的,旅行社应当采取相应的安置措施。因此增加的食宿费用,由旅游者承担;增加的返程费用,由旅行社与旅游者分担。

第六十八条 旅游行程中解除合同的,旅行社应当协助旅游者返回出发地或者旅游者指定的合理地点。由于旅行社或者履行辅助人的原因导致合同解除的,返程费用由旅行社承担。

第六十九条 旅行社应当按照包价旅游合同的约定履行义务,不得擅自变更旅游行程安排。

经旅游者同意,旅行社将包价旅游合同中的接待业务委托给其他具有相应资质的地接社履行的,应当与地接社订立书面委托合同,约定双方的权利和义务,向地接社提供与旅游者订立的包价旅游合同的副本,并向地接社支付不低于接待和服务成本的费用。地接社应当按照包价旅游合同和委托合同提供服务。

第七十条 旅行社不履行包价旅游合同义务或者履行合同义务不符合约定的,应当依

法承担继续履行、采取补救措施或者赔偿损失等违约责任;造成旅游者人身损害、财产损失的,应当依法承担赔偿责任。旅行社具备履行条件,经旅游者要求仍拒绝履行合同,造成旅游者人身损害、滞留等严重后果的,旅游者还可以要求旅行社支付旅游费用一倍以上三倍以下的赔偿金。

由于旅游者自身原因导致包价旅游合同不能履行或者不能按照约定履行,或者造成旅游者人身损害、财产损失的,旅行社不承担责任。

在旅游者自行安排活动期间,旅行社未尽到安全提示、救助义务的,应当对旅游者的人身损害、财产损失承担相应责任。

第七十一条 由于地接社、履行辅助人的原因导致违约的,由组团社承担责任;组团社承担责任后可以向地接社、履行辅助人追偿。

由于地接社、履行辅助人的原因造成旅游者人身损害、财产损失的,旅游者可以要求地接社、履行辅助人承担赔偿责任,也可以要求组团社承担赔偿责任;组团社承担责任后可以向地接社、履行辅助人追偿。但是,由于公共交通经营者的原因造成旅游者人身损害、财产损失的,由公共交通经营者依法承担赔偿责任,旅行社应当协助旅游者向公共交通经营者索赔。

第七十二条 旅游者在旅游活动中或者在解决纠纷时,损害旅行社、履行辅助人、旅游从业人员或者其他旅游者的合法权益的,依法承担赔偿责任。

第七十三条 旅行社根据旅游者的具体要求安排旅游行程,与旅游者订立包价旅游合同的,旅游者请求变更旅游行程安排,因此增加的费用由旅游者承担,减少的费用退还旅游者。

第七十四条 旅行社接受旅游者的委托,为其代订交通、住宿、餐饮、游览、娱乐等旅游服务,收取代办费用的,应当亲自处理委托事务。因旅行社的过错给旅游者造成损失的,旅行社应当承担赔偿责任。

旅行社接受旅游者的委托,为其提供旅游行程设计、旅游信息咨询等服务的,应当保证设计合理、可行,信息及时、准确。

第七十五条 住宿经营者应当按照旅游服务合同的约定为团队旅游者提供住宿服务。住宿经营者未能按照旅游服务合同提供服务的,应当为旅游者提供不低于原定标准的住宿服务,因此增加的费用由住宿经营者承担;但由于不可抗力、政府因公共利益需要采取措施造成不能提供服务的,住宿经营者应当协助安排旅游者住宿。

第六章 旅游安全

第七十六条 县级以上人民政府统一负责旅游安全工作。县级以上人民政府有关部门依照法律、法规履行旅游安全监管职责。

第七十七条 国家建立旅游目的地安全风险提示制度。旅游目的地安全风险提示的级别划分和实施程序,由国务院旅游主管部门会同有关部门制定。

县级以上人民政府及其有关部门应当将旅游安全作为突发事件监测和评估的重要内容。

第七十八条 县级以上人民政府应当依法将旅游应急管理纳入政府应急管理体系,制定应急预案,建立旅游突发事件应对机制。

突发事件发生后,当地人民政府及其有关部门和机构应当采取措施开展救援,并协助旅游者返回出发地或者旅游者指定的合理地点。

第七十九条　旅游经营者应当严格执行安全生产管理和消防安全管理的法律、法规和国家标准、行业标准,具备相应的安全生产条件,制定旅游者安全保护制度和应急预案。

旅游经营者应当对直接为旅游者提供服务的从业人员开展经常性应急救助技能培训,对提供的产品和服务进行安全检验、监测和评估,采取必要措施防止危害发生。

旅游经营者组织、接待老年人、未成年人、残疾人等旅游者,应当采取相应的安全保障措施。

第八十条　旅游经营者应当就旅游活动中的下列事项,以明示的方式事先向旅游者作出说明或者警示:

(一)正确使用相关设施、设备的方法;

(二)必要的安全防范和应急措施;

(三)未向旅游者开放的经营、服务场所和设施、设备;

(四)不适宜参加相关活动的群体;

(五)可能危及旅游者人身、财产安全的其他情形。

第八十一条　突发事件或者旅游安全事故发生后,旅游经营者应当立即采取必要的救助和处置措施,依法履行报告义务,并对旅游者作出妥善安排。

第八十二条　旅游者在人身、财产安全遇有危险时,有权请求旅游经营者、当地政府和相关机构进行及时救助。

中国出境旅游者在境外陷于困境时,有权请求我国驻当地机构在其职责范围内给予协助和保护。

旅游者接受相关组织或者机构的救助后,应当支付应由个人承担的费用。

第七章　旅游监督管理

第八十三条　县级以上人民政府旅游主管部门和有关部门依照本法和有关法律、法规的规定,在各自职责范围内对旅游市场实施监督管理。

县级以上人民政府应当组织旅游主管部门、有关主管部门和工商行政管理、产品质量监督、交通等执法部门对相关旅游经营行为实施监督检查。

第八十四条　旅游主管部门履行监督管理职责,不得违反法律、行政法规的规定向监督管理对象收取费用。

旅游主管部门及其工作人员不得参与任何形式的旅游经营活动。

第八十五条　县级以上人民政府旅游主管部门有权对下列事项实施监督检查:

(一)经营旅行社业务以及从事导游、领队服务是否取得经营、执业许可;

(二)旅行社的经营行为;

(三)导游和领队等旅游从业人员的服务行为;

(四)法律、法规规定的其他事项。

旅游主管部门依照前款规定实施监督检查,可以对涉嫌违法的合同、票据、账簿以及其

他资料进行查阅、复制。

第八十六条　旅游主管部门和有关部门依法实施监督检查,其监督检查人员不得少于二人,并应当出示合法证件。监督检查人员少于二人或者未出示合法证件的,被检查单位和个人有权拒绝。

监督检查人员对在监督检查中知悉的被检查单位的商业秘密和个人信息应当依法保密。

第八十七条　对依法实施的监督检查,有关单位和个人应当配合,如实说明情况并提供文件、资料,不得拒绝、阻碍和隐瞒。

第八十八条　县级以上人民政府旅游主管部门和有关部门,在履行监督检查职责中或者在处理举报、投诉时,发现违反本法规定行为的,应当依法及时作出处理;对不属于本部门职责范围的事项,应当及时书面通知并移交有关部门查处。

第八十九条　县级以上地方人民政府建立旅游违法行为查处信息的共享机制,对需要跨部门、跨地区联合查处的违法行为,应当进行督办。

旅游主管部门和有关部门应当按照各自职责,及时向社会公布监督检查的情况。

第九十条　依法成立的旅游行业组织依照法律、行政法规和章程的规定,制定行业经营规范和服务标准,对其会员的经营行为和服务质量进行自律管理,组织开展职业道德教育和业务培训,提高从业人员素质。

第八章　旅游纠纷处理

第九十一条　县级以上人民政府应当指定或者设立统一的旅游投诉受理机构。受理机构接到投诉,应当及时进行处理或者移交有关部门处理,并告知投诉者。

第九十二条　旅游者与旅游经营者发生纠纷,可以通过下列途径解决:

(一)双方协商;

(二)向消费者协会、旅游投诉受理机构或者有关调解组织申请调解;

(三)根据与旅游经营者达成的仲裁协议提请仲裁机构仲裁;

(四)向人民法院提起诉讼。

第九十三条　消费者协会、旅游投诉受理机构和有关调解组织在双方自愿的基础上,依法对旅游者与旅游经营者之间的纠纷进行调解。

第九十四条　旅游者与旅游经营者发生纠纷,旅游者一方人数众多并有共同请求的,可以推选代表人参加协商、调解、仲裁、诉讼活动。

第九章　法律责任

第九十五条　违反本法规定,未经许可经营旅行社业务的,由旅游主管部门或者工商行政管理部门责令改正,没收违法所得,并处一万元以上十万元以下罚款;违法所得十万元以上的,并处违法所得一倍以上五倍以下罚款;对有关责任人员,处二千元以上二万元以下罚款。

旅行社违反本法规定,未经许可经营本法第二十九条第一款第二项、第三项业务,或者出租、出借旅行社业务经营许可证,或者以其他方式非法转让旅行社业务经营许可的,除依照前款规定处罚外,并责令停业整顿;情节严重的,吊销旅行社业务经营许可证;对直接负责的主管人员,处二千元以上二万元以下罚款。

第九十六条　旅行社违反本法规定,有下列行为之一的,由旅游主管部门责令改正,没收违法所得,并处五千元以上五万元以下罚款;情节严重的,责令停业整顿或者吊销旅行社业务经营许可证;对直接负责的主管人员和其他直接责任人员,处二千元以上二万元以下罚款:

（一）未按照规定为出境或者入境团队旅游安排领队或者导游全程陪同的;

（二）安排未取得导游证的人员提供导游服务或者安排不具备领队条件的人员提供领队服务的;

（三）未向临时聘用的导游支付导游服务费用的;

（四）要求导游垫付或者向导游收取费用的。

第九十七条　旅行社违反本法规定,有下列行为之一的,由旅游主管部门或者有关部门责令改正,没收违法所得,并处五千元以上五万元以下罚款;违法所得五万元以上的,并处违法所得一倍以上五倍以下罚款;情节严重的,责令停业整顿或者吊销旅行社业务经营许可证;对直接负责的主管人员和其他直接责任人员,处二千元以上二万元以下罚款:

（一）进行虚假宣传,误导旅游者的;

（二）向不合格的供应商订购产品和服务的;

（三）未按照规定投保旅行社责任保险的。

第九十八条　旅行社违反本法第三十五条规定的,由旅游主管部门责令改正,没收违法所得,责令停业整顿,并处三万元以上三十万元以下罚款;违法所得三十万元以上的,并处违法所得一倍以上五倍以下罚款;情节严重的,吊销旅行社业务经营许可证;对直接负责的主管人员和其他直接责任人员,没收违法所得,处二千元以上二万元以下罚款,并暂扣或者吊销导游证。

第九十九条　旅行社未履行本法第五十五条规定的报告义务的,由旅游主管部门处五千元以上五万元以下罚款;情节严重的,责令停业整顿或者吊销旅行社业务经营许可证;对直接负责的主管人员和其他直接责任人员,处二千元以上二万元以下罚款,并暂扣或者吊销导游证。

第一百条　旅行社违反本法规定,有下列行为之一的,由旅游主管部门责令改正,处三万元以上三十万元以下罚款,并责令停业整顿;造成旅游者滞留等严重后果的,吊销旅行社业务经营许可证;对直接负责的主管人员和其他直接责任人员,处二千元以上二万元以下罚款,并暂扣或者吊销导游证:

（一）在旅游行程中擅自变更旅游行程安排,严重损害旅游者权益的;

（二）拒绝履行合同的;

（三）未征得旅游者书面同意,委托其他旅行社履行包价旅游合同的。

第一百零一条　旅行社违反本法规定,安排旅游者参观或者参与违反我国法律、法规和社会公德的项目或者活动的,由旅游主管部门责令改正,没收违法所得,责令停业整顿,并处二万元以上二十万元以下罚款;情节严重的,吊销旅行社业务经营许可证;对直接负责的主管人员和其他直接责任人员,处二千元以上二万元以下罚款,并暂扣或者吊销导游证。

第一百零二条 违反本法规定,未取得导游证或者不具备领队条件而从事导游、领队活动的,由旅游主管部门责令改正,没收违法所得,并处一千元以上一万元以下罚款,予以公告。

导游、领队违反本法规定,私自承揽业务的,由旅游主管部门责令改正,没收违法所得,处一千元以上一万元以下罚款,并暂扣或者吊销导游证。

导游、领队违反本法规定,向旅游者索取小费的,由旅游主管部门责令退还,处一千元以上一万元以下罚款;情节严重的,并暂扣或者吊销导游证。

第一百零三条 违反本法规定被吊销导游证的导游、领队和受到吊销旅行社业务经营许可证处罚的旅行社的有关管理人员,自处罚之日起未逾三年的,不得重新申请导游证或者从事旅行社业务。

第一百零四条 旅游经营者违反本法规定,给予或者收受贿赂的,由工商行政管理部门依照有关法律、法规的规定处罚;情节严重的,并由旅游主管部门吊销旅行社业务经营许可证。

第一百零五条 景区不符合本法规定的开放条件而接待旅游者的,由景区主管部门责令停业整顿直至符合开放条件,并处二万元以上二十万元以下罚款。

景区在旅游者数量可能达到最大承载量时,未依照本法规定公告或者未向当地人民政府报告,未及时采取疏导、分流等措施,或者超过最大承载量接待旅游者的,由景区主管部门责令改正,情节严重的,责令停业整顿一个月至六个月。

第一百零六条 景区违反本法规定,擅自提高门票或者另行收费项目的价格,或者有其他价格违法行为的,由有关主管部门依照有关法律、法规的规定处罚。

第一百零七条 旅游经营者违反有关安全生产管理和消防安全管理的法律、法规或者国家标准、行业标准的,由有关主管部门依照有关法律、法规的规定处罚。

第一百零八条 对违反本法规定的旅游经营者及其从业人员,旅游主管部门和有关部门应当记入信用档案,向社会公布。

第一百零九条 旅游主管部门和有关部门的工作人员在履行监督管理职责中,滥用职权、玩忽职守、徇私舞弊,尚不构成犯罪的,依法给予处分。

第一百一十条 违反本法规定,构成犯罪的,依法追究刑事责任。

第十章 附 则

第一百一十一条 本法下列用语的含义:

(一)旅游经营者,是指旅行社、景区以及为旅游者提供交通、住宿、餐饮、购物、娱乐等服务的经营者。

(二)景区,是指为旅游者提供游览服务、有明确的管理界限的场所或者区域。

(三)包价旅游合同,是指旅行社预先安排行程,提供或者通过履行辅助人提供交通、住宿、餐饮、游览、导游或者领队等两项以上旅游服务,旅游者以总价支付旅游费用的合同。

(四)组团社,是指与旅游者订立包价旅游合同的旅行社。

（五）地接社，是指接受组团社委托，在目的地接待旅游者的旅行社。

（六）履行辅助人，是指与旅行社存在合同关系，协助其履行包价旅游合同义务，实际提供相关服务的法人或者自然人。

第一百一十二条　本法自 2013 年 10 月 1 日起施行。

附录 E

旅馆业治安管理办法

（1987年9月23日国务院批准，1987年11月10日公安部发布，2011年1月8日修订）

第一条　为了保障旅馆业的正常经营和旅客的生命财物安全，维护社会治安，制定本办法。

第二条　凡经营接待旅客住宿的旅馆、饭店、宾馆、招待所、客货栈、车马店、浴池等（以下统称旅馆），不论是国营、集体经营，还是合伙经营、个体经营、中外合资、中外合作经营，不论是专营还是兼营，不论是常年经营，还是季节性经营，都必须遵守本办法。

第三条　开办旅馆，其房屋建筑、消防设备、出入口和通道等，必须符合《中华人民共和国消防法》等有关规定，并且要具备必要的防盗安全设施。

第四条　申请开办旅馆，应经主管部门审查批准，经当地公安机关签署意见，向工商行政管理部门申请登记，领取营业执照后，方准开业。经批准开业的旅馆，如有歇业、转业、合并、迁移、改变名称等情况，应当在工商行政管理部门办理变更登记后3日内，向当地的县、市公安局、公安分局备案。

第五条　经营旅馆，必须遵守国家的法律，建立各项安全管理制度，设置治安保卫组织或者指定安全保卫人员。

第六条　旅馆接待旅客住宿必须登记。登记时，应当查验旅客的身份证件，按规定的项目如实登记。接待境外旅客住宿，还应当在24小时内向当地公安机关报送住宿登记表。

第七条　旅馆应当设置旅客财物保管箱、柜或者保管室、保险柜，指定专人负责保管工作。对旅客寄存的财物，要建立登记、领取和交接制度。

第八条　旅馆对旅客遗留的物品，应当妥为保管，设法归还原主或揭示招领；经招领3个月后无人认领的，要登记造册，送当地公安机关按拾遗物品处理。对违禁物品和可疑物品，应当及时报告公安机关处理。

第九条　旅馆工作人员发现违法犯罪分子，行迹可疑的人员和被公安机关通缉的罪犯，应当立即向当地公安机关报告，不得知情不报或隐瞒包庇。

第十条　在旅馆内开办舞厅、音乐茶座等娱乐、服务场所的，除执行本办法有关规定外，还应当按照国家和当地政府的有关规定管理。

第十一条　严禁旅客将易燃、易爆、剧毒、腐蚀性和放射性等危险物品带入旅馆。

第十二条　旅馆内，严禁卖淫、嫖宿、赌博、吸毒、传播淫秽物品等违法犯罪活动。

第十三条　旅馆内,不得酗酒滋事、大声喧哗,影响他人休息,旅客不得私自留客住宿或者转让床位。

第十四条　公安机关对旅馆治安管理的职责是,指导、监督旅馆建立各项安全管理制度和落实安全防范措施,协助旅馆对工作人员进行安全业务知识的培训,依法惩办侵犯旅馆和旅客合法权益的违法犯罪分子。

公安人员到旅馆执行公务时,应当出示证件,严格依法办事,要文明礼貌待人,维护旅馆的正常经营和旅客的合法权益。旅馆工作人员和旅客应当予以协助。

第十五条　违反本办法第四条规定开办旅馆的,公安机关可以酌情给予警告或者处以200元以下罚款;未经登记,私自开业的,公安机关应当协助工商行政管理部门依法处理。

第十六条　旅馆工作人员违反本办法第九条规定的,公安机关可以酌情给予警告或者处以200元以下罚款;情节严重构成犯罪的,依法追究刑事责任。

旅馆负责人参与违法犯罪活动,其所经营的旅馆已成为犯罪活动场所的,公安机关除依法追究其责任外,对该旅馆还应当会同工商行政管理部门依法处理。

第十七条　违反本办法第六、十一、十二条规定的,依照《中华人民共和国治安管理处罚法》有关条款的规定,处罚有关人员;发生重大事故、造成严重后果构成犯罪的,依法追究刑事责任。

第十八条　当事人对公安机关的行政处罚决定不服的,按照《中华人民共和国治安管理处罚法》第一百零二条的规定办理。

第十九条　省、自治区、直辖市公安厅(局)可根据本办法制定实施细则,报请当地人民政府批准后施行,并报公安部备案。

第二十条　本办法自公布之日起施行。1951年8月15日公布的《城市旅栈业暂行管理规则》同时废止。

附录 F

中华人民共和国食品安全法(节选)

(2009年2月28日第十一届全国人民代表大会常务委员会第七次会议通过,2015年4月24日第十二届全国人民代表大会常务委员会第十四次会议修订)

第一章 总 则

第一条 为了保证食品安全,保障公众身体健康和生命安全,制定本法。

第二条 在中华人民共和国境内从事下列活动,应当遵守本法:

(一)食品生产和加工(以下称食品生产),食品销售和餐饮服务(以下称食品经营);

(二)食品添加剂的生产经营;

(三)用于食品的包装材料、容器、洗涤剂、消毒剂和用于食品生产经营的工具、设备(以下称食品相关产品)的生产经营;

(四)食品生产经营者使用食品添加剂、食品相关产品;

(五)食品的贮存和运输;

(六)对食品、食品添加剂、食品相关产品的安全管理。

第四条 食品生产经营者对其生产经营食品的安全负责。

第五条 国务院设立食品安全委员会,其职责由国务院规定。

第六条 县级以上地方人民政府对本行政区域的食品安全监督管理工作负责,统一领导、组织、协调本行政区域的食品安全监督管理工作以及食品安全突发事件应对工作,建立健全食品安全全程监督管理工作机制和信息共享机制。

第十二条 任何组织或者个人有权举报食品安全违法行为,依法向有关部门了解食品安全信息,对食品安全监督管理工作提出意见和建议。

第三章 食品安全标准

第二十六条 食品安全标准应当包括下列内容:

(一)食品、食品添加剂、食品相关产品中的致病性微生物,农药残留、兽药残留、生物毒素、重金属等污染物质以及其他危害人体健康物质的限量规定;

(二)食品添加剂的品种、使用范围、用量;

(三)专供婴幼儿和其他特定人群的主辅食品的营养成分要求;

（四）对与卫生、营养等食品安全要求有关的标签、标志、说明书的要求；

（五）食品生产经营过程的卫生要求；

（六）与食品安全有关的质量要求；

（七）与食品安全有关的食品检验方法与规程；

（八）其他需要制定为食品安全标准的内容。

第二十九条　对地方特色食品，没有食品安全国家标准的，省、自治区、直辖市人民政府卫生行政部门可以制定并公布食品安全地方标准，报国务院卫生行政部门备案。食品安全国家标准制定后，该地方标准即行废止。

第四章　食品生产经营

第一节　一般规定

第三十三条　食品生产经营应当符合食品安全标准，并符合下列要求：

（一）具有与生产经营的食品品种、数量相适应的食品原料处理和食品加工、包装、贮存等场所，保持该场所环境整洁，并与有毒、有害场所以及其他污染源保持规定的距离；

（二）具有与生产经营的食品品种、数量相适应的生产经营设备或者设施，有相应的消毒、更衣、盥洗、采光、照明、通风、防腐、防尘、防蝇、防鼠、防虫、洗涤以及处理废水、存放垃圾和废弃物的设备或者设施；

（三）有专职或者兼职的食品安全专业技术人员、食品安全管理人员和保证食品安全的规章制度；

（四）具有合理的设备布局和工艺流程，防止待加工食品与直接入口食品、原料与成品交叉污染，避免食品接触有毒物、不洁物；

（五）餐具、饮具和盛放直接入口食品的容器，使用前应当洗净、消毒，炊具、用具用后应当洗净，保持清洁；

（六）贮存、运输和装卸食品的容器、工具和设备应当安全、无害，保持清洁，防止食品污染，并符合保证食品安全所需的温度、湿度等特殊要求，不得将食品与有毒、有害物品一同贮存、运输；

（七）直接入口的食品应当使用无毒、清洁的包装材料、餐具、饮具和容器；

（八）食品生产经营人员应当保持个人卫生，生产经营食品时，应当将手洗净，穿戴清洁的工作衣、帽等；销售无包装的直接入口食品时，应当使用无毒、清洁的容器、售货工具和设备；

（九）用水应当符合国家规定的生活饮用水卫生标准；

（十）使用的洗涤剂、消毒剂应当对人体安全、无害；

（十一）法律、法规规定的其他要求。

非食品生产经营者从事食品贮存、运输和装卸的，应当符合前款第六项的规定。

第三十四条　禁止生产经营下列食品、食品添加剂、食品相关产品：

（一）用非食品原料生产的食品或者添加食品添加剂以外的化学物质和其他可能危害人体健康物质的食品，或者用回收食品作为原料生产的食品；

（二）致病性微生物，农药残留、兽药残留、生物毒素、重金属等污染物质以及其他危害人体健康的物质含量超过食品安全标准限量的食品、食品添加剂、食品相关产品；

（三）用超过保质期的食品原料、食品添加剂生产的食品、食品添加剂；

（四）超范围、超限量使用食品添加剂的食品；

（五）营养成分不符合食品安全标准的专供婴幼儿和其他特定人群的主辅食品；

（六）腐败变质、油脂酸败、霉变生虫、污秽不洁、混有异物、掺假掺杂或者感官性状异常的食品、食品添加剂；

（七）病死、毒死或者死因不明的禽、畜、兽、水产动物肉类及其制品；

（八）未按规定进行检疫或者检疫不合格的肉类，或者未经检验或者检验不合格的肉类制品；

（九）被包装材料、容器、运输工具等污染的食品、食品添加剂；

（十）标注虚假生产日期、保质期或者超过保质期的食品、食品添加剂；

（十一）无标签的预包装食品、食品添加剂；

（十二）国家为防病等特殊需要明令禁止生产经营的食品；

（十三）其他不符合法律、法规或者食品安全标准的食品、食品添加剂、食品相关产品。

第三十五条　国家对食品生产经营实行许可制度。从事食品生产、食品销售、餐饮服务，应当依法取得许可。但是，销售食用农产品，不需要取得许可。

县级以上地方人民政府食品药品监督管理部门应当依照《中华人民共和国行政许可法》的规定，审核申请人提交的本法第三十三条第一款第一项至第四项规定要求的相关资料，必要时对申请人的生产经营场所进行现场核查；对符合规定条件的，准予许可；对不符合规定条件的，不予许可并书面说明理由。

第三十八条　生产经营的食品中不得添加药品，但是可以添加按照传统既是食品又是中药材的物质。按照传统既是食品又是中药材的物质目录由国务院卫生行政部门会同国务院食品药品监督管理部门制定、公布。

第四十一条　生产食品相关产品应当符合法律、法规和食品安全国家标准。对直接接触食品的包装材料等具有较高风险的食品相关产品，按照国家有关工业产品生产许可证管理的规定实施生产许可。质量监督部门应当加强对食品相关产品生产活动的监督管理。

第二节　生产经营过程控制

第四十四条　食品生产经营企业应当建立健全食品安全管理制度，对职工进行食品安全知识培训，加强食品检验工作，依法从事生产经营活动。

食品生产经营企业的主要负责人应当落实企业食品安全管理制度，对本企业的食品安全工作全面负责。

食品生产经营企业应当配备食品安全管理人员，加强对其培训和考核。经考核不具备食品安全管理能力的，不得上岗。食品药品监督管理部门应当对企业食品安全管理人员随机进行监督抽查考核并公布考核情况。监督抽查考核不得收取费用。

第四十五条　食品生产经营者应当建立并执行从业人员健康管理制度。患有国务院卫生行政部门规定的有碍食品安全疾病的人员，不得从事接触直接入口食品的工作。从事接触直接入口食品工作的食品生产经营人员应当每年进行健康检查，取得健康证明后方可上岗工作。

第四十六条　食品生产企业应当就下列事项制定并实施控制要求,保证所生产的食品符合食品安全标准:

(一)原料采购、原料验收、投料等原料控制;

(二)生产工序、设备、贮存、包装等生产关键环节控制;

(三)原料检验、半成品检验、成品出厂检验等检验控制;

(四)运输和交付控制。

第四十七条　食品生产经营者应当建立食品安全自查制度,定期对食品安全状况进行检查评价。生产经营条件发生变化,不再符合食品安全要求的,食品生产经营者应当立即采取整改措施;有发生食品安全事故潜在风险的,应当立即停止食品生产经营活动,并向所在地县级人民政府食品药品监督管理部门报告。

第五十四条　食品经营者应当按照保证食品安全的要求贮存食品,定期检查库存食品,及时清理变质或者超过保质期的食品。

食品经营者贮存散装食品,应当在贮存位置标明食品的名称、生产日期或者生产批号、保质期、生产者名称及联系方式等内容。

第五十五条　餐饮服务提供者应当制定并实施原料控制要求,不得采购不符合食品安全标准的食品原料。倡导餐饮服务提供者公开加工过程,公示食品原料及其来源等信息。

餐饮服务提供者在加工过程中应当检查待加工的食品及原料,发现有本法第三十四条第六项规定情形的,不得加工或者使用。

第五十六条　餐饮服务提供者应当定期维护食品加工、贮存、陈列等设施、设备;定期清洗、校验保温设施及冷藏、冷冻设施。

餐饮服务提供者应当按照要求对餐具、饮具进行清洗消毒,不得使用未经清洗消毒的餐具、饮具;餐饮服务提供者委托清洗消毒餐具、饮具的,应当委托符合本法规定条件的餐具、饮具集中消毒服务单位。

第五十八条　餐具、饮具集中消毒服务单位应当具备相应的作业场所、清洗消毒设备或者设施,用水和使用的洗涤剂、消毒剂应当符合相关食品安全国家标准和其他国家标准、卫生规范。

餐具、饮具集中消毒服务单位应当对消毒餐具、饮具进行逐批检验,检验合格后方可出厂,并应当随附消毒合格证明。消毒后的餐具、饮具应当在独立包装上标注单位名称、地址、联系方式、消毒日期以及使用期限等内容。

第六十三条　国家建立食品召回制度。食品生产者发现其生产的食品不符合食品安全标准或者有证据证明可能危害人体健康的,应当立即停止生产,召回已经上市销售的食品,通知相关生产经营者和消费者,并记录召回和通知情况。

食品经营者发现其经营的食品有前款规定情形的,应当立即停止经营,通知相关生产经营者和消费者,并记录停止经营和通知情况。食品生产者认为应当召回的,应当立即召回。由于食品经营者的原因造成其经营的食品有前款规定情形的,食品经营者应当召回。

食品生产经营者应当对召回的食品采取无害化处理、销毁等措施,防止其再次流入市场。但是,对因标签、标志或者说明书不符合食品安全标准而被召回的食品,食品生产者在采取补救措施且能保证食品安全的情况下可以继续销售；销售时应当向消费者明示补救措施。

食品生产经营者应当将食品召回和处理情况向所在地县级人民政府食品药品监督管理部门报告；需要对召回的食品进行无害化处理、销毁的，应当提前报告时间、地点。食品药品监督管理部门认为必要的，可以实施现场监督。

食品生产经营者未依照本条规定召回或者停止经营的，县级以上人民政府食品药品监督管理部门可以责令其召回或者停止经营。

第七章　食品安全事故处置

第一百零二条　国务院组织制定国家食品安全事故应急预案。

县级以上地方人民政府应当根据有关法律、法规的规定和上级人民政府的食品安全事故应急预案以及本行政区域的实际情况，制定本行政区域的食品安全事故应急预案，并报上一级人民政府备案。食品安全事故应急预案应当对食品安全事故分级、事故处置组织指挥体系与职责、预防预警机制、处置程序、应急保障措施等作出规定。

食品生产经营企业应当制定食品安全事故处置方案，定期检查本企业各项食品安全防范措施的落实情况，及时消除事故隐患。

第一百零三条　发生食品安全事故的单位应当立即采取措施，防止事故扩大。事故单位和接收病人进行治疗的单位应当及时向事故发生地县级人民政府食品药品监督管理、卫生行政部门报告。

县级以上人民政府质量监督、农业行政等部门在日常监督管理中发现食品安全事故或者接到事故举报，应当立即向同级食品药品监督管理部门通报。

发生食品安全事故，接到报告的县级人民政府食品药品监督管理部门应当按照应急预案的规定向本级人民政府和上级人民政府食品药品监督管理部门报告。县级人民政府和上级人民政府食品药品监督管理部门应当按照应急预案的规定上报。

任何单位和个人不得对食品安全事故隐瞒、谎报、缓报，不得隐匿、伪造、毁灭有关证据。

第一百零四条　医疗机构发现其接收的病人属于食源性疾病病人或者疑似病人的，应当按照规定及时将相关信息向所在地县级人民政府卫生行政部门报告。县级人民政府卫生行政部门认为与食品安全有关的，应当及时通报同级食品药品监督管理部门。

县级以上人民政府卫生行政部门在调查处理传染病或者其他突发公共卫生事件中发现与食品安全相关的信息，应当及时通报同级食品药品监督管理部门。

第一百零五条　县级以上人民政府食品药品监督管理部门接到食品安全事故的报告后，应当立即会同同级卫生行政、质量监督、农业行政等部门进行调查处理，并采取下列措施，防止或者减轻社会危害：

（一）开展应急救援工作，组织救治因食品安全事故导致人身伤害的人员；

（二）封存可能导致食品安全事故的食品及其原料，并立即进行检验；对确认属于被污染的食品及其原料，责令食品生产经营者依照本法第六十三条的规定召回或者停止经营；

（三）封存被污染的食品相关产品，并责令进行清洗消毒；

（四）做好信息发布工作，依法对食品安全事故及其处理情况进行发布，并对可能产生的危害加以解释、说明。

发生食品安全事故需要启动应急预案的,县级以上人民政府应当立即成立事故处置指挥机构,启动应急预案,依照前款和应急预案的规定进行处置。

发生食品安全事故,县级以上疾病预防控制机构应当对事故现场进行卫生处理,并对与事故有关的因素开展流行病学调查,有关部门应当予以协助。县级以上疾病预防控制机构应当向同级食品药品监督管理、卫生行政部门提交流行病学调查报告。

第一百零六条　发生食品安全事故,设区的市级以上人民政府食品药品监督管理部门应当立即会同有关部门进行事故责任调查,督促有关部门履行职责,向本级人民政府和上一级人民政府食品药品监督管理部门提出事故责任调查处理报告。

涉及两个以上省、自治区、直辖市的重大食品安全事故由国务院食品药品监督管理部门依照前款规定组织事故责任调查。

第一百零七条　调查食品安全事故,应当坚持实事求是、尊重科学的原则,及时、准确查清事故性质和原因,认定事故责任,提出整改措施。调查食品安全事故,除了查明事故单位的责任,还应当查明有关监督管理部门、食品检验机构、认证机构及其工作人员的责任。

第一百零八条　食品安全事故调查部门有权向有关单位和个人了解与事故有关的情况,并要求提供相关资料和样品。有关单位和个人应当予以配合,按照要求提供相关资料和样品,不得拒绝。任何单位和个人不得阻挠、干涉食品安全事故的调查处理。

Bibliography

[1]　王健.旅游法原理与实务[M].天津:南开大学出版社,1998.
[2]　高海生,史广峰,赖启福.我国旅馆服务法律法规研究综述[J].河北工程大学学报(社科版),2006(2).
[3]　张志坡,李飞,张露.偷拍与隐私权保护——以宾馆偷拍为侧重点[J].华东理工大学学报(社会科学版),2011(4).
[4]　袁义.酒店法规与法律实务[M].南京:东南大学出版社,2011.
[5]　杜亚敏,李安祥.酒店法律事务理论与实务[M].北京:化学工业出版社,2010.
[6]　李力.试论酒店法律关系的特殊性——兼论酒店立法的必要性[J].旅游学刊,1996(5).
[7]　钱丽玲.酒店经济法律理论与实务[M].北京:北京大学出版社,2012.
[8]　王丽华.酒店管理合同(从履行到争议解决)[M].北京:旅游教育出版社,2013.
[9]　韩玉灵,王蕊.再谈"谢绝自带酒水"问题[J].北京第二外国语学院学报,2006(1).
[10]　董鸿安.酒店婚宴预订之法律风险防范探讨——从W先生与宁波FH酒店的婚宴预订纠纷案说起[J].法制博览,2015(7).
[11]　吴艳,罗小燕.《旅游法》对酒店经营行为的法律规制及其不足[J].人民论坛,2016(5).
[12]　郑赤建,童小蕾,龚平.论人本管理下的酒店劳动用工制度[J].武汉商学院学报,2015(2).
[13]　杜一鸣.酒店人力资源管理中的常见法律风险研究[J].中国商贸,2012(3).
[14]　胡夏冰.饭店餐饮经营管理法律案例解析[M].北京:旅游教育出版社,2007.
[15]　高志宏."开瓶费"现象的法律思考[J].广西政法管理干部学院学报,2010(1).
[16]　王淑萍,张卫兵.一起酒店健康伤害案件的法律探讨[J].中国食品卫生杂志,2005(1).
[17]　王瑛,戴双喜.国家制定法与民事习惯之秩序——以酒店12时退房法律问题为个案[J].贵州警官职业学院学报,2009(6).
[18]　吴洛夫.旅游法规[M].北京:高等教育出版社出版,2009.
[19]　罗结珍.住店客人人身伤害法律责任辨析[J].北京第二外国语学院学报,2002(6).
[20]　汤卫松.酒店法律与法规[M].杭州:浙江大学出版社,2014.
[21]　张元奎.旅游饭店法规实务[M].北京:旅游教育出版社出版,2015.

教学支持说明

全国高等院校旅游管理类应用型人才培养"十三五"规划教材系华中科技大学出版社"十三五"规划重点教材。

为了改善教学效果,提高教材的使用效率,满足高校授课教师的教学需求,本套教材备有与纸质教材配套的教学课件(PPT电子教案)和拓展资源(案例库、习题库视频等)。

为保证本教学课件及相关教学资料仅为教材使用者所得,我们将向使用本套教材的高校授课教师免费赠送教学课件或者相关教学资料,烦请授课教师通过电话、邮件或加入旅游专家俱乐部QQ群等方式与我们联系,获取"教学课件资源申请表"文档并认真准确填写后发给我们,我们的联系方式如下:

地址:湖北省武汉市东湖新技术开发区华工科技园华工园六路

邮编:430223

电话:027-81321911

传真:027-81321917

E-mail:lyzjjlb@163.com

旅游专家俱乐部QQ群号:306110199

旅游专家俱乐部QQ群二维码:

群名称:旅游专家俱乐部
群　号:306110199

教学课件资源申请表

填表时间：_____年___月___日

1. 以下内容请教师按实际情况填写，★为必填项。
2. 学生根据个人情况如实填写，相关内容可以酌情调整提交。

★姓名		★性别	□男 □女	出生年月		★职务	
						★职称	□教授 □副教授 □讲师 □助教

★学校		★院/系	
★教研室		★专业	
★办公电话		家庭电话		★移动电话	
★E-mail（请填写清晰）		★QQ号/微信号	
★联系地址		★邮编	

★现在主授课程情况		学生人数	教材所属出版社	教材满意度
课程一				□满意 □一般 □不满意
课程二				□满意 □一般 □不满意
课程三				□满意 □一般 □不满意
其他				□满意 □一般 □不满意

教材出版信息						
方向一		□准备写	□写作中	□已成稿	□已出版待修订	□有讲义
方向二		□准备写	□写作中	□已成稿	□已出版待修订	□有讲义
方向三		□准备写	□写作中	□已成稿	□已出版待修订	□有讲义

请教师认真填写表格下列内容，提供索取课件配套教材的相关信息，我社根据每位教师/学生填表信息的完整性、授课情况与索取课件的相关性，以及教材使用的情况赠送教材的配套课件及相关教学资源。

ISBN（书号）	书名	作者	索取课件简要说明	学生人数（如选作教材）
			□教学　□参考	
			□教学　□参考	

★您对与课件配套的纸质教材的意见和建议，希望提供哪些配套教学资源：